*Née en 1935 à La Tour-d'Auvergne,* **Josette Boudou** *a été institutrice, puis directrice d'école. Auteur de nombreux romans à succès comme* Le Printemps d'Antonia *et* Les Grillons du fournil, *elle consacre son temps à l'écriture et au journal d'une association : Patrimoine et Culture. Le prix Gandois lui a été décerné pour son roman* Le Mur de la destinée. *En 2008, elle a reçu également le prix Lucien-Gachon pour* Les Chemins de toile.

# La Nuit des abeilles

**Du même auteur**

*Les Grillons du fournil,* collection Terre de poche, De Borée, 2010.
*La Ronde des saisons,* collection Romans, De Borée, 2008.
*Le Printemps d'Antonia,* collection Terre de poche, De Borée, 2008.
*Les Chemins de toile,* collection Romans, De Borée, 2007.
*Marie, fille des montagnes,* collection Romans, De Borée, 2005.
*Le Mur de la Destinée,* collection Romans, De Borée, 2003.
*La Maison d'école,* collection Romans, De Borée, 2002.



Imprimé en U.E. en décembre 2009
Dépôt légal : janvier 2010
ISBN : 978-2-8129-0048-8
ISSN : 1769-1788

JOSETTE BOUDOU



# LA NUIT DES ABEILLES

De Borée

*La vie est comme un arc-en-ciel :*
*il faut de la pluie et du soleil*
*pour en voir les couleurs.*

Jules Renard

# I

# La maison des bois

SIMON VARENNE LEVA LES YEUX vers les deux arrivantes. Debout à l'entrée du verger, elles attendaient prudemment un signal de sa part avant de s'approcher des ruches.

« Tout le monde dort, dit-il en souriant. Aucun danger de piqûre, pas avant le printemps du moins ! »

Aussitôt, la petite Léna courut se jeter dans les bras de son grand-père. Puis, après les embrassades, elle s'écarta pour céder la place à sa mère.

« Tu n'as pas fermé le magasin de bonne heure, ma fille ! Le civet doit être cuit et recuit.

– Aucune importance, la sauce n'en sera que meilleure. »

La jeune femme souriait tout en repoussant les petites mèches brunes que le vent rabattait sur ses joues. Déjà, Héléna sautillait à droite et à gauche sous les arbres à la recherche des plus belles feuilles tombées.

« Tu devrais attendre pour les ramasser, ce soir elles seront toutes flétries.

– Oh ! mais j'en reprendrai d'autres ! Il y en a tout plein. Regarde celle-là, maman, rouge avec des taches vertes et roses, c'est la plus belle ! »

Un instant, Pauline contempla sa fille, puis elle observa son père encore penché sur ses précieuses ruches.

« C'est étrange, songeait-elle, ces années ne semblent avoir aucune prise sur lui… Tant mieux. »

L'inspection terminée, tous les trois se dirigèrent vers la maison. Veuf depuis longtemps, Simon s'était retiré à un kilomètre seulement de la petite ville où travaillaient ses deux filles, Pauline et Alice, son aînée. Cette dernière et son mari ne le visitaient jamais ; en revanche, leur fils, le petit Jean-Pierre, accompagnait souvent sa cousine Léna jusqu'au Clos des Églantiers, une ancienne ferme nichée dans la verdure.

Le couvert était dressé dans la vaste cuisine tiède. Des bûches rougeoyantes éclairaient joyeusement le fond de la cheminée de pierre grise, renforçant l'impression chaleureuse et conviviale que dégageait la pièce.

« C'est la première flambée de l'automne, je l'ai allumée exprès pour vous.

– Merci grand-père, j'aime bien le feu ! s'exclama la fillette en s'approchant du foyer.

– Recule, voyons, tu as donc oublié que c'est dangereux ? »

Pauline faisait les gros yeux et Léna s'approcha du fauteuil de Simon, à l'angle de la cheminée. Sur le coussin rouge se pelotonnait un gros chat tigré, les yeux clos, le bout de la queue replié sur son petit nez rose. Le bruit des voix familières n'avait nullement troublé son sommeil.

« Tu joueras avec le chat plus tard. Va te laver les mains et passons vite à table. »

Ils s'installèrent, et Pauline commença à remplir les assiettes de civet de lapin odorant. Son père l'avait garni des premiers champignons de la saison, cueillis la veille non loin du Clos.

« Chic, des girolles, j'adore ça ! »

La mine gourmande, Léna tendait à deux mains son assiette.

« Alors, vous vous régalez ?

– Et comment ! »

Pauline souriait à son père, heureuse de le voir heureux.

« Ressers-nous donc, c'est vrai que les girolles donnent bon goût à ma sauce.

– Grand-père, je pourrai te suivre jeudi prochain, avec Pierrot ? Tu nous emmèneras aux champignons, dis oui, s'il te plaît ! »

Simon ne savait rien refuser à cette gamine de neuf ans, la plus enjôleuse qui soit. Lorsque Pauline s'était réfugiée chez lui, la petite Héléna avait cinq mois à peine ; depuis, elle était son soleil. Pour rien au monde il n'aurait voulu montrer cette préférence. Pierrot, il l'aimait aussi bien sûr, mais celle-là c'était sa petite fée. Dommage, elle grandissait trop vite.

Brune comme sa mère, Léna n'avait pas ses grands yeux noirs. Son regard à elle était d'un gris brillant, lumineux, plein de curiosité et d'audace.

« Le pensionnaire de ta sœur arrive bientôt ?

– Après-demain, je crois.

– J'espère que Germain saura le prendre. Ton beau-frère...

– Papa, voyons ! » reprocha doucement Pauline.

Le visage de Simon s'était fermé. Léna sentait une légère tension entre les deux adultes. Depuis longtemps, même si personne ne lui avait rien confié, la petite savait que son grand-père n'aimait pas l'oncle Germain. Et l'on ne pouvait nier que le père de Pierrot n'attirait guère la sympathie de son entourage. S'il conservait une clientèle convenable, c'était bien grâce à sa femme.

Alice, on la connaissait de longue date à Saint-Didier-les-Bois où son père était estimé. Son mari, en revanche, on ne savait pas bien d'où il venait au juste. Et, pendant toute la durée de la guerre encore si proche, beaucoup affirmaient qu'il s'était livré à des activités plutôt douteuses. Naturellement, il s'en était toujours défendu avec indignation.

* *
*

Après un été particulièrement chaud et sec, l'automne 1947 s'annonçait beau. Les enfants avaient repris l'école depuis une quinzaine de jours. Comme la plupart de ses camarades, la petite Héléna regrettait de devoir rester enfermée de longues heures alors que le soleil ruisselait sur les bois aux teintes chatoyantes. Mais il fallait se faire une raison, les grandes vacances étaient bien finies.

Pauline répugnait à laisser sa fille gagner seule la maison du Clos. Le trajet prenait à peine un quart d'heure, mais tout de même. Léna s'insurgeait :

« Je suis pas toute seule, Pierrot vient presque toujours avec moi ! »

Un fameux gardien, le petit Jean-Pierre ! Même s'il n'avait pas froid aux yeux et s'il adorait sa cousine, du haut de ses sept ans il ne risquait guère d'impressionner qui que ce soit.

Simon rassurait sa fille. La guerre terminée depuis près de deux ans et demi, il ne restait plus d'étrangers dans la petite ville qui comptait environ douze mille habitants. Si quelque malfaisant rôdait encore, c'était autour des grandes cités, ou alors dans les hameaux perdus dans la montagne, beaucoup plus haut. Ici, en petite Limagne, rien ne pouvait attirer les malfaiteurs ; trop peu peuplée, la région ne leur aurait pas permis de passer inaperçus.

À Saint-Didier, la vie enfin reprenait un cours normal. Certaines denrées manquaient encore, mais on avait connu bien pire. Par chance, ici il n'y avait rien à rebâtir. Dans la région, seule la grande ville de Clermont avait connu quelques bombardements, ses usines étant une cible de choix. Mais, fort heureusement, aucun quartier résidentiel n'avait été touché.

En 1908, à vingt-six ans, Simon avait épousé Noëllie, de quatre ans sa cadette. Au retour de son service militaire, il était devenu garde forestier. Tout de suite après leur mariage, le jeune couple s'installait au pied de la chaîne des Puys. Native de la région, Noëllie n'avait pas craint un isolement relatif.

Elle aimait ces montagnes arrondies aux formes débonnaires, ceinturées de bois épais où dominaient les sapins. Sur les pentes des Dômes, les troupeaux de moutons faisaient songer de loin, tant ils étaient nombreux, à une immense et mouvante écharpe blanche.

Après les forêts de résineux, châtaigniers et bouleaux descendaient vers les villages disséminés sur les pâtures plus riches où l'on élevait des bovins. Puis, assez vite, on arrivait aux abords de Clermont : la Fontaine du Berger, l'étang de la Cassière, la Font de l'Arbre… Enfin, on apercevait la grande ville accroupie dans sa large cuvette, tout au fond. La brume, bien souvent, dissimulait les toits ; seules émergeaient deux pointes, deux doigts noirs : les flèches de la cathédrale.

Simon et sa femme habitaient une modeste maison forestière, au plein des bois, près d'un petit lac aux eaux sombres. De là, on apercevait le sommet du puy de Dôme, géant qui semblait surveiller les autres monts ; tout près, le puy de la Vache et le Pariou au cratère en coupe, largement égueulé.

À trois kilomètres environ de la maison du garde, on trouvait le premier village, en lisière de forêt. De cet endroit, un chapelet de puys s'offrait à la vue : puy de Côme, des Goules, puy Chaudron, puy Chopine… Les autres allaient s'amenuisant sur l'horizon bleuâtre où, bien souvent, moutonnaient d'énormes vapeurs laiteuses. Effilochées, ondoyantes, elles stagnaient tout le jour parfois sur les plaines ; en bas, les forêts sombres percées de trouées d'un vert acide semblaient ne jamais finir.

Noëllie aimait ce large horizon de verdure et de bleus infinis et changeants ; en quelques heures, ils passaient du mauve pâle à l'azur le plus parfait. Selon les jours et les saisons, le fond du ciel se peignait de teintes gris bleuté, de tons saphir ou turquoise, de nuances marines, violettes ou bleu glacier.

Jusqu'à la naissance d'Alice, un an et demi après son installation non loin du petit village de Fontclair, la jeune femme trouvait son bonheur dans sa vie rurale. Simon, pourtant, s'absentait tout le jour pour ses tournées d'inspection au cœur du domaine forestier. De plus, les visites étaient rares. Un collègue, parfois, dînait avec le jeune couple. Rarement, un berger chargé du ravitaillement empruntait le sentier devant la maison. Mais surtout, presque chaque semaine, on voyait venir Adrien.

Si l'hiver n'engageait guère aux voyages, à la belle saison Noëllie visitait ses parents de façon régulière. À Royat, petite ville thermale bâtie en hauteur aux portes de Clermont, son père travaillait à la taillerie d'améthyste, la pierre d'Auvergne.

Célibataire, Adrien, le frère jumeau de Noëllie, habitait chez leurs parents ; également employé à la taillerie, il gagnait souvent la maison forestière ; sa sœur lui manquait beaucoup. Transpirant sur sa bicyclette dans la rude montée jusqu'à Fontclair, le jeune homme passait volontiers ses dimanches avec le jeune couple.

Noëllie le pressait de chercher une fiancée, mais il ne faisait qu'en rire.

« J'ai tout mon temps, affirmait-il, désinvolte. La vie est longue ! Je ne me passerai pas la corde au cou avant mes trente ans, et encore !... »

Ni le frère ni la sœur, trop jeunes et insouciants, ne pouvaient bien sûr présager de leur avenir. Sans doute était-ce mieux ainsi.

* *
*

Alice avait trois ans quand le facteur apporta un télégramme à la maison des bois. La veille, au retour d'une virée en bicyclette avec un ami, Adrien avait été tué par la foudre non loin du col de la Moréno.

De ce jour, Noëllie devint de plus en plus taciturne. Elle agissait en automate, s'occupait de sa fille machinalement, oubliait des tâches ménagères. La petite, bien souvent, la tirait de ses songeries pour réclamer son repas. La mort dans l'âme, Simon essayait en vain de la distraire. Il se levait de plus en plus tôt pour, autant que possible, rentrer de ses tournées au milieu du jour ; mais ce n'était pas toujours le cas, aussi regagnait-il la maison des bois en proie à une angoisse latente dont il ne pouvait se défendre.

Il avait proposé à Noëllie d'aller vivre quelque temps à Royat, chez ses parents ; la petite, disait-il, les distrairait un peu de leur chagrin. La jeune femme avait refusé obstinément sans qu'il comprenne pourquoi.

« Je vais bien, je t'assure, Alice me tient compagnie. Elle est grande maintenant. »

« Pas tant que ça... » songeait tristement Simon en regardant la petite jouer avec le chien.

« Noëllie, s'il te plaît, fais bien attention, ne la laisse pas s'approcher seule du lac.

– Mais non, bien sûr. Je l'ai toujours sous les yeux, et puis Anouk la suit partout. Il la surveille même mieux que moi. »

Le gros chien noir semblait comprendre ; il léchait la main de son maître comme pour le rassurer. D'ailleurs, depuis qu'il gardait les lieux, Simon partait plus tranquille pour ses tournées. Anouk saurait défendre ses biens les plus précieux : sa femme et sa fille.

À Royat, les parents d'Adrien, sa mère surtout, ne surmontaient pas la mort de leur fils. Lorsque Noëllie et Alice passaient une journée auprès d'eux, la jeune femme rentrait plus accablée encore. Ce qui effrayait Simon, c'est qu'elle ne pleurait pas ; jamais elle n'avait versé une seule larme depuis la mort de son jumeau bien-aimé. Tout intérieure, son immense peine semblait la détruire peu à peu.

Elle restait prostrée de longs moments. Assise derrière la fenêtre, elle fixait intensément le sentier. Même si elle le savait vain, elle gardait toujours l'espoir de voir soudain apparaître son frère chéri. Adrien descendait de sa bicyclette ; souriant, il saluait de la main sa sœur et sa petite nièce. La porte allait s'ouvrir, il entrait... Mais personne ne poussait le battant. Le sentier restait désert et, au-delà, le lac immobile, plein de mystère, indifférent. Hautains et fiers, les grands sapins semblaient défendre l'accès à la petite maison et vouloir l'étouffer ; parfois, Noëllie ressentait comme une menace l'hostilité de ces lieux où elle avait été si heureuse.

Couché aux pieds de la jeune femme, le chien soupirait sans la quitter des yeux. Que pressentait-il au juste ? Des heures durant, Alice jouait sagement, sans faire plus de bruit que sa poupée de chiffons.

« Maman, j'ai faim ! »

Alors seulement, sa mère émergeait de sa torpeur, se levait lourdement pour cuisiner un peu.

« Mange, maman ! » priait la petite, inquiète de la voir tourner et retourner sa fourchette sans jamais la porter à sa bouche. Alors, Noëllie lui faisait un petit sourire d'excuse, s'efforçait d'avaler un peu de nourriture.

Un jour, alors que sa mère débarrassait la table, Alice demanda soudain :

« Pourquoi il ne vient plus nous voir tonton Adrien ? Il est fâché ? Il reviendra quand ? »

L'assiette sale glissa brusquement des mains de Noëllie, se brisa avec bruit sur le plancher, faisant sursauter et aboyer Anouk.

« Jamais, dit la jeune femme d'une voix blanche, il ne reviendra jamais ! Il est mort, tu comprends, mort ! »

Non, la petite ne comprenait pas. Les yeux écarquillés, elle fixait tantôt sa mère, tantôt les débris de l'assiette à ses pieds. Alors elle éclata en sanglots. Noëllie s'agenouilla, la serra contre elle à l'étouffer, lui caressa les cheveux, lui parla doucement. Si seulement elle avait pu pleurer, elle aussi…

# II

## Vers l'inconnu

Réfugié tout au bout de la banquette de bois, le jeune garçon regardait défiler le paysage coloré et fugace. Des arbres jaunes et roux couraient le long de la voie, cédaient soudain la place à des landes de genêts marbrées de bruyères mauves, à des champs bruns labourés envahis de bandes de corbeaux.

Parfois, une maisonnette blanche au toit rouge, la barrière abaissée d'un passage à niveau ; alors une sonnerie vrillait l'air durant quelques secondes, puis le son s'éloignait, disparaissait enfin sur une note aiguë et prolongée, comme diluée dans l'air. Le train cahotait sur un aiguillage, le wagon tanguait un peu et Rémy craignait soudain d'avoir mal au cœur.

Dans un mois, il aurait onze ans, enfin sans doute. La date exacte de sa naissance, en fait il l'ignorait. Son carnet portait : né le 19 novembre 1936. D'où son nom : Novembre. Son prénom, en revanche, était écrit à l'encre noire sur un petit carton épinglé au manteau de laine bleue qui l'enveloppait. Celui, celle plutôt sans doute, qui l'avait déposé, nouveau-né de quelques jours, sur le seuil de l'orphelinat de Chartres, tenait visiblement à ce qu'il porte le prénom choisi. Par sa mère, sûrement, mais comment savoir ?

Le petit carton, l'enfant le gardait précieusement. Une médaille aurait été plus utile pour retrouver la piste de ses parents. Mais non, pas de médaille. Une chemise de toile fine sous une brassière blanche tricotée, un lange épais, le petit manteau à capuchon, c'était tout. Ces vêtements, on lui avait promis de les lui donner un jour. Quand ? À présent, il était bien loin de Chartres et de l'orphelinat.

Lorsque la guerre était venue, la population du Nord avait fui devant l'armée allemande qui marchait sur Paris. Dans un train bondé, on avait bientôt évacué les pensionnaires de l'orphelinat, sous les bombardements. Rémy, alors, était trop jeune, il ne gardait qu'un très vague souvenir de ce voyage précipité. Une école désaffectée avait accueilli tout ce petit monde non loin d'Aubusson, dans la Creuse.

Par la suite, de quatre à neuf ans, on avait placé Rémy et deux autres gamins chez des parents nourriciers de la région. Pas tendres, certes, enfin ils ne cognaient pas. Puis la mère était morte et le petit garçon s'était retrouvé dans un centre où les éducateurs avaient la taloche facile. Et pas seulement. Les punitions pleuvaient, et les brimades. Le pain sec, la privation d'un repas, le cachot, les longues stations debout dans le froid étaient choses courantes. Docile jusque-là, Rémy avait alors senti se lever en lui le vent de la révolte.

Bizarrement, corrections et sévices qui calmaient définitivement la plupart des pensionnaires ne faisaient qu'accentuer son caractère rebelle. Comme si, après un châtiment, il n'avait qu'une hâte : en attirer un autre. Jusqu'au jour où il avait décidé de fuguer.

Repris par les gendarmes dès le lendemain, il avait connu trois mois de maison de correction. Là, c'était le bagne. De guerre lasse, Rémy était parvenu à faire taire sa rancœur. Buté, absent, il parlait à peine mais se pliait aux règles communes. Indifférent à tout, résigné, il attendait le jour de ses seize ans. Là, il le savait, on le placerait en apprentissage chez un patron ; alors il prendrait le large, s'embarquerait pour l'Amérique, ou l'Asie, peu importe, et ce serait enfin la liberté.

Le garçon ne se liait avec personne, ne provoquait pas de bagarre. Toutefois, si on lui cherchait querelle, il se battait avec rage, sans aucun souci des représailles. Après quelque temps, on le laissa tranquille. Plus grand et plus fort que la moyenne pour son âge, on le craignait. Bientôt, les éducateurs le classèrent dans la catégorie « plutôt docile ». Si bien qu'un jour il entendit le directeur affirmer à son propos que « celui-là, on avait bien fini par le mater ».

Le train continuait sa course en direction de Clermont-Ferrand. Rémy vit soudain se profiler une très longue ligne de montagnes aux sommets arrondis. Leur base semblait flotter au-dessus d'une brume blanchâtre d'où elles émergeaient, insolites, de hauteur irrégulière et toutes bleues sur un ciel d'automne un peu brouillé.

« Nous allons bientôt changer de train, mais après le voyage ne sera plus très long. »

Rémy tourna la tête vers la personne qui venait de parler et dont il avait presque oublié la présence. Face à lui, un peu sur sa droite, une grande femme vêtue de bleu marine le regardait sans sourire. Le directeur la lui avait présentée la veille :

« Rémy, voilà Mlle Mottin, l'assistante sociale chargée de t'accompagner demain jusqu'à Saint-Didier-les-Bois. »

Cette demoiselle, plus très jeune, l'avait toisé sévèrement.

« J'espère que tu sauras te montrer obéissant, Rémy. »

Sur ce, elle avait tourné les talons. Le lendemain, dès 6 heures, elle attendait le garçon sur le seuil de l'établissement encore endormi. Un éducateur les avait conduits à la gare et, une demi-heure plus tard, Rémy grimpait dans un wagon de troisième classe. La locomotive soupirait bruyamment, hoquetait en crachant un peu de fumée noire, telle une énorme bête impatiente de prendre enfin sa course. Un coup de sifflet bref, un brusque jet de vapeur et le train s'ébranlait.

Dès que le convoi prit de la vitesse, Rémy eut la sensation d'avoir été happé vers un monde inconnu, forcément hostile. Avec quelle sorte de gens allait-il devoir vivre désormais ? Il se rassura en se disant que, si son existence devenait trop insupportable, il lui resterait toujours la solution de la fuite. Et cette fois, il ne se ferait pas reprendre, à aucun prix. Plutôt mourir.

* *
*

À Saint-Didier-les-Bois, une camionnette bâchée attendait dans la cour de la gare. Rémy aperçut un homme debout près du véhicule, son tuteur sans nul doute. En effet, il jeta son mégot sur le sol, l'écrasa sous son talon avant de s'avancer vers Mlle Mottin. Il ôta sa casquette et se présenta :

« Germain Souleyre. Bonjour, vous êtes sûrement l'assistante sociale qui m'amène…

– Rémy Novembre, oui, dit-elle en ignorant la main tendue. Voilà son dossier, là vous trouverez tous les renseignements nécessaires. J'ai ajouté mon numéro de téléphone, s'il y avait urgence, on ne sait jamais. Mon administration vous enverra un visiteur tous les deux mois environ. Bon, j'ai une correspondance qui remonte vers Clermont. Au revoir monsieur Souleyre. »

Sans un regard à Rémy, un peu en retrait, elle fit volte-face vers l'entrée de la gare ; un brusque demi-tour la ramena aussitôt près du garçon.

« Je compte sur toi pour bien te comporter. À onze ans, tu comprends ta situation, n'est-ce pas ? »

Rémy hocha la tête sans répondre. L'instant d'après, Mlle Mottin avait disparu.

« Tu es sacrément grand pour ton âge, constata Germain, tu es costaud j'espère ?

– Encore assez, fit Rémy en évitant de le regarder.

– À la bonne heure ! Allez ! grimpe ! »

Il ouvrit la portière et le garçon se hissa sur le siège du passager fendillé par l'usure. Germain s'installa au volant ; la camionnette démarra avec quelques grincements désagréables.

« Elle n'est plus toute jeune, mais tant qu'elle roule, hein ? »

Ignorant s'il attendait une réponse, Rémy resta muet. Il était sur ses gardes. D'emblée, cet homme, son nouveau tuteur donc, ne lui était pas sympathique. Et il appréhendait davantage encore la femme de ce dernier. Il avait demandé au directeur si les Souleyre avaient des enfants.

« Un fils », s'était-il entendu répondre sans autre commentaire. Il ne restait plus qu'à espérer que ce garçon serait encore petit et qu'il ne ferait pas de lui un souffre-douleur. Pourvu que ce ne soit pas un geignard fourbe et menteur, toujours prêt à se plaindre et à le dénoncer sans raison de mille forfaits. On verrait bien.

* *
*

Après le quartier de la gare un peu décentré, la ville défilait derrière la vitre poussiéreuse. Les commerces se succédaient, une petite place plantée de marronniers, plus loin une église et un monument aux morts, plus loin encore des bâtiments qui pouvaient être un hôpital ou une école. Sur une autre place ombragée de gros tilleuls, une grande maison de pierre grise arborait un drapeau : la mairie. Enfin la camionnette stoppa devant les vitrines d'un magasin. Une longue enseigne courait sur la façade ; des lettres bleu pâle annonçaient sur un fond beige :

*Quincaillerie – Droguerie*

Dessous, en capitales rouges plus petites, on avait ajouté les mots :

*Épicerie – Alimentation*

« Nous y voilà ! »

Germain récupéra la valise qu'il avait jetée à l'arrière de la camionnette et entra dans le magasin, l'enfant sur ses talons. La sonnette tinta joyeusement. Le cœur serré, Rémy traversa la boutique vaste et sombre, tout en longueur. Une femme apparut à la porte du fond.

« Ah ! c'est vous !

– Pour une fois, le train n'avait pas de retard. Voilà Rémy. C'est Mme Souleyre, ma femme, Alice. »

Le sourire accueillant de cette personne aux beaux cheveux châtain mit un peu de baume au cœur du nouveau venu. Elle souriait, certes, mais son regard noisette paraissait triste.

« Bonsoir Rémy, bienvenue chez nous. »

Un instant, Alice dévisagea le jeune garçon visiblement très intimidé. Les cheveux blond foncé coupés courts, le regard gris-bleu rempli d'appréhension, Rémy semblait mal à l'aise. Elle se pencha pour l'embrasser sur les deux joues et il en fut tout remué. Depuis la mère nourricière qui avait eu parfois ce geste, très rarement il est vrai, il n'avait pas souvenir qu'on l'ait jamais gratifié de deux baisers aussi doux, affectueux. Les paroles dures, méchantes bien souvent, étaient généralement son lot. Désemparé, soulagé aussi, il balbutia :

« Bonsoir madame.

– Tu peux m'appeler Alice, tu sais.

– Non, jeta son mari d'un ton bourru, madame c'est bien. Tu appelleras ta tutrice madame ! »

Rémy comprit qu'Alice n'osait rien répliquer et une bouffée de haine l'envahit. Cette femme n'était pas heureuse et c'était sa faute à lui. Le garçon décida une fois pour toutes qu'il le détestait.

« Pierrot ! » appela-t-elle en se détournant.

Aussitôt apparut un gamin de six ou sept ans ; il ressemblait trait pour trait à sa mère et Rémy s'en réjouit en secret.

« C'est Rémy, j'espère que vous allez bien vous entendre.

– Bonjour. On dit Pierrot, mais en vrai je m'appelle Jean-Pierre. Tu sais jouer aux billes ?

– Oui bien sûr, mais j'en ai pas.

– Aucune importance, moi j'en ai plein. On fera des bonnes parties tous les deux, tu verras.

– Si Rémy a le temps, dit son père. Entre l'école, les devoirs et le magasin, ses journées seront bien remplies. D'ailleurs, il est peut-être un peu grand pour jouer, non ? »

Personne ne répondit et on gagna la cuisine.

« Passons vite à table, dit Alice, tu dois avoir faim après ce long voyage. Ensuite je te montrerai ta chambre. »

Réconforté par l'accueil de la mère et du fils, Rémy se découvrait une faim de loup. Il mangea de bon appétit et la maîtresse de maison remplit à nouveau son assiette.

« Eh bien ! mon gaillard, tu vas nous coûter cher ! »

Germain fixait le petit garçon qui posa sa cuiller, interdit par cette réflexion.

« Mange, mange, je disais ça... On n'a pas l'intention de t'enlever le pain de la bouche, pas vrai Alice ? »

Celle-ci approuva seulement d'un signe de tête. Pierrot en profita pour dire avec conviction :

« Si ça te chante, tu peux finir toute la soupière, moi la soupe je déteste, enfin j'aime pas vraiment.

– Que tu aimes ou pas, c'est pas le problème. Tu vides ton assiette et tu ne parles pas la bouche pleine, vu ? »

À la mine déconfite du gamin, Rémy comprit que loin de se plaindre à son père, le petit Jean-Pierre serait son allié. Trois contre un, songea-t-il en jetant un regard furtif à Alice ; elle baissait les yeux et continuait à manger.

En se levant de table, Germain lança :
« Tu as de la chance, demain c'est jeudi, pas d'école. Par contre, je te réveillerai de bonne heure, c'est justement le jour des livraisons d'épicerie. Après, tu m'accompagneras pour ta première tournée. Allez ! au lit les mômes ! »
Alice avait conduit Rémy dans une petite chambre en face de celle de Pierrot, minuscule elle aussi. Elle lui montra, au bout du couloir, les toilettes et un lavabo.
« Il n'y a pas d'eau chaude, mais je t'en donnerai un broc pour ta toilette. Maintenant couche-toi vite et dors bien. Demain matin, je rangerai tes vêtements dans le placard. Bonne nuit.
– Bonne nuit, merci madame. »
Elle l'embrassa sur la joue, caressa rapidement ses cheveux et se dirigea vers la porte. Sur le point de l'ouvrir, elle se retourna, baissa un peu la voix pour dire :
« Ne sois pas inquiet, mon mari est un peu brusque mais pas méchant. Il suffira que tu lui obéisses, tu me promets, n'est-ce pas ?
– Oui madame » , répondit l'enfant sur le même ton.
Elle lui sourit et referma doucement la porte. Rémy tira un pyjama de sa valise, se déshabilla rapidement, se glissa dans le lit. La lampe éteinte, il fixa les ténèbres un long moment. Dans la rue, un chien aboya, un autre lui répondit, puis ce fut le silence. Alors il s'endormit d'un coup. Dans un rêve confus, les cahots du train le berçaient encore.

# III

## Loin des monts Dômes

En avril 1925, après la mort de Noëllie, Simon décida d'abandonner la maison des bois. Il ne pouvait plus supporter de vivre dans ce coin paisible où ils avaient été si heureux.

Adrien disparu, Noëllie n'avait plus jamais été la même. Simon souffrait de la voir faire autant d'efforts pour sourire à sa fille. Si la petite était dupe, lui ne l'était pas. Quelque chose s'était éteint qui faisait de sa femme, autrefois spontanée et rieuse, le pitoyable fantôme de celle qu'elle avait été.

La vie continuait pourtant. Alice eut six ans et elle accueillit une petite sœur, Pauline. Le bébé, né au mois de mars avec les premières fleurs du printemps, se montrait d'une sagesse exemplaire. Dès qu'elle obtint la permission, Alice fut toute heureuse de se transformer en petite maman. Cette poupée vivante était merveilleuse, elle valait tous les jouets de la terre.

Noëllie se réjouissait.

« J'avais un peu peur qu'Alice soit jalouse, mais non, tu vois ! »

La petite Pauline semblait avoir redonné le goût de vivre à sa mère. Elle allait avoir six mois lorsqu'il fallut songer à inscrire Alice à l'école du village. Comment l'accompagner en classe chaque jour et prendre soin du bébé ? Vu la saison, on ne pourrait pas l'emmener dans son landau ; octobre venu, les beaux jours étaient comptés, l'école se trouvait beaucoup trop loin.

Les parents de Noëllie acceptèrent de venir habiter la maison des bois durant la période scolaire. Simon et son beau-père, nouvellement retraité, aménagèrent une pièce d'habitation dans la remise attenante qui contenait seulement quelques outils. La grand-mère voulait bien se charger de Pauline quand sa mère ferait les allers et retours à Fontclair avec Alice, mais elle tenait à son indépendance.

« Il me faut un chez-moi », avait-elle dit.

Les jours d'école, Alice prenait le repas de midi chez la femme du facteur qui hébergeait deux autres fillettes. La petite faisait à pied le trajet jusqu'au village avec sa mère mais, la neige venue, elle devrait coucher sur place trois soirs par semaine.

Marie Deniaux, l'épouse du facteur, était une jeune femme avenante, plutôt bavarde, qui avait pris la mère et la fille en amitié. Souvent, la jeune femme gagnait Fontclair bien avant l'heure de la sortie des classes. Après quelques courses à l'épicerie, elle s'arrêtait volontiers chez Marie qui l'accueillait toujours avec un grand sourire.

Les deux femmes parlaient de tout et de rien en buvant une tasse de café. Alors Noëllie avait l'impression de revivre. Simon se réjouissait de la bonne entente des deux amies ; il était reconnaissant à Marie qui, par sa gentillesse, savait distraire et égayer son épouse. Si la mère de Noëllie s'occupait fort bien du bébé, depuis la mort de son fils elle n'était pas, hélas ! une bonne compagnie pour sa fille ; à longueur de jour, elle ressassait tout haut sa peine, accentuant celle de la sœur d'Adrien.

Les deux jeunes femmes partaient parfois en quête de plantes ou de fruits sauvages, suivant la saison. Au printemps, elles cherchaient les jeunes pissenlits, le cresson de fontaine, les fraises des bois ; à l'automne, elles récoltaient mûres et noisettes, et aussi des châtaignes dans les plantations abandonnées, sans parler des champignons.

Puis Noëllie reprenait sa fille à l'école et elles regagnaient ensemble la maison forestière. La petite goûtait en chemin, racontait les petits événements de sa journée de classe.

Bien avant que la maison ne soit en vue, des aboiements impérieux éclataient. Anouk tirait follement sur sa chaîne pour accueillir les arrivantes. Une fois détaché, il leur faisait fête, tournait, sautait, au risque de faire tomber Alice. La fillette serrait contre elle sa grosse tête bourrue, l'embrassait, l'appelait son « gros nounours chéri ».

Au début, le chien avait accompagné la gamine et sa mère, mais très vite il avait fallu renoncer. Quelques chiens du village n'acceptaient pas cet étranger et, chaque matin, il y avait des bagarres. Ne connaissant pas la laisse, Anouk avait aussitôt refusé cette contrainte et il avait bien fallu le laisser à la maison. Noëllie l'attachait près de sa niche où il pouvait se réfugier en cas d'intempéries.

Après les caresses à son chien, Alice courait rejoindre sa petite sœur. Noëllie reprenait alors Pauline à sa grand-mère et remontait à l'étage avec ses deux filles. Il fallait recoucher le bébé dans son petit lit, puis venait le moment des leçons. La petite écolière ouvrait livres et cahiers et s'absorbait dans ses devoirs pendant que Noëllie préparait le repas du soir et les biberons.

Pauline rendormie, la soupe mise à cuire, la jeune femme repassait, cousait ou raccommodait les gros chandails de travail de son mari ou ses chaussettes de laine épaisse. Quelquefois aussi elle tricotait : un petit gilet pour la benjamine, un pull pour Alice, une écharpe pour Simon. Toutes ces tâches lui redonnaient une sérénité qu'elle se reprochait parfois. Comment pouvait-elle être heureuse auprès de ses filles et d'un mari attentionné et tendre, alors que son frère jumeau, son Adrien... ? Lui ne connaîtrait jamais ce bonheur tranquille, parti en pleine jeunesse après un accident stupide.

Noëllie refoulait ses larmes pour ne pas inquiéter Alice. Et puis Simon allait rentrer bientôt, elle ne devait plus le rendre malheureux en affichant sa perpétuelle souffrance. Malgré ses modestes moyens, il lui offrait souvent de menus cadeaux qui, pour elle, n'avaient pas de prix. L'étincelle de plaisir qui illuminait alors le regard de sa femme était pour Simon la plus belle des récompenses.

* *
*

Au décès de leur mère, Pauline avait huit ans et Alice quatorze. Hébergée par ses grands-parents, cette dernière fréquentait une école de Royat depuis son entrée en sixième. Sa sœur, en revanche, allait toujours en classe à Fontclair.

La famille de la mère de Simon était originaire d'un village tout proche de Saint-Didier-les-Bois, dans la petite Limagne d'Issoire ; maintenant décédée, elle y avait vécu jusqu'à son mariage. S'il n'avait plus aucune famille dans cette région, c'est pourtant là qu'il décida de chercher un emploi. Il lui fallait fuir au plus tôt le voisinage des monts Dôme.

Une quincaillerie-droguerie était justement à vendre à Saint-Didier. Simon réunit toutes ses économies pour acheter le fonds de commerce. Quelques années plus tard, il devait aussi faire l'acquisition du logement dont il avait d'abord été locataire.

Alice proposa d'arrêter ses études pour aider son père au magasin mais il refusa tout net.

« Ta mère voulait que tu obtiennes ton brevet et qu'ensuite tu passes des concours. Nous ferons ce qu'elle avait prévu pour toi.

– Mais papa, comment pourras-tu tenir seul le magasin et t'occuper aussi de Pauline ?

– Je vais prendre un employé. Pour les repas, il suffira de payer une femme de ménage deux ou trois heures par jour. Toi, tu m'aideras les jours de congés et pendant les vacances. Ne t'inquiète pas, ma fille, j'ai tout organisé. »

Les larmes aux yeux, Alice embrassa son père. Il était si malheureux de la mort de sa femme. Et puis, avec sa petite sœur, elle avait charge d'âme.

Hélas ! elle n'aurait pas de peine à remplacer sa mère. Depuis deux longues années, la pauvre Noëllie avait à nouveau sombré dans la dépression ; ses filles elles-mêmes ne pouvaient l'y soustraire. Emmurée dans un silence que les médecins expliquaient sans pouvoir le guérir, elle laissait de plus en plus Alice prendre soin de sa sœur et de la maison.

Mais, en période scolaire, l'aînée ne rentrait que le samedi soir. Par chance, Marie Deniaux avait trouvé une personne qui venait travailler quelques heures à la maison forestière. Après le cinquième anniversaire de Pauline, les parents de Noëllie étaient repartis définitivement pour Royat ; même si elle était très attachée à ses petites-filles, la grand-mère s'ennuyait dans cet endroit beaucoup trop isolé à son goût.

À Saint-Didier, la nouvelle vie de Simon et de ses filles s'était peu à peu organisée. Antoine, le commis, était un brave garçon plein de zèle, facile à commander et tout dévoué à son patron. Chaque matin avant l'ouverture, les deux hommes nettoyaient le magasin et réapprovisionnaient les rayonnages. Les petites parties pour l'école arrivaient les premières clientes. Simon avait ajouté à son commerce la vente de légumes secs et de produits d'épicerie.

« Pourquoi pas des fruits et des légumes frais, papa ? avait demandé Alice.

– Il faudrait pousser les murs, le magasin est plus que rempli déjà. Et puis, avec les produits frais, la perte est trop importante. Enfin, n'oublie pas que, dans notre rue, il y a déjà deux commerces semblables. »

* *
*

À seize ans, Alice avait réussi le brevet et choisi de s'inscrire dans une école de secrétariat à Clermont. Trois ans plus tard, son diplôme en poche, elle trouvait un emploi chez un huissier de la ville.

Chaque dimanche, elle partait passer la journée auprès de son père et de sa sœur. Jusqu'au jour où elle rencontra Denis.

Il terminerait bientôt un stage dans une agence d'assurances. Le hasard avait réuni les jeunes gens dans le petit restaurant du centre-ville où ils déjeunaient régulièrement l'un et l'autre. Après quelques promenades au jardin Lecoq et deux ou trois séances de cinéma, Alice et Denis s'étaient juré de passer leur vie ensemble.

Présenté d'abord à Simon et à Pauline, le jeune homme avait emmené Alice chez ses parents un dimanche, à Brioude dans la Haute-Loire. Bien accueillie dans la famille de celui qu'elle considérait comme son fiancé, Alice nageait dans le bonheur. Pauline, elle le savait, éprouvait une grande jalousie envers ce garçon, aussi gentil soit-il, qui lui volait sa grande sœur. À treize ans, elle se montrait bien plus volontaire et rebelle que ne l'avait été Alice à l'adolescence.

« Cela lui passera, affirmait leur père. Tu habiteras Clermont, ce n'est pas le bout du monde ! D'autant que, dans deux ans, ta sœur ira étudier là-bas et vous vous retrouverez. »

Denis allait partir sous peu au service militaire ; à son retour, sa place était garantie au cabinet d'assurances où, comme stagiaire, il était apprécié. Approuvés par leur famille respective, les fiancés jugèrent préférable d'attendre pour célébrer leur mariage.

Alice se disait qu'un an de séparation serait une rude épreuve. Tant de mois, de semaines avant ses noces… Mais elle était raisonnable, comme toujours ; aussi s'inclinait-elle devant une décision commune.

Après trois mois de classes à la caserne de Moulins, Denis obtint quatre jours de permission. Puis il fut affecté à la base militaire de Metz.

« Un peu plus de huit mois et demi et je reviens pour toujours, affirmait-il à sa fiancée venue l'accompagner à la gare. Tu auras tout juste le temps de préparer notre mariage. Et puis, d'ici la quille, j'aurai sans doute deux ou trois permissions.

– Je sais, mais tout de même… Tu pars si loin ! »

Quelques semaines plus tard, un courrier urgent avertissait les parents de Denis que leur fils était décédé accidentellement lors de grandes manœuvres. Trois jeunes appelés avaient été éjectés d'un camion, deux étaient morts sur le coup. L'armée adressait ses condoléances aux familles des malheureuses recrues.

Alice aurait vingt et un ans quelques mois plus tard. Elle se jura de ne jamais se marier pour vivre dans le souvenir de Denis, son seul amour.

Effondrés, Simon et Pauline ne trouvaient pas de mots pour la consoler. Sa sœur pleurait avec elle. Son père pensait avec amertume :

« Quelle malédiction pèse donc sur ceux que j'aime ? Après la mort violente du jumeau de ma pauvre Noëllie, celle du fiancé de ma fille, aussi imprévue, aussi terrible. Alice est jeune, dans quelques années elle oubliera sans doute. En attendant, elle va devoir vivre avec cette croix. »

Noëllie pourtant n'avait jamais oublié. Pourvu que leur fille aînée ne suive pas ses traces…

Un peu plus tard, Alice renonçait à sa place de secrétaire pour venir vivre chez son père et le seconder. Elle ne supportait plus ces lieux où tout lui rappelait Denis. Cette rue, ce restaurant, ce square, ce cinéma, elle le voyait partout. Hélas ! il n'était nulle part.

Simon éprouva un indicible soulagement quand sa fille lui demanda s'il voulait bien d'elle. Savoir Alice seule dans la grande ville où elle avait été heureuse lui faisait si peur… À Saint-Didier, près de lui et de sa chère Pauline, elle se sentirait aimée, entourée. Il se promit de tout faire pour l'aider à survivre.

# IV

# Pauline

Un peu plus tard, Pauline se retrouva pensionnaire à Clermont. Comme sa sœur, elle avait obtenu son brevet, mais elle désirait continuer encore ses études avant de choisir un métier.

Au début, les semaines de cours s'étiraient, semblaient ne devoir jamais finir. Tout à fait exceptionnellement, elle avait l'autorisation de regagner Saint-Didier le samedi soir pour rentrer le lundi matin à la première heure.

En cette année 1932, l'usage voulait que les internes des lycées clermontois rejoignent leur domicile aux vacances scolaires seulement. Prétextant la santé fragile de sa fille aînée et son besoin impérieux de voir souvent Pauline, Simon avait obtenu pour sa cadette cette faveur tout à fait inhabituelle.

À la longue cependant, Pauline s'était fait de bonnes amies. En outre, plus elle grandissait, plus l'atmosphère morose régnant au sein de sa famille lui pesait. Finalement, l'internat était un moyen de s'en évader quelque peu. Prison pour prison, la compagnie des autres pensionnaires se révélait beaucoup plus gaie et réconfortante.

Alice n'acceptait toujours pas de sortir avec sa sœur autrement que pour des achats occasionnels. Pauline aurait aimé aller au cinéma, se mêler aux fêtes de quartier. Malgré l'insistance de leur père qui abondait dans son sens, elle n'obtenait que des refus. Si bien qu'elle en vint très vite à appréhender les périodes de vacances, celles d'été surtout, aux longues journées vides. Consciente de l'isolement de sa jeune sœur, par sa faute à elle, Alice l'invitait à sortir avec des amies de son âge ; Pauline, cependant, n'osait pas la délaisser tout un dimanche.

Leur père venait d'acheter une camionnette. Alice et le commis en charge du magasin, il avait entrepris, deux fois par semaine, d'effectuer des tournées dans les environs. Les vacances venues, Pauline prit l'habitude de l'accompagner. Ainsi, elle échappait un peu au voisinage affligeant de la pauvre Alice.

Simon ne proposait aux clientes des villages environnants que des produits d'épicerie et un peu de droguerie : cirage, bougies, papier tue-mouches, savon, produits détergents... Trop volumineux, les divers ustensiles de ménage, batteries de poêles et de casseroles, bassines, outillage auraient pris toute la place à l'arrière de la camionnette. D'ailleurs, tout ce matériel faisait l'objet d'achats beaucoup plus rares ; on se les procurait seulement quand ils devenaient indispensables.

Il en était tout autrement des produits d'épicerie. Simon se félicitait de les avoir ajoutés à son stock ; depuis, son chiffre d'affaires avait augmenté de plus d'un tiers et il espérait faire mieux encore l'année suivante.

Les habitants des villages un peu éloignés appréciaient de pouvoir se procurer quelques denrées alimentaires à leur porte. Si cette pratique des « tournées » existait de longue date autour d'une ville comme Issoire, les environs de Saint-Didier n'étaient encore desservis par aucun vendeur ambulant. Après quelques mois, Simon établirait un bilan des ventes ; une fois déduits les frais d'essence, il déciderait de continuer ou non ces sorties.

La veille du jour prévu pour la tournée, Pauline se chargeait de préparer, pour gagner du temps, des sachets de 250 et de 500 grammes de café, sucre en poudre, farine, lentilles, pois cassés, haricots secs, livrés en vrac au magasin. Ensuite, elle les rangeait dans des caissettes aux côtés des condiments, des pâtes, des conserves de légumes, du cacao, des biscuits et de quelques friandises pour les enfants.

Simon avait établi ses itinéraires de façon à rentrer chez lui vers 13 heures. Chargée la veille au soir, la camionnette démarrait dès 7 heures du matin. Elle sortait de sa remise et traversait la ville pour s'engager enfin sur la route. On s'arrêtait dans un hameau, sur une place de village ; un coup de Klaxon prolongé attirait les pratiques.

Friandes de nouvelles, les clientes questionnaient Pauline qui aimait ce contact bon enfant. À côté de vieilles femmes volubiles et de jeunes mères de famille, elle servait des demoiselles envoyées aux commissions par leur mère ou leur patronne. D'une semaine à l'autre, les conversations devenaient plus familières :

« Alors, quoi de neuf en ville ? Il paraît que l'hôpital s'agrandit ? Votre sœur va bien ?... »

Pauline n'était pas en reste :

« Comment va le petit dernier ? Votre maman se remet bien de sa vilaine grippe ? Alors, la noce, c'est pour bientôt ? Toutes mes félicitations ! »

S'il n'y prenait guère part, Simon souriait aux bavardages des femmes ; sa petite Pauline, radieuse, faisait plaisir à voir. Il notait les commandes dans son carnet.

« La semaine prochaine, vous pourriez me porter quatre paquets de graines de carottes ? Il sera grand temps de les semer... Et pour moi, si possible, un petit bidon de Miror pour les cuivres, n'oubliez pas, monsieur Varenne, sinon ma patronne va encore me traiter de tête de linotte...

S'il vous plaît, de la toile émeri n° 2, au nom de Mme Bernardin, merci d'y penser... »

Deux jours plus tard, Simon et sa fille repartaient pour une seconde tournée. Cette fois, on visitait la campagne au sud de Saint-Didier, sans aller toutefois jusqu'aux portes d'Issoire ; entre collègues, empiéter sur le territoire d'autres commerçants ne se faisait pas.

* *
*

Ainsi trois années passèrent. Une belle jeune fille comme Pauline, brune aux yeux noirs et au teint de rose, ne pouvait qu'attirer les galants. Si sa sœur ne sortait toujours que pour des courses en ville, elle avait maintenant la permission de se rendre au bal avec des voisines de son âge.

Bien décidée à poursuivre encore ses études puisqu'elle avait l'accord de son père, Pauline ne s'engageait pas. Elle venait de s'inscrire à la faculté et n'avait nullement l'intention de gâcher ses chances de réussite. Pressée bien souvent par un cavalier trop audacieux, elle trouvait sans peine un prétexte pour refuser la moindre relation.

Malgré ses dix-huit ans, elle n'éprouvait nulle envie de papillonner comme Yvette, par exemple, la fille des boulangers de sa rue. Et celle-ci était loin d'être la seule. Odile, dont le père tenait un cinéma, multipliait les flirts depuis plus de deux ans déjà ; à ses yeux, l'attitude de Pauline était incompréhensible.

« Mais qu'est-ce que tu as donc contre les garçons ? Tout de même, tu vois bien qu'Henri Dunois, Alain Charvet et quelques autres ne demanderaient pas mieux...

– Grand bien leur fasse ! Qu'ils demandent à d'autres ! Ni l'un ni l'autre ne m'intéresse !

– C'est parce que tu étudies à Clermont que tu ne les trouves pas assez bien sans doute, ajoutait Yvette. Mademoiselle fait la difficile, mademoiselle préfère les messieurs de la grande ville !

– Tu es bête ! Pour le moment, je préfère rien du tout. J'y penserai quand j'aurai ma licence, ce sera bien assez tôt.

– Hélas ! renchérissait Odile, tu es trop sérieuse, voilà ! Tu sais ce que tu vas devenir : un vieux prof aigri à chignon ! Tu finiras ta vie toute seule et toute desséchée, entourée uniquement de vieux bouquins poussiéreux ! »

Pauline éclatait de rire. Pourtant le soir, une fois couchée, il lui arrivait souvent de se poser des questions :

« Est-ce que je suis normale, après tout ? Pourquoi ce qui plaît tellement à mes amies me rebute-t-il autant ? C'est vrai qu'Alain a de beaux yeux, beaucoup de charme aussi, je ne dis pas… Henri ne me déplairait pas, mais son air conquérant et trop sûr de lui, je déteste ! Georges Saunier est instruit, il sera sans doute avocat ou même chirurgien. Oui, mais je crois qu'il louche un peu, et puis il s'écoute parler, j'ai horreur de ça ! »

Pauline en venait à se demander si la malheureuse expérience d'Alice ne l'empêchait pas, inconsciemment peut-être, de lier une relation amoureuse avec un jeune homme, quand bien même il serait paré de toutes les qualités de la terre. C'était bien possible.

Souvent aussi, elle pensait à sa mère ; dans sa petite enfance, lui semblait-il, elle l'avait toujours vue triste, comme égarée, étrangère parmi les siens. Voilà qu'Alice adoptait peu à peu la même attitude. Dieu ! non, Alice, non !

Vite, Pauline repoussait les affreuses images qui s'imposaient alors. Le cœur battant, elle s'acharnait à les chasser, s'efforçait de penser à autre chose : le dernier roman qu'elle avait lu, le film qu'elle avait aimé… Tout était bon pour ne plus voir les visages si tristes, superposés et douloureux, de sa mère et de sa sœur.

Enfin, elle s'endormait en se promettant d'entourer davantage sa pauvre chère Alice. Une morte vivante, avait dit un jour une voisine un peu trop fort. Pauline avait entendu ; depuis, ces mots la hantaient.

Si seulement Alice rencontrait un homme capable de lui faire oublier Denis… Mais comment ? À vingt-quatre ans, elle ne sortait jamais ! Et ce n'était pas dans les magasins de vêtements ou de chaussures où elle se rendait par obligation qu'un homme la remarquerait. Certes, elle était belle mais elle manquait d'éclat. Son air absent, son sourire triste étaient bien loin d'être attirants.

Pauline voulait croire qu'un vendeur, un client de leur magasin peut-être, s'éprendrait de sa sœur. Mais qu'en serait-il de ses sentiments à elle ?

Alice ne voyait personne, pas vraiment. Elle restait enfermée dans un monde à part, un monde parallèle où les autres n'étaient que des fantoches sans réalité aucune.

* *
*

Pauline commençait sa seconde année à la faculté de lettres lorsqu'un jeune étudiant d'origine italienne se retrouva dans le même amphithéâtre.

Le charme méditerranéen de Sylvio Gardelli ne tarda pas à faire des ravages parmi ses condisciples du beau sexe. À en croire les étudiantes, toutes en étaient « folles » ! Naturellement, il rendait jaloux les autres garçons qui ne pouvaient rivaliser avec ce beau parleur « superbe comme un Dieu », aux dires de ces demoiselles.

Comme les autres, à son corps défendant, Pauline succomba. Sylvio faisait la cour à l'une et à l'autre, proposait une séance de cinéma à celle-ci, une promenade à celle-là, invitait une troisième au restaurant et, ensuite, l'emmenait danser. Ses vêtements, son train de vie montraient fort bien qu'il venait d'une famille aisée. Il n'avait rien à se refuser et en profitait pleinement. À l'en croire, son père était un riche industriel de la région de Turin. Personne, évidemment, n'était à même de vérifier ses dires, mais l'on n'avait aucune raison d'en douter.

Malgré son admiration éblouie, Pauline restait sur ses gardes. Elle eut le tort, à plusieurs reprises, de repousser les avances du bel étudiant étranger. Son inexpérience l'empêchait de comprendre que plus elle lui résistait, plus il s'acharnait à faire sa conquête.

Quand, à la fin, Pauline accepta un flirt avec Sylvio, une petite voix s'éleva en elle pour lui intimer de le fuir au plus vite. Hélas ! elle se croyait bien trop fine mouche pour se laisser séduire définitivement.

« Quelques sorties, se disait-elle, cela n'engage à rien. Il se lassera de moi comme des autres et ne tardera pas à aller voir ailleurs. Après, bonsoir monsieur Don Juan ! »

C'est ce qui arriva, en effet. Malheureusement, elle découvrit alors, atterrée, que ce qu'elle prenait pour une aventure passagère était bel et bien un amour inconditionnel. Pour elle en tout cas. Mais lui ? De ce jour, elle commença à souffrir.

De temps à autre, Sylvio revenait vers elle. Il devenait insistant, mettait tout en œuvre pour faire tomber les défenses de la belle Pauline. Comme elle ne lui cédait pas, il la délaissait un temps pour une autre moins farouche. Et puis c'était elle qui le pressait de renouer, se faisait suppliante tout en se méprisant de sa faiblesse tellement indigne.

L'année scolaire prit fin. Les vacances d'été furent un tel supplice qu'à la rentrée suivante, en retrouvant celui qu'elle croyait avoir perdu pour toujours, Pauline rendit aussitôt les armes.

S'ils devinrent amants, leurs relations restaient épisodiques. Certains jours, Sylvio, tendre et attentif, promettait le mariage. Puis il faisait volte-face, s'affichait avec une autre étudiante, ignorant les supplications de la malheureuse Pauline.

Un jour où elle lui faisait d'amers reproches sur sa conduite révoltante, il lança en riant :

« Mais c'est toi que j'aime, seulement toi ! Les autres ne comptent pas, oublie-les ! »

Il l'attira contre lui, embrassa ses cheveux, l'appela : « Ma petite fille capricieuse ! » Il riait de la voir se débattre, furieuse et désespérée.

« Allons ! calme-toi ! Vous, les filles, vous attachez trop d'importance à la fidélité. Pour les garçons, c'est tout différent, ils ont besoin d'aller de l'une à l'autre, ce n'est pas grave. Pour moi tu es la seule, je te le jure !

– Eh bien ! si je suis la seule, reste-moi fidèle pour me prouver que tu ne mens pas. »

Buté, Sylvio partit en claquant la porte. Quelques jours plus tard, il réapparut, repentant, chargé d'un énorme bouquet de roses. Il l'emmena danser, jura qu'il ne la quitterait plus. Il n'en fut rien.

En mars 1938, persuadée de s'attacher enfin celui qui lui piétinait le cœur depuis trop longtemps, Pauline lui avoua qu'elle attendait un enfant ; il naîtrait en juillet et elle le garderait, même si lui n'en voulait pas. En revanche, s'il assumait ses responsabilités, il était grand temps de célébrer enfin ce mariage qu'il repoussait sans cesse.

Sylvio manifesta une joie excessive, protesta de son amour une fois de plus. Il voulait tout ce qu'elle voulait, affirmait-il en l'embrassant avec fougue.

« Dès la fin de nos études, je t'emmène chez mes parents et je t'épouse, juré ! »

Pauline dut se contenter de cette promesse.

« Si nous partons début juillet, je dois envisager d'avoir mon enfant en Italie.

– Bien sûr ! C'est là-bas que mon fils doit naître ! »

Alors Pauline écrivit longuement à son père, lui demandant de lui pardonner. Elle lui promit de revenir très vite après la naissance de l'enfant. Simon, se disait-elle, ne pourrait pas la repousser, trop heureux de connaître un bébé qu'il chérirait très vite ; sa fille, alors, serait mariée, il ne pourrait rien trouver à redire. Réflexion faite, elle déchira sa lettre, renonçant à l'expédier. Quelque chose, qu'elle était bien incapable de nommer, l'empêchait de tout dévoiler à son père. Plus tard, se dit-elle…

Elle obtint de justesse sa licence d'histoire. Sylvio se vit refuser le diplôme.

« Rien de grave, dit-il, désinvolte. Mes parents sont assez riches, je n'ai besoin d'aucun diplôme. J'étais venu en France uniquement pour changer un peu d'horizon. »

Pauline voyait bien cependant qu'il était profondément vexé de cet échec. Une semaine après, le bel Italien disparaissait pour toujours.

## V

## Apprentissage

« RÉMY, C'EST L'HEURE ! »

Réveillé en sursaut malgré un appel plutôt discret, le garçon se dressa dans son lit. Durant quelques secondes, il ne reconnut pas la femme debout devant lui ; cette chambre aussi lui était inconnue. Brusquement tout lui revint : le voyage, l'arrivée chez ses tuteurs…

« Bonjour Rémy. Tu as bien dormi, j'espère ? Va faire un peu de toilette et habille-toi. Après, tu viendras prendre ton petit déjeuner. Pierrot dort encore. Il a tout juste sept ans et c'est jeudi, tu comprends ?

– Oui madame, bonjour madame. »

Le garçon s'était levé. Penchée sur lui, Alice l'embrassa comme la veille. Rémy s'apercevrait très vite qu'elle n'aurait jamais ce geste devant le père de Pierrot.

Si deux bols attendaient sur la table aux côtés d'un demi-pain et d'un sucrier, la cuisine était vide. Le garçon s'assit en silence et attendit.

« Ah ! tu étais là ! »

Alice entrait, lui souriait. Elle lui versa du lait chaud, le coupa d'un peu de café, entreprit de beurrer une large tranche de pain.

« Tiens, prends du sucre. »

En remerciant pour la tartine, Rémy déposa deux sucres dans son bol, remua le tout, dévora en un clin d'œil le pain beurré. Il était frais, un vrai miracle !

« Tu en veux une autre ? »

Sans attendre la réponse, Alice prépara une seconde tartine.

« Mon mari est en train de charger, tu vas l'accompagner en ville pour les livraisons. Cet après-midi, vous ferez ensemble la tournée dans les villages. Germain s'y rend aussi les mardis et les samedis, mais ces jours-là tu seras à l'école. »

Tant mieux, pensa Rémy. Même si l'école ne l'enthousiasmait guère, il préférait cela à un tête-à-tête avec son tuteur. Mais, naturellement, il n'avait pas le choix. Aux vacances, sans nul doute, lui aussi ferait les trois tournées hebdomadaires.

Durant plus de trois heures, Germain Souleyre et son pupille firent du porte-à-porte, chargés de sacs et de lourdes cagettes. Les ménagères vidaient les provisions apportées, déjà réglées au magasin.

« Tu comprends, expliqua le tuteur en replaçant les emballages vides dans son véhicule, chez moi pas de crédit, sinon je ne m'en sors plus. Et pas de commande par téléphone non plus. On règle toujours d'avance, c'est plus sûr ! »

La plupart des clientes s'étonnaient :

« Tiens, vous avez engagé un commis ? Il a l'air bien jeune, dites-moi, mais c'est un de vos neveux peut-être ?

– Non, je n'ai pas de neveu. Rémy est mon pupille, mon commis un peu aussi. »

Ce matin-là, le garçon gagna ses premiers pourboires : un biscuit, un bâton de réglisse et deux piécettes qu'il empocha en hésitant.

« Eh bien ! prends donc puisque on te le donne ! »

Rémy remerciait poliment. Après tout, il aurait un petit avantage à accompagner son tuteur les jours de livraison. Ces pièces, c'était le premier argent qu'il ait jamais possédé. Il décida d'économiser les pourboires à venir ; le jour où, peut-être, il fuguerait à nouveau, ils lui seraient fort utiles.

Le soir, au retour de la tournée plutôt décevante où personne ne l'avait gratifié d'aucun pourboire, Rémy put jouer aux billes une petite heure avec Pierrot, enchanté.

« Profites-en bien, à partir de demain tu auras les leçons et les devoirs, n'oublie pas ! »

Son tuteur semblait prendre un malin plaisir à gâcher le sien. Bah ! qu'il dise ce qu'il voulait, après tout ! Rémy était sûr qu'après avoir travaillé de 8 heures du matin à 6 heures du soir, il méritait bien un moment de détente. À force de soulever les cagettes pleines, il avait mal aux épaules.

« T'inquiète pas, c'est le métier qui rentre ! » avait dit Germain.

Pour se l'attacher plus sûrement, Rémy abandonna à Pierrot le biscuit et la moitié du bâton de réglisse.

« Merci, s'écria le gamin, tu es un vrai pote ! »

En échange, il céda quatre billes de terre et une agate jaspée de jaune et de rouge à son nouveau copain.

* *
*

Rémy n'avait ni cartable ni matériel scolaire. Au centre, tout était fourni, obligatoirement. En cachette de son mari, Alice lui remit une sacoche aux coins un peu élimés. Elle y avait glissé deux cahiers, deux buvards et une trousse de toile cirée grise. Ébloui, le garçon, qui n'avait jamais rien possédé de semblable, découvrit à l'intérieur un porte-plume, un crayon à mine de plomb, une boîte de huit crayons de couleur, une gomme et un double-décimètre.

Les yeux brillants, il remercia sa tutrice.

« Chut ! dit-elle avec un air entendu. Tout cela était au fond de ta valise, on est bien d'accord ?

– Oui madame. »

Rémy était aussi ému de leur complicité que de ce cadeau royal.

« Je voudrais que tu me promettes une chose : tu vas faire beaucoup d'efforts et bien travailler en classe, n'est-ce pas ?

– Oui madame, c'est promis. »

Il se dit que cette promesse serait difficile à tenir mais il lui devait bien ça, non ?

« Rémy, tu viens ? Faut partir sans quoi on va être en retard ! »

Impatient, Pierrot avait déjà la main sur la poignée de la porte. Être accompagné de Rémy, un grand, lui donnerait de l'importance aux yeux de ses camarades. Quelques jours plus tôt, munie des papiers officiels envoyés par le centre dont dépendait son pupille, sa mère avait rencontré le directeur de l'école pour l'inscrire.

Le bâtiment scolaire comprenait deux ailes de part et d'autre d'un corps central beaucoup plus étroit mais plus haut d'un étage. De la rue, on entendait des cris d'enfants venus de la cour, à l'arrière de l'école.

« Là, dit Pierrot en montrant la gauche, c'est chez les filles. Nous, on est de ce côté.

– Et au milieu ?

– En bas, la loge du gardien, le père Guénard qu'on appelle Citrouille, j'sais pas pourquoi. En haut, l'appartement du directeur. Et aussi de la directrice, vu que c'est sa femme. »

Rémy s'apprêtait à entrer derrière son guide quand une fillette arriva en courant.

« Pierrot, attends-nous ! »

Essoufflée, elle se planta devant les deux garçons. Une jeune femme la rejoignit, souriante.

« Alors, fit la gamine, c'est le fameux Rémy ?

– Oui ! Il faut que je lui montre sa classe. Elle, c'est ma cousine Léna. »

Pierrot se sentait plein d'importance et il se rengorgea en se dressant sur ses talons pour se grandir. La fillette dévisageait Rémy. Il nota ses cheveux bruns très fins, son regard gris acier, vif et hardi. Elle lui souriait franchement ; alors quelque chose d'indéfinissable, d'extrêmement doux aussi, lui donna chaud soudain. Il avait ressenti cela quand Alice l'avait embrassé, le premier soir, mais il était incapable de mettre un nom sur ce sentiment tellement nouveau. Il se sentit rougir et se traita d'imbécile.

« Je suis Héléna Gardelli ou Varenne, comme on veut, j'ai neuf ans et je viens de rentrer au cours moyen première année. Voilà ma mère. »

Celle-ci tendait la main au garçon après avoir embrassé Pierrot qui l'appela tata Pauline.

« Bonjour Rémy. Tu n'as pas encore eu le temps de t'habituer à Saint-Didier bien sûr, mais compte sur Léna, elle connaît tout le monde et se fera un plaisir de te renseigner sur un tas de choses, comme Pierrot d'ailleurs.

– Bon, faut y aller maintenant, fit le gamin.

– Attendez-moi sur le pont à la sortie, on rentrera ensemble. »

Sur ce, Léna emboîta le pas à quelques gamines curieuses qui s'étaient arrêtées pour dévisager ce nouvel élève inconnu ; ensemble, elles disparurent dans le corridor côté filles. La tante de Pierrot fit demi-tour en disant :

« À ce soir, je passerai après la fermeture du magasin. Travaillez bien, les garçons. »

Pourtant très peu intéressé par la vie des autres, Rémy aurait aimé questionner son guide à propos de Léna et de sa mère. Mais ils pénétraient déjà dans la cour des garçons. À l'instant même, la sonnerie arrêta les jeux et les écoliers coururent se ranger devant les portes des classes.

« Vite, suis-moi ! »

Ils coururent comme les autres vers la droite de la cour.

« C'est ce rang, là ! On se retrouve à la récré. »

Tandis que Pierrot se précipitait vers la file des cours élémentaires, les élèves se retournaient pour voir ce grand gaillard silencieux, planté tout seul au bout du rang.

« Y a un nouveau ! T'as vu, il a l'air drôlement costaud !

– Silence ! Avancez ! »

Furtivement, Rémy détaillait l'homme en blouse grise debout sur le seuil. Il grimpa les trois marches en baissant les yeux. Une main se posa sur son épaule, et il dut s'arrêter.

« Tu es Rémy, n'est-ce pas ? Regarde-moi ! »

Sur le qui-vive, le garçon obéit à contrecœur. Le regard du maître le rassura un peu. Il n'était pas sévère, pour le moment.

« Oui monsieur.

– Eh bien ! entre, nous allons te trouver une place. »

Rangés par deux le long du mur du couloir, les élèves attendaient.

« Entrez, et pas de bousculade ! »

Sur la porte vitrée de la classe, une étiquette portait en grosses lettres noires : *Cours Moyen 2e année – Cours Supérieur*

« Asseyez-vous ! »

Tout le monde s'exécuta, seul Rémy resta debout près du maître.

« Je vous présente un nouveau camarade. Il s'appelle Rémy Novembre et fréquentera le cours supérieur. Tiens, assieds-toi ici.

– Mais m'sieur, il est trop grand, j'vais plus voir le tableau !

– Eh bien ! change de place, Rémy va prendre la tienne. »

À cause de sa taille, le garçon se retrouvait toujours au dernier rang ; voilà qui ne lui déplaisait pas, bien au contraire.

Son voisin, un échalas au visage long et pâle, le regardait d'un air soupçonneux.

« Sortez vos livres de morale !

– Le nouveau en a pas, m'sieur !

– J'ai préparé les livres de Rémy, là sur cette table. Paul, porte-les-lui, s'il te plaît ! »

Un petit rouquin se leva ; en déposant la pile sur le pupitre de Rémy, il lui glissa un regard en dessous.

« Merci ! »

La leçon commença. Autant que les heures de classe, Rémy appréhendait un peu la première récréation. Il n'ignorait pas que les autres allaient le tester. Passé ce premier contact, il n'aurait plus rien à craindre. Comme toujours sans doute, les caïds comprendraient bien vite que mieux valait le laisser tranquille.

* *
*

La journée d'école finie, Rémy et Pierrot, accompagnés de Léna, traversaient le square de l'Hôtel de Ville lorsque deux gaillards surgirent pour leur barrer la route.

« Alors, monsieur Novembre Décembre, si on s'expliquait maintenant ? Le dirlo et M. Tellier sont plus là pour te défendre ! Qu'est-ce que t'en dis ? »

Les poings sur les hanches, celui qui interpellait Rémy, un certain Gégé, le provoquait en ricanant, sûr d'avoir le dessus. Non seulement il était en classe de fin d'études, qu'il redoublait d'ailleurs, mais, à ce jour, il ne s'était trouvé personne pour relever ses défis.

Comme prévu, dès la première récréation, le nouveau avait été le centre d'attraction de presque toute la cour. Pierrot à ses côtés, Rémy attendait les questions qui ne manquèrent pas de pleuvoir, au milieu des rires moqueurs.

« Alors, comme ça tu t'appelles Novembre ? Et pourquoi pas Juillet ? Ou Décembre, tiens, ça ferait Noël !

– Pourquoi tu habites à la quincaillerie Souleyre ? Tes parents t'ont fichu à la porte ?

– Et t'es né où, d'abord ? »

Rémy restait muet, indifférent. Quand ils en auraient assez, ils s'arrêteraient bien. Étourdiment, Pierrot répondit à sa place :

« Il est né à côté de Paris ! »

Pour lui, être né dans la capitale était forcément un honneur. Mais les grands, suivis de tous les autres, se mirent à scander :

« Parigot, tête de veau ! Parisien, tête de chien ! »

Rémy serra les poings, fonça sur l'adversaire le plus proche, l'attrapa par le col ; ils roulèrent ensemble sur le goudron de la cour sous les huées et les cris d'encouragement. Un coup de sifflet dispersa tout le monde. Le directeur et le maître de Rémy séparèrent les combattants.

« C'est lui qu'a commencé, m'sieur !

– Je ne veux rien savoir ! Vous le provoquez depuis un moment, laissez-le tranquille ! Vous devriez avoir honte d'accueillir de la sorte un nouveau camarade. Allez ! dispersez-vous ! »

Là, dans le petit square, le grand Gégé était prêt à venger son comparse que Rémy avait pris à partie le matin même.

« Robert, c'est mon pote, t'entends le Parigot ? Tu t'es jeté sur lui lâchement, maintenant tu vas dérouiller sec !

– Fiche-nous la paix ! intervint Léna. Vous les garçons, à part les bagarres et les insultes, vous connaissez rien d'autre !

– Toi la fille du boche, tu la fermes ! On t'a pas sonnée ! File, sinon...

– Allez-vous en, jeta Pierrot en se plaçant devant sa cousine. C'est pas la fille d'un Boche, d'abord !

– Eh ! le minus, va vite te cacher dans les jupes de ta mère ! Faudra grandir un peu avant de te mêler des affaires des autres.

– Mon père s'appelle Gardelli, c'est un nom italien, pas allemand, pauvre idiot ! T'es peut-être grand, mais pour ce qui est d'être savant, bonjour ! »

Les yeux de Léna lançait des éclairs. Gégé et Robert se mirent à ricaner.

« Ah oui ! Gardelli c'est italien ? Et où il se cache d'abord, ton père ? À Saint-Didier, personne l'a jamais vu !

– Il se cache pas, il travaille à l'étranger, en Amérique, en Australie…

– Et pourquoi pas dans la lune, tant que tu y es ! Mais c'est peut-être un espion, c'est ça ? Ou pire, un criminel qui se planque, hein ? »

Rémy avait écouté cet échange virulent sans intervenir. Là, c'était trop. Son poing vola tout à coup pour atterrir sur le nez de Gégé qui se mit à saigner en abondance.

« Viens, on se tire ! cria Robert en reculant.

– Tu me paieras ça, morveux ! fit Gégé en grimaçant et en essuyant son nez avec sa manche. Tu perds rien pour attendre !

– Vous me faites pas peur ! Filez ou je démolis ton froussard de copain ! Lavettes, poules mouillées ! »

Léna et Pierrot, admiratifs, regardaient Rémy, leur héros. Sa gloire rejaillissait sur eux. Avec lui, ils se sentaient invincibles.

# VI

# Le nouveau commis

L'ANNÉE AVANT LA NAISSANCE d'Héléna, Antoine, le commis de Simon Varenne, quitta son patron pour se marier. Invité à une noce, à trente-deux ans passés il était tombé amoureux de sa cavalière. Fille d'un fermier des environs de Saint-Nectaire-le-Haut, cette jeune personne avait su faire d'emblée sa conquête. Antoine s'installa donc au petit domaine de son épouse et Simon dut se mettre en quête d'un nouveau commis.

Un matin d'avril 1937, un homme d'une trentaine d'années se présenta pour la place. Sans raison apparente, il déplut aussitôt au père d'Alice.

« Qu'est-ce que tu lui reproches, papa ? Tu ne le connais pas du tout !

– Justement, j'aurais aimé savoir d'où il vient. Tu ne trouves pas qu'il a l'air faux ? En lui parlant, je me sentais très mal à l'aise.

– Tu étais trop habitué à Antoine depuis douze ans qu'il travaillait ici.

– Peut-être. L'ennui, c'est que les trois autres candidats ne semblent guère convenir eux non plus. Le fils Mazet a une réputation de fieffé paresseux et Ludovic Chassaigne est beaucoup trop jeune. Reste Jacques Barbier. Lui aurait bien fait mon affaire, mais dans un an il devra partir au service militaire et il faudra lui trouver un remplaçant. Je préfère renoncer.

– Prends donc ce Germain Souleyre à l'essai. S'il ne convient pas, tu n'auras qu'à le remercier. »

Simon se résigna à embaucher l'inconnu. Il se prétendait ouvrier d'usine à Clermont. Sa mère, son unique famille, vivait dans le Nord. Peu habitué à la grande ville, Clermont ne lui plaisait pas. En lisant l'annonce dans le journal, il s'était dit que Saint-Didier lui conviendrait fort bien.

Méfiant, le père d'Alice prit des renseignements auprès de son ancien employeur. Germain avait bien travaillé aux usines Michelin mais seulement quatre mois ; son chef n'avait rien à lui reprocher. En arrivant à l'usine dépourvu de références, le jeune homme avait expliqué qu'il était garçon de ferme chez son père, dans la région d'Arras. À la mort de ce dernier, sa mère avait vendu leur très petite exploitation et il s'était retrouvé sans travail. L'envie l'avait pris alors de voir du pays et il était arrivé par hasard à Clermont-Ferrand. Mais, à présent, il désirait partir ailleurs et, surtout, il recherchait le calme.

« Un instable, dit Simon à sa fille. Si je l'engage, je ne crois pas que je le garderai bien longtemps. Enfin, essayons toujours. »

Lorsqu'il partait en livraison ou en tournée, il ne pouvait pas confier le magasin à Alice. Toujours sujette aux crises d'angoisse, elle était fort capable d'abandonner l'argent dans la caisse et de laisser la porte de la boutique grande ouverte pour s'enfermer des heures dans sa chambre.

Pourtant, s'il n'avait jamais eu le moindre souci de la savoir seule avec Antoine, il en allait différemment avec le nouveau venu. Mais que faire ? Il ne pouvait pas lui confier les livraisons, encore moins les tournées. Germain ne connaissait ni la ville ni les environs.

Alice pensait toujours à Denis, son malheureux fiancé. Mais le commis… allez savoir ! Simon, hélas ! n'avait guère le choix. Très mal secondé par sa fille, malgré ses vingt-six ans, il ne pouvait assumer seul son commerce ; ou alors, il devrait abandonner les tournées. Or, il avait en vue l'achat d'une maison, tout près de la ville. Mais il devait économiser encore, et ce n'était pas le moment de faire baisser son chiffre d'affaires.

Quand il prendrait sa retraite, d'ici quelques années, il partagerait entre ses deux filles le produit de la vente du fonds de commerce. Toutefois, il conserverait l'argent de celle de la maison de Saint-Didier. Alors, dans l'ancienne ferme qu'il convoitait, il élèverait des abeilles. Dans son enfance, son grand-père paternel possédait quelques ruches ; tout petit, Simon se passionnait pour ces insectes exceptionnels. Retraité, il aurait enfin l'opportunité de réaliser un désir toujours aussi ancré en lui.

Les premières semaines, Germain fit beaucoup de zèle, un peu trop peut-être. Soupçonneux, Simon ne laissait qu'un fond de caisse très succinct quand il s'absentait. La moindre vente devait être notée dans l'un des trois cahiers étiquetés : *Épicerie, Droguerie, Quincaillerie.* S'il n'avait jamais agi de la sorte avec Antoine, le père d'Alice préférait se montrer prudent. Décidément, ce Germain ne lui inspirait aucune confiance.

* *
*

De son côté, Pauline ne donnait guère de nouvelles et on ne la voyait pour ainsi dire plus à Saint-Didier. Elle prétextait une charge de travail trop importante, consacrait ses dimanches à des révisions. Son père n'y croyait pas vraiment.

Alice, au contraire, acceptait les arguments de sa sœur, même si elle lui manquait terriblement. Sans le lui dire, Simon supposait qu'un amoureux retenait Pauline loin de sa famille.

Ce n'est pas si grave, se disait-il, mais s'il s'agit d'une relation sérieuse, pourquoi ne pas nous présenter ce jeune homme ?

Sans doute ma petite fille n'est-elle pas encore sûre de ses sentiments et elle hésite à s'engager… À moins que ce garçon ne tienne pas à faire notre connaissance. Pauline n'est peut-être pour lui qu'une aventure éphémère…

Simon ne se doutait pas qu'il était tout près de la vérité, hélas ! Il imaginait sa plus jeune fille désemparée, malheureuse. Mais il n'avait aucun moyen de l'aider. Puis il voulait se rassurer, se persuadait que toutes ses suppositions étaient fausses, que Pauline lui disait tout simplement la vérité.

Sa vie auprès d'Alice était bien loin d'être réjouissante, seules les visites de Pauline égayaient un peu son quotidien. Depuis la mort de son fiancé, six ans déjà, Alice lui rappelait tellement sa chère Noëllie. Était-il en train de la perdre elle aussi ? Pourquoi ne pouvait-il, malgré toute son affection, les réconforter, l'une et l'autre ?

Les beaux-parents de Simon étaient décédés à six mois d'intervalle, en 1933. Alice, alors, avait vingt-deux ans, sa sœur seize. Les grands-parents avaient légué tous leurs biens à leurs deux petites-filles. La maison de Royat vendue, Alice avait placé sa part. Simon devait gérer celle de Pauline jusqu'à sa majorité.

À la mi-juin 1937, il reçut un long courrier de cette dernière. Après quelques excuses pour son manque de visites, involontaire à l'en croire (toujours le même prétexte des examens à préparer), elle lui annonçait qu'elle venait d'obtenir sa licence. En même temps, elle l'informait de son intention d'étudier deux années encore pour tenter d'obtenir l'agrégation.

*Mon cher papa, j'ai vingt ans et il manque seulement une petite année pour que je sois majeure. Mais je n'ai pas l'intention de t'obliger à continuer de financer mes études. Mon travail de répétitrice auprès des deux enfants de maître Renoux ne couvre pas, tu le sais, mes frais de logement et de nourriture.*

*C'est à peine s'il me permet d'acheter ici ou là une nouvelle paire de chaussures ou un vêtement.*

*J'ai donc pensé, ma majorité étant toute proche, que tu voudrais bien me faire parvenir une partie de mon héritage. Veux-tu te renseigner auprès du notaire ? S'il ne peut dégager cet argent, pourrais-tu, toi, me l'avancer ? Dès mes vingt et un ans, je te le rembourserai, naturellement. J'en ai besoin au plus vite pour mon inscription à la faculté et le loyer, afin de réserver l'appartement jusqu'à la rentrée d'octobre.*

*Je ne pourrai pas, hélas ! venir passer deux mois près de vous, comme prévu. En effet, je viens d'accepter d'accompagner la famille Renoux en vacances sur la côte bretonne. Si la petite Agnès a de bons résultats scolaires, il n'en est pas de même pour Thibault qui termine sa classe de sixième. Ses parents me demandent donc de lui faire refaire le programme de l'année. Nous travaillerons chaque matin, et l'après-midi sera consacré aux jeux de plage.*

*Ainsi, je gagnerai un petit salaire non négligeable. Mais, avant la reprise de mes cours, je te promets que je vous consacrerai le mois de septembre, à toi et à ma chère Alice…*

Simon replia lentement cette lettre qui le déconcertait. Heureux que Pauline ait obtenu sa licence, il comprenait tout à fait son désir de continuer ses études. Elle était jeune et avait toujours gardé son année d'avance depuis l'école primaire. Oui, ce serait bien pour son avenir si elle obtenait l'agrégation d'histoire… Pourtant, le père était déçu. Tout au long de la dernière année scolaire, il n'avait cessé d'affirmer à Alice :

« Pauline nous manque, c'est vrai, mais nous ne devons pas nous montrer égoïstes, pense que nous profiterons de sa présence durant tout l'été prochain ! »

Simon ne mettait pas en doute l'engagement de sa fille auprès de maître Renoux ; il ne lui serait pas venu à l'idée de vérifier ses dires en contactant l'avocat. Ce désir de gagner un peu d'argent était louable, il en convenait. Il décida de ne pas entamer la part d'héritage de Pauline et de lui avancer lui-même la somme demandée.

Son instinct de père aurait-il dû l'avertir de la situation de Pauline ? Il conclut qu'elle récupérait le dimanche, pour son travail personnel, les heures passées auprès des enfants de l'avocat. Elle n'avait sûrement pas d'amoureux, il s'était fait des idées fausses, voilà tout.

* *
*

Le nouveau commis continuait à faire montre d'un empressement que Simon jugeait excessif. Poli jusqu'à devenir obséquieux, prévenant avec Alice surtout, il ne donnait jamais prétexte à des reproches. Dans sa promptitude à satisfaire et même à anticiper toute demande de son patron, ce dernier croyait déceler des arrière-pensées peu louables. Il avait beau se dire : « Ce garçon est tout simplement courageux et serviable, je le juge mal sans doute… » il ne pouvait se défaire d'une méfiance instinctive à son endroit.

Après quelques semaines, Simon réalisa soudain que Germain avait entrepris, de manière discrète tout d'abord puis plus ouvertement, de faire la cour à sa fille. Ce qui, au début, pouvait passer pour de la civilité se transforma peu à peu en une galanterie manifeste. Sur ses gardes, le père d'Alice devait bientôt constater qu'elle n'y était pas insensible, loin de là.

Si tout autre que Germain avait fait preuve d'une telle attention envers sa fille, Simon s'en serait réjoui. Il aurait même été reconnaissant à un homme capable de faire revivre sa chère Alice. En l'occurrence, son manque de confiance instinctif lui faisait craindre pour elle une grande déception, peut-être pire.

Il songea à renvoyer son commis, mais il lui fallait trouver un prétexte plausible. Et puis il voyait bien qu'Alice, peu à peu, reprenait goût à l'existence ; aussi n'avait-il pas le cœur à l'inciter à la prudence, d'autant que ses propres soupçons ne reposaient sur rien de précis. Une antipathie spontanée, inexplicable, n'était certainement pas suffisante... Et si sa fille trouvait son bonheur auprès de cet homme, ne devrait-il pas s'en réjouir ?

Alice devenait plus coquette. Elle souriait à nouveau, s'intéressait à la bonne marche du magasin. Vint le jour où elle annonça à son père que Germain l'avait invitée au cinéma, le dimanche suivant.

D'ordinaire, le commis s'absentait ce jour-là. Rien d'anormal, il profitait de son congé hebdomadaire. Simon tenait seul la boutique le matin, ne s'accordant qu'un après-midi de repos. Depuis longtemps, il avait remarqué que Germain sortait souvent le soir ; d'ailleurs, il ne se cachait pas. Après le dîner, il gagnait sa chambre, se changeait, ressortait le plus naturellement du monde. Ces sorties, son patron ne pouvait que les constater ; à trente ans, son commis menait sa vie à sa guise.

Ce fameux dimanche, Alice s'était légèrement maquillée : un soupçon de poudre de riz, une trace de rouge à lèvres, une touche de parfum. Mal à l'aise, son père était furieux contre lui-même. N'aurait-il pas dû se réjouir ? Il était soucieux, au contraire, sans vraiment savoir pourquoi. Il lui souhaita un bon après-midi et, devant Germain, ravala ses recommandations.

« À ce soir au dîner ! dit-il seulement.

– Oui, à ce soir papa ! »

Elle rayonnait et il en fut à la fois heureux et triste.

# VII

# Hésitations

L'ÉTÉ PASSA. Pauline n'avait donné aucun signe de vie. De Bretagne où elle était censée résider durant deux mois, elle n'expédia aucun courrier, pas même une carte postale.

Alice était déçue, son père furieux. Après le 15 août, il fit le voyage à Clermont pour tenter d'apprendre quelque chose. La famille Renoux, lui dit-on, ne rentrerait pas de vacances avant deux semaines. La concierge de l'immeuble où logeait Pauline depuis le début de ses études universitaires apprit à Simon qu'elle n'habitait plus là depuis la fin juin. Déconcerté, il se remémora les termes de la lettre de sa fille : elle avait besoin d'argent pour réserver sa location durant l'été, or il n'en était rien. Où la trouver à présent ?

La colère fit place à l'inquiétude. Qu'était devenue Pauline ? Pourvu qu'elle n'ait pas été victime d'un accident, qu'elle n'ait pas fugué, entraînée par quelque beau parleur mal intentionné… Simon rentra à Saint-Didier-les-Bois en proie à des sentiments contradictoires. Que dirait-il à Alice ?

Pour se rassurer, il se promit de contacter maître Renoux dans une quinzaine de jours. Son seul espoir, auquel il se raccrochait obstinément, c'était que sa fille regagnerait Clermont avec son employeur. Il se reprochait amèrement de ne pas lui avoir demandé son adresse de vacances. À Pauline aussi, il en voulait beaucoup ; comment pouvait-elle le laisser aussi longtemps sans nouvelles ? Si elle rentrait saine et sauve, il se promettait bien de lui faire de virulents reproches. Dans le cas contraire… Il refusait d'y penser, mais, lancinantes, les mêmes questions revenaient le tourmenter sans cesse : où chercher sa fille, à qui s'adresser pour retrouver sa trace ?

Alice voulut apaiser l'inquiétude de son père.

« En Bretagne, ma sœur a été prise par de multiples activités. Et puis tu connais son caractère insouciant, elle n'a pas vu filer les jours et les semaines. Quant à l'appartement, peut-être le trouvait-elle trop cher, trop éloigné de la faculté, que sais-je encore… Elle en a changé sans t'avertir, mais elle le fera dès son retour. Allons ! papa, cesse de te ronger les sangs, je suis certaine que Pauline est en pleine forme ! »

Cette désinvolture irrita d'abord Simon tant son angoisse était grande. Visiblement, Alice minimisait l'attitude incompréhensible de sa cadette pour le rassurer. Autrefois, elle aussi se serait tourmentée au sujet de Pauline mais, à présent, elle semblait se soucier uniquement de son presque fiancé, le commis irréprochable toujours empressé auprès d'elle.

Si Alice n'en disait rien à son père, Germain tardait un peu trop, à son goût, à se déclarer franchement. Mais elle savait être patiente. Il avait pour elle de petites attentions qui l'émouvaient, la confortaient dans l'idée qu'il tenait vraiment à elle. Durant presque six années, elle avait eu l'impression que son cœur était mort, irrémédiablement. Germain avait su le toucher, faire jaillir l'étincelle capable de ranimer des sentiments qu'elle croyait à jamais éteints. Dans son ardent désir de revivre enfin, Alice confondait amour et reconnaissance.

Simon n'eut pas à appeler maître Renoux. Le 31 août, une lettre postée la veille de Clermont annonça l'arrivée toute proche de Pauline.

*Je n'ai pas eu une minute à moi pour vous écrire et j'en suis vraiment désolée. La sœur de Mme Renoux était là avec ses trois enfants. Si je n'ai pas eu à m'occuper de la petite dernière, je n'ai pu refuser de faire travailler les deux aînés en même temps que Thibault. Maître Renoux m'a dédommagée en augmentant sensiblement la somme promise au départ.*

*J'avais omis, pardon papa, de vous laisser ma nouvelle adresse. Le premier logement était beaucoup trop cher, alors j'ai déménagé la veille de mon départ en Bretagne seulement ; les cartons ne sont pas encore déballés. Mais je vous expliquerai tout ceci de vive voix, j'arriverai le 8 au soir. À très bientôt, il me tarde tellement de vous revoir tous les deux. En attendant, je vous embrasse très très fort.*

*Votre Pauline*

Après avoir achevé la lecture de cette lettre, Alice remarqua gentiment :

« Je te l'avais bien dit, papa, qu'il ne fallait pas s'inquiéter ! Tu connais Pauline aussi bien que moi, ces petites choses lui paraissent tellement secondaires… »

Ce mot de « secondaires », Simon préféra ne pas le relever. Lui, ces choses-là, il les jugeait essentielles, au contraire.

« Je vieillis, songea-t-il, je m'attache encore à des usages sans doute complètement désuets. N'empêche, Pauline me connaît assez, elle n'ignore pas que, depuis leur petite enfance, je me soucie de mes filles certainement beaucoup plus que la plupart des pères. Elle semble oublier que je les ai élevées seul. À présent, c'est vrai que je devrais me faire à l'idée qu'elles ne sont plus des enfants… »

Germain, naturellement, ne s'était pas mêlé à la conversation entre le père et la fille. Alice l'interpella :

« Germain, vous allez bientôt faire la connaissance de ma petite sœur. Enfin, petite n'est pas le mot qui convient puisque Pauline a presque vingt et un ans ! »

Le commis répondit seulement par un sourire furtif ; il continua ses rangements dans les rayons d'épicerie. Depuis quelques mois, Simon l'emmenait avec lui en tournée. La cour discrète mais évidente que son commis faisait à Alice l'incitait à ne pas les laisser seuls du début de la matinée au milieu de l'après-midi.

« Là encore, se dit Simon, je me montre certainement très vieux jeu. Alice et lui ne sont plus des adolescents. Quand ils sortent ensemble le dimanche, je ne suis pas à leurs côtés pour tenir la main de ma fille… »

Alice, maintenant, était capable d'assumer seule le magasin. Son père ne constatait plus de crises de désespoir qui la coupaient si souvent du monde réel. Il l'avait même surprise très souvent en train de chantonner en faisant son travail, et il ne pouvait que s'en réjouir.

À cinquante-cinq ans passés, Simon se sentait soudain très las. Porter à bout de bras sa femme dépressive, ses filles trop petites pour s'assumer, Alice effondrée après la mort de Denis, un commerce exigeant… il réalisait que tout cela l'avait épuisé mentalement, physiquement aussi d'ailleurs.

Après tout, si Alice épousait Germain, il serait bien aise de leur abandonner le magasin et de se retirer. Mais il était trop tôt encore ; il devait acquérir cette maison qui le tentait depuis longtemps, et l'état de ses finances ne lui permettait pas de vivre en rentier avant quelques années.

* *
*

Heureux à l'idée de revoir enfin Pauline, Simon et Alice attendaient le train du soir. Le père faisait taire ses griefs pour ne songer qu'au bonheur des retrouvailles.

Lorsque Pauline descendit du wagon, un sac de voyage à la main, ils échangèrent un regard stupéfait. Le visage pâle et très amaigri de l'arrivante, ses yeux cernés de mauve les laissaient sans voix. Pauline paraissait relever d'une longue maladie ; nul n'aurait pu se douter qu'elle venait de passer deux mois au bon air vivifiant de l'océan Atlantique.

La première, Alice se ressaisit, prit sa sœur dans ses bras.

« Enfin, tu es là ! Comment vas-tu ? Ces vacances ont l'air de t'avoir beaucoup fatiguée, tu n'es pas malade au moins ?

– Non, non, rassure-toi. Mais c'est vrai que j'ai un peu maigri ces derniers temps, rien de grave… »

Les yeux de Pauline étaient pleins de larmes quand elle embrassa son père. Il ne disait rien et elle crut à du ressentiment de sa part.

« Papa, tu m'en veux beaucoup ? Excuse-moi, je ne me suis pas rendu compte, maintenant je comprends que j'aurais dû… »

Elle n'acheva pas, essuya rapidement ses yeux.

« Ce n'est rien, ma fille, c'est oublié. Allez ! viens, rentrons vite à la maison ! »

Pauline faisait son possible pour ne pas s'effondrer, tout révéler à ces deux êtres qui l'aimaient sincèrement, son amour bafoué pour Sylvio, son lâche abandon, le bébé, ses mensonges à elle, aux abois, si seule… Elle savait bien qu'ils apprendraient, tôt ou tard ; elle leur ferait beaucoup de mal et cette idée la mettait à la torture.

Avant même qu'Alice lui ait fait des confidences, elle comprit que son aînée éprouvait pour le commis des sentiments plus qu'amicaux. Sa façon de le regarder, de lui parler, tout montrait qu'Alice n'avait qu'un but : lui plaire. Pauline, d'abord, en fut heureuse ; sa sœur, enfin, reprenait goût à la vie. Elle avait tant espéré que cela se produirait un jour.

Très vite pourtant, elle se posa la question : ce Germain serait-il capable de rendre Alice heureuse ? Pauline craignait fort que la réponse fût non. Tout comme son père, elle se sentait un peu mal à l'aise devant le commis. Était-ce son regard fuyant, ses manières silencieuses, son excessive retenue ? Un peu de tout cela peut-être. Pauline observa également les deux hommes ; elle comprit bientôt que leurs rapports étaient très loin de ceux qui avaient lié Antoine, l'ancien commis, à son patron.

Pourtant, Pauline espérait se tromper. Sans doute Germain était-il de ceux qui gagnaient à être connus. La timidité, peut-être, le faisait paraître distant. Alice avait vingt-sept ans passés ; il se pouvait fort que cet homme soit sa dernière chance de fonder un foyer, une famille.

Lorsque Alice lui annonça ses fiançailles proches, Pauline garda pour elle ses impressions défavorables. Elle se contenta d'affirmer qu'elle partageait son bonheur et lui souhaita sincèrement d'être heureuse.

Trois jours après son arrivée, la jeune fille hésitait toujours à annoncer qu'elle était là pour une semaine seulement, et non pour tout le mois comme elle l'avait laissé entendre dans sa dernière lettre. Elle avait bien sûr trouvé un prétexte, mais son père cette fois ne perdrait-il pas patience ?

Alice et lui ne devaient pas découvrir son secret. Simon, se disait-elle, la chasserait définitivement. Et elle ne pourrait pas le supporter. Elle savait bien pourtant que l'argent de l'héritage de ses grands-parents serait très vite dépensé : le loyer, la nourriture, les frais de nourrice… Sans compter qu'il n'était plus question de donner des cours du soir. Pourvu qu'elle tienne jusqu'à ce que, ses études terminées, elle soit en mesure de gagner sa vie. Sa vie et celle de sa fille. La petite Héléna était née le 6 août, elle avait un mois maintenant.

Pauline avait dû s'en séparer, bien à contrecœur, la confier à une nourrice le temps qu'elle passerait à Saint-Didier. Le bébé, par chance, se portait comme un charme. Et si elle l'avait amené ici avec elle ? Son père aurait-il succombé devant ce petit être si doux, si attachant dans son innocence attendrissante ?

Elle avait manqué de courage et n'avait pas osé. À présent, elle se disait qu'elle avait eu raison. Simon n'était pas prêt.

Un soir – le commis venait de se retirer après avoir souhaité bonne nuit à la ronde –, une question de sa sœur amena Pauline à déclarer qu'elle devrait repartir le dimanche suivant.

« Parle-nous donc un peu de ton nouvel appartement. Dans quel quartier est-il ?

– Pas très loin de la gare.

– Ah bon ! tu t'éloignes de la faculté, il me semble ?

– Un peu, mais c'est vraiment beaucoup moins cher. Par contre, je voulais justement vous en parler, je dois y faire quelques travaux.

– Des travaux ? jeta Simon en fronçant les sourcils.

– Oh ! rien d'important ! Je vais repeindre la cuisine et le coin toilette et retapisser la chambre. En contre partie, durant trois mois je paierai seulement la moitié du loyer, c'est appréciable. Mais je vais devoir y travailler avant la reprise des cours. Je repartirai donc dimanche prochain pour tout remettre en état.

– Ainsi, tu nous quittes déjà ! »

Alice ne cachait pas sa déception. Le père s'insurgea :

« Je vais finir par croire que tu nous fuis ! Paye donc un ouvrier pour tes travaux, ainsi tu pourras rester jusqu'à la fin du mois. »

Il ne cachait pas sa contrariété. Hésitante, Pauline répliqua :

« C'est impossible. J'ai déjà acheté la peinture, le papier, la colle. Non, je regrette mais je m'en occuperai moi-même. Ne m'en veuillez pas, je vous assure que je ne peux pas faire autrement. »

Son embarras, doublé d'une infinie tristesse, affligea terriblement Alice. Devant son père, elle retint la question qui lui brûlait les lèvres. Un doute s'immisçait en elle : Pauline leur cachait quelque chose. Pour faire diversion elle dit, faussement désinvolte :

« Tu reviendras un dimanche d'octobre, quand ton appartement sera installé. C'est vrai que tu es indépendante, à présent. Enfin, presque, ta majorité c'est pour mars prochain, nous avons trop tendance à l'oublier. »

Ni sa sœur ni son père ne relevèrent cette dernière remarque. Quand Pauline repartit pour Clermont, elle avait le cœur en lambeaux. Elle aurait tellement voulu ne pas leur faire de mal ; or, elle le voyait bien, tous deux étaient déçus, son père lui en voulait. Hélas ! elle n'y pouvait rien. Son bébé, son trésor l'attendait ; elle n'avait qu'une hâte : le serrer dans ses bras.

## VIII

# Éclaircissements

INCAPABLE DE SE RÉSOUDRE à divulguer son secret, Pauline devait laisser sa fille chez la nourrice un dimanche sur deux pour se rendre à Saint-Didier-les-Bois.

« Pourquoi ne viens-tu pas le samedi soir ? Nous te verrions un peu plus longtemps. »

Simon ne le confiait pas à Alice, mais il était inquiet pour la santé de sa cadette. Au fil des semaines, elle semblait toujours aussi lasse ; sa maigreur, ses joues creuses devenaient alarmantes.

« Au moins, tu te nourris suffisamment ?

– Mais bien sûr, papa ! Je veille très tard pour étudier, c'est tout ! »

Son père la soupçonnait de se priver pour faire des économies. Elle eut bientôt recours à une nouvelle excuse.

« Le samedi soir, j'ai accepté de remplacer une amie qui sert dans un restaurant pour pouvoir payer sa chambre d'étudiante. Elle aspirait à se ménager une soirée de liberté par semaine, alors…

– Mais tu n'as tout de même pas besoin d'argent à ce point-là !

– Oui et non. Je ne veux pas trop entamer mon capital. »

Pauline s'efforçait de rire, mais ce rire sonnait faux. Début décembre, elle commença à s'inquiéter ; Alice et son père insisteraient pour qu'elle vienne passer auprès d'eux les fêtes de fin d'année. Quel prétexte inventer ? Elle n'en trouvait aucun.

N'y tenant plus, elle résolut d'avouer sa situation à sa sœur. Soulagée de pouvoir se libérer enfin de tous ses mensonges, elle ne lui cacha rien : sa pitoyable histoire avec Sylvio, la fuite de celui-ci à l'annonce de sa grossesse, la petite Héléna enfin.

Interdite, Alice restait sans voix. Puis elle pressa Pauline d'un flot de questions.

« Mais tu étais seule pour cette naissance ? Je ne peux pas le croire ! Tu as donc tellement douté de moi, de papa ? Ainsi, tu n'as pas bougé de Clermont... Et nous qui te croyions en Bretagne ! Comment ai-je pu me montrer aussi peu clairvoyante ? Je suis impardonnable ! »

Les raisons de son aveuglement, elle ne les connaissait que trop. Fascinée par cet homme qui lui faisait la cour, elle avait failli à son devoir d'aînée. Et dire que sa petite sœur avait tant besoin d'elle... Elle se sentirait toujours coupable de cet abandon. Depuis la naissance de Pauline, elle lui avait presque servi de mère. Après la mort de Denis, elle avait toujours refusé de se rendre à Clermont. Mais là, elle aurait dû faire exception, gagner la ville, retrouver sa sœur à tout prix. Consternée, elle se tut un moment avant de demander :

« Mais, le bébé ?

– Je paie une nourrice pendant mes heures de cours, impossible de faire autrement. C'est pareil quand je viens ici. Mais Alice, cela ne peut pas durer ! À la fin du mois, la nourrice s'absente une dizaine de jours. Elle m'a donné le nom d'une collègue, mais je ne peux pas me résoudre à confier ma petite Héléna à une inconnue. D'autre part, si je ne viens pas ici pour Noël, papa ne me le pardonnera jamais, tu le sais bien. C'est sans solution ! Sais-tu, j'ai terriblement envie de disparaître avec ma fille... »

Alice s'affola, l'entoura de son bras, l'embrassa tendrement.
« Disparaître ? Pauline, je t'en supplie, ne dis pas des choses pareilles, tu me fais peur ! »

L'ombre de Noëllie planait confusément dans l'esprit d'Alice. Était-elle donc incapable de protéger sa petite sœur alors qu'elle l'avait promis à sa mère sur son lit de mort ? Égoïstement, durant des années, toutes ses pensées s'étaient cristallisées sur son propre chagrin. Elle se sentait tellement coupable.

Contre elle, Pauline tremblait, comme exaltée, les yeux brillants, les pommettes rouges. Bouleversée, sa sœur l'embrassa à nouveau, la serra plus fort. Elle savait que Pauline n'oserait jamais se confier à leur père.

« Veux-tu que, moi, je parle à papa avant que tu repartes ?

– Non, surtout pas, je vais réfléchir. Je te promets de t'écrire très vite pour te tenir au courant. Finalement, je laisserai peut-être mon bébé à la nouvelle nourrice trois ou quatre jours, je vais voir… »

Angoissée, Alice la vit repartir le lendemain, accablée, misérable ; aussitôt, elle se reprocha de n'avoir rien dit à son père. Il fallait crever l'abcès, maintenant. Tôt ou tard Simon apprendrait tout. Pauline, elle en était presque certaine, allait disparaître et on ne la retrouverait jamais.

* *
*

C'était un dimanche d'hiver ensoleillé. Malgré l'air vif, les citadins qui n'avaient pas quitté la ville pour la journée arpentaient squares et jardins publics.

Pauline avait donné son biberon à la petite Héléna. Repu, le bébé gazouillait un doux langage incompréhensible, s'interrompant de temps à autre pour sourire à sa mère.

« Viens ma chérie, nous allons faire une petite promenade ! »

Pauline habilla chaudement sa fille, enfila son manteau, descendit les deux étages, son bébé sur le bras. Dans l'entrée, elle récupéra le landau recouvert d'une toile protectrice. La petite installée, elle sortit et se dirigea à pas rapides vers le jardin Lecoq.

Comme elle, beaucoup de mères de famille poussaient un landau. Des enfants couraient dans les allées en poussant des cris de joie. De jeunes pères donnaient la main à des bambins encore un peu flageolants sur leurs petites jambes malhabiles. Pauline essayait de ne pas les voir. Le bonheur tranquille des autres était pour elle une épreuve. Vite, elle jetait un regard à sa fille ; aussitôt, elle se sentait apaisée, plus sereine.

La petite Héléna était un bébé magnifique. Dans son visage plein et rose, ses yeux gris bordés de longs cils noirs brillaient joyeusement. De petites boucles brunes échappées du bonnet rouge assorti à son manteau frisottaient sur son front. Pauline avait baissé la capote du landau et la petite jetait autour d'elle des regards vifs et curieux.

« Tu découvres le monde, n'est-ce pas, mon bébé ? Et si tu dormais un peu maintenant ? »

En contemplant sa fille, la jeune mère ressentait une joie sans bornes, une totale plénitude. Elle la payait de tous ses soucis, de toutes ses angoisses ; miraculeusement, les difficultés étaient aplanies, le quotidien n'existait plus.

Pauline s'assit sur un banc au soleil, le landau devant elle. Héléna ne semblait pas du tout avoir sommeil. Elle reprenait son gazouillis quand une dame âgée, bien vêtue, se pencha un instant sur elle.

« Quel beau bébé ! dit-elle en souriant à Pauline. Vous pouvez en être fière, madame ! »

Elle salua, passa son chemin. Oui, Pauline était fière de sa fille. Son père était parti, et alors ? Seules au monde, elles se soutiendraient l'une l'autre. La jeune mère se jura que la petite Héléna ne manquerait de rien, jamais. Elle lui avait donné le jour et le lui devait bien.

Un petit vent se leva soudain, et Pauline repartit vers son appartement. Elle recoucherait sa fille et, jusqu'à l'heure du dîner, consacrerait trois petites heures à réviser ses cours. Puis, avant de se coucher, elle écrirait à sa sœur ; Alice, elle le savait, attendait impatiemment de ses nouvelles.

Elle ouvrait un classeur lorsqu'on frappa à la porte. Hormis celle de la nourrice d'Héléna, Pauline ne recevait aucune visite. Hésitante, elle tourna la clé, ouvrit la porte, resta figée, interdite, la main sur la poignée. Son père était devant elle.

« Je peux entrer ? » demanda-t-il presque à voix basse.

Muette, Pauline s'effaça. Des pensées incohérentes se bousculaient dans sa tête, elle était incapable de prononcer le moindre mot. Simon s'approcha, lui prit la main.

« Pauline, pourquoi n'avoir rien dit ? Je peux comprendre, tu sais. »

Alors elle se jeta vers lui en sanglotant. La joue pressée contre le col de son pardessus, elle crut que ses larmes ne cesseraient jamais, des larmes de regret, des larmes de joie. Il l'entourait de ses bras, disait :

« Chut ! chut ! C'est fini, je suis là ! »

Pauline se calma peu à peu. Enfin, elle essuya ses larmes, leva son visage humide vers son père. Il lui souriait. Elle avait oublié combien cet homme était bon. Alors elle dit, et elle tremblait un peu :

« Pardon papa, pardon ! Je regrette tellement… »

Il l'embrassa sur le front, très doucement. Elle lui prit la main, l'entraîna vers la chambre. Dans son lit minuscule, Héléna dormait, ses petits poings serrés de chaque côté de son visage.

« J'ai aperçu ta fille de loin tout à l'heure. »

Devant le regard incrédule de Pauline, il ajouta :

« J'arrivais juste au moment où vous partiez en promenade. Alors je vous ai suivies. Je t'avoue que je ne savais pas très bien comment t'aborder... »

Il contempla un instant le bébé endormi. Dans ses yeux, sa fille lisait avec émotion une grande tendresse.

« C'est extraordinaire comme elle te ressemble. Je crois te revoir au même âge, tout à fait.

– Tu penses que tu pourras l'aimer, malgré...

– Tu en doutes ? Alors tu connais très mal ton vieux père. Bien sûr que je l'aime ma petite-fille ! »

* *
*

Fin avril 1939, Alice épousa Germain. Elle espérait que l'antipathie de son père pour celui qui devenait son époux s'estomperait au fil du temps.

À Noël dernier, Pauline et sa fille étaient venues vivre sous le toit paternel ; alors la jeune femme s'était un peu inquiétée de cette cohabitation. Évidemment, Pauline avait droit autant qu'elle-même à être hébergée chez leur père. Malgré tout, la famille était maintenant à l'étroit. Le premier étage au-dessus du magasin était loué, la chambre de Germain mise à part. Alice avait dû partager la sienne avec sa sœur et le bébé.

La date du mariage fixée, Simon s'était empressé d'acquérir l'ancienne ferme convoitée depuis longtemps. Par chance, le Clos des Églantiers n'avait toujours pas trouvé preneur.

« Nous y logerons tous les trois, dit-il alors à Pauline. Ainsi, le jeune couple aura davantage de place et d'indépendance. Je pourrai même louer la chambre libérée par Germain à l'étage. »

Après la visite de la maison, fermée depuis très longtemps, il fallut entreprendre de grands nettoyages avant l'installation.

« L'été prochain, je ferai faire des travaux pour redonner un coup de jeune à l'appartement. Qu'est-ce que tu penses de notre nouveau foyer ? Il te convient ?

– C'est merveilleux, papa. Une chambre pour moi, une pour ma fille, que demander de mieux ? D'ailleurs, regarde Héléna, on dirait qu'elle aussi approuve entièrement ton acquisition ! »

Assise dans sa poussette, la petite jetait des petits cris enthousiastes en jouant avec ses doigts. Simon sourit en la regardant, tandis que Pauline songeait : « Ici, nous serons mille fois mieux que sous le même toit que mon beau-frère... » Puis elle dit à voix haute :

« Alors papa, tu vas prendre ta retraite ?

– Non, je dois travailler quelques années encore. Germain continuera à être salarié en attendant que je mette le commerce à son nom et à celui d'Alice. Il est d'accord.

– Papa, moi aussi je dois travailler. Je terminerai mes études quand ma fille aura un peu grandi. Mais, d'ici là, je vais chercher une place, dans un commerce peut-être... Qu'est-ce que tu en dis ?

– J'en dis que tu ferais bien d'élever toi-même la petite pendant deux ou trois ans au moins. L'argent que tu peux gagner, tu devras le donner à une nourrice, c'est un mauvais calcul, crois-moi. Sans compter que ta fille sera bien mieux avec sa propre mère, non ?

– Tu dois avoir raison, je m'incline. Mais j'insiste pour participer aux frais de nourriture. Tu nous loges, c'est déjà beaucoup. »

* *
*

Simon avait accepté cet arrangement pour ménager l'amour-propre de Pauline. Un peu plus tard, il acheta une petite voiture d'occasion en vue des trajets du Clos à Saint-Didier. Germain garderait la camionnette, indispensable au commerce.

Afin de pouvoir utiliser la voiture de son père, Pauline prit des cours de conduite. Libérée de ses angoisses, sa nouvelle vie la comblait. Elle retrouvait son entrain d'autrefois, même si la blessure de la trahison du père d'Héléna demeurait très vive encore.

Une seule ombre au tableau pour elle et Simon : ils semblaient avoir mis Alice à l'écart. Sans jamais se le dire, au fil des mois l'un et l'autre avaient compris que le mariage ne semblait pas lui apporter le bonheur attendu.

Le temps passait. Les bruits de guerre se confirmaient. Le 3 septembre, le conflit éclata et ce fut la mobilisation générale. Quelques jours plus tard, Germain partit pour le front, au nord de Paris, afin de défendre les frontières.

Refusant de rester seule en ville la nuit, Alice s'installa provisoirement au Clos des Églantiers. Quinze jours plus tard, elle découvrait qu'elle attendait un enfant.

# IX

## Période sombre

SON FILS VENAIT d'avoir deux mois lorsque Germain rentra de la « drôle de guerre », fin juin 1940. Alice fut extrêmement déçue de constater que le nourrisson, non seulement ne l'intéressait pas, mais l'importunait au contraire par ses pleurs presque continuels.

« C'est normal, la consolait Pauline. Les hommes ne sont guère attirés par les bébés. Attends que Jean-Pierre parle et marche, tu verras que son père s'y attachera, c'est certain.

– Tu as sans doute raison, d'autant que Germain a des excuses. Il vient de vivre presque une année très difficile, je dois lui donner du temps… »

Abandonnant l'armée en déroute, son mari avait fini par atteindre le Massif central et Saint-Didier-les-Bois en autostop ou, le plus souvent, à pied. La chance avait voulu qu'il fasse partie d'un groupe de soldats envoyés au ravitaillement dans une ferme, le jour où l'armée ennemie avait investi le fort défendu par son régiment. C'était donc au hasard qu'il devait de ne pas avoir été dirigé, comme la plupart des combattants, vers les camps de prisonniers, en Allemagne.

Sur les routes bombardées, d'interminables files de réfugiés se dirigeaient tant bien que mal vers le sud. C'était la débâcle dans une totale confusion. Quand des convois de prisonniers, encadrés par des soldats allemands, se profilaient à l'horizon,

Germain se cachait précipitamment. En traversant un village désert, il avait volé des vêtements civils ; pas encore démobilisé légalement, on l'aurait considéré comme déserteur et probablement condamné. Aussi craignait-il autant sa propre armée que celle des vainqueurs.

Son retour fut plutôt mal perçu dans la petite ville où il était le seul à revenir du front. On était encore sans nouvelles des autres soldats enrôlés en septembre 1939. Étaient-ils morts dans les derniers assauts engagés aux frontières ? On vivait dans l'angoisse. Il fallut attendre plusieurs semaines avant d'être fixé sur leur sort. La Croix-Rouge, alors, informa les familles de leur détention en Allemagne, dans des camps de travail. Pour combien de temps, nul ne pouvait le dire.

L'inquiétude et l'humiliation de la défaite mises à part, les gens de la région ne pâtissaient encore pas trop de la guerre et de l'occupation ennemie. On n'avait pas épuisé les stocks de vivres et de matières premières ; prévoyants, les habitants accumulaient des provisions au cas où. Dans la zone occupée en revanche, on souffrait déjà de l'hégémonie allemande et de ses conséquences ; seule la zone sud conservait encore une liberté appréciable. Au fil des mois pourtant, la situation devait devenir de plus en plus complexe et préoccupante.

Le commerce avait considérablement diminué. Puis vinrent les restrictions de toutes sortes, les cartes de rationnement, les contrôles de ravitaillement de plus en plus sévères. Comme les autres, les activités de Simon ralentissaient de jour en jour. Les rayonnages d'épicerie restaient quasiment vides, on ne trouvait plus de bons d'essence pour effectuer les livraisons et les tournées ; mais il y avait si peu de choses à vendre qu'on le regrettait à peine.

C'est alors que Germain commença à s'absenter très souvent avec la camionnette. Où trouvait-il le carburant ? Impossible à dire. Il revenait seulement le lendemain chargé de produits dont il taisait la provenance. À sa femme, il répondait :

« Ne t'occupe pas de ça, c'est mon affaire ! Contente-toi de tenir ces articles bien cachés. J'ai l'intention de les vendre évidemment, mais au prix fort. Ne les mets surtout pas en magasin. Et pas un mot à ton père sur ce que je rapporte. On attendra le soir, après son départ pour le Clos, pour revendre tout cela en cachette. »

Dans le quartier, on parlait de marché noir, de « combines » pas claires du tout avec les inspecteurs du ravitaillement, certainement soudoyés. Fort mécontent, Simon refusa de fermer les yeux. Interrogé, son gendre lui répondit :

« Eh bien ! oui, je me débrouille, moi ! De quoi vous plaignez-vous ? Vous devriez me remercier au contraire ! Grâce à moi, à mes initiatives, le commerce se maintient alors que tous les autres périclitent à vue d'œil.

– Je me réjouirais si j'étais certain que tu ne trafiques pas de façon malhonnête. Hélas ! j'en suis sûr, tu t'approvisionnes illégalement et tu revends de même quand j'ai le dos tourné !

– Je gagne de l'argent pour ma femme et pour mon fils, c'est le principal, non ? »

Germain eut un ricanement plein de mépris avant d'ajouter :

« J'ai de bons contacts, j'en profite. Je n'empêche pas les collègues de faire comme moi, qu'ils se ruinent donc si cela leur chante ! »

* *
*

Au cours de l'année 1942, la Résistance commença à s'organiser dans la région. Secrètement, Simon prit des responsabilités dans un réseau. Par sécurité, il se garda bien d'en parler à ses filles, encore moins à Germain dont il se méfiait avec juste raison.

À présent, il avait les coudées franches. Désireux de ne pas être accusé de s'associer au trafic notoire de son gendre, il avait pris sa retraite en décembre 1941. Depuis, le commerce était au nom de sa fille. Toujours propriétaire de la maison, Simon continuait à percevoir le loyer des deux appartements du premier étage. Il ne quittait guère le Clos des Églantiers où vivaient toujours Pauline et la petite Héléna.

Ce faisant, il s'éloignait d'Alice, à son grand regret, mais il ne supportait plus les agissements de son mari. Simon reconnaissait que, pour lui, celui-là n'avait jamais fait vraiment partie de sa famille. Sans le petit Jean-Pierre, il lui aurait définitivement tourné le dos.

Pauline, quant à elle, avait pitié de sa sœur. Visiblement, si elle n'avait pas eu son fils, Alice aurait eu toutes les raisons de regretter son union avec un homme rejeté de tous. Restée célibataire, sans doute aurait-elle été beaucoup plus heureuse, songeait sa cadette. Puis elle revenait sur ce point de vue : non, Alice n'aurait pas été heureuse mais seulement sereine. Et elle n'aurait pas connu la joie d'avoir tout à elle un petit être candide. Son bonheur d'être mère remplaçait-il un bonheur conjugal inexistant ? À cette question, sans hésiter Pauline répondait oui. Elle en savait quelque chose, elle qui avait trouvé sa raison de vivre dans l'amour de sa merveilleuse petite fille.

Cette charmeuse de quatre ans avait si bien conquis son grand-père que Pauline s'insurgeait d'une indulgence proche de la faiblesse.

« Enfin papa, on ne peut pas lui passer tous ses caprices ! Jamais tu n'as été aussi tolérant avec moi ! »

Simon riait, tellement complice de la fillette qui s'était elle-même baptisée Léna dès qu'elle avait su parler.

« J'ai des excuses, affirmait-il. Avec l'âge, il est fort possible que je commence à devenir gâteux ! Soixante ans, c'est tout de même quelque chose, crois-moi ! »

Pauline ne pouvait que sourire à cette boutade. Si les cheveux de son père commençaient à grisonner, il était toujours aussi alerte. Chaque après-midi ou presque, il se rendait, disait-il, chez quelque connaissance, ancien client ou collègue, à pied et par tous les temps. Et l'idée ne serait jamais venue à sa fille de le soupçonner d'une quelconque activité secrète. En liaison permanente avec les réfractaires engagés dans les maquis de la région, Simon cachait bien son jeu.

* *
*

Vint l'année 1943 et l'occupation allemande du sud de la France. Avec elle, une recrudescence de la collaboration. À Saint-Didier, si l'on ne connaissait pas les chefs, nul n'ignorait que les résistants étaient nombreux dans la région montagneuse toute proche. Comme l'indiquait assez le nom de la petite ville, les bois alentour leur offraient des cachettes sûres.

La délation, hélas ! devint monnaie courante. Les camions allemands commencèrent des incursions de plus en plus fréquentes dans des lieux reculés. On ne pouvait douter qu'ils avaient sur place des agents de renseignement zélés, miliciens ou simples profiteurs ; leur unique but, à côté de bénéfices en nature fort appréciables, était à l'évidence de ne courir aucun risque et, comme on le disait alors, de « sauver leur peau » à tout prix. À leurs yeux, le meilleur parti était donc de « coopérer », c'est-à-dire de dénoncer au besoin voisins ou amis, sans état d'âme aucun.

Comme on pouvait s'y attendre, Germain fit rapidement partie de ceux-là. Son plus grand plaisir, s'il avait soupçonné les activités patriotes de son beau-père, aurait été sans nul doute de le livrer à la Milice ou à la Gestapo. Mais Simon continuait à faire preuve de la plus grande prudence et ne donnait prise à aucune suspicion. Son gendre, d'ailleurs, était assez retors pour exercer loin de Saint-Didier ses talents d'informateur.

Pour donner le change, Simon avait commencé à installer un rucher dans le verger attenant au Clos ; à l'en croire, il y consacrait tout son temps. Le miel remplacerait avantageusement le sucre, devenu tellement rare. Par chance, guerre ou pas, la nature continuait à offrir toujours aussi généreusement, au fil des saisons, une moisson de fleurs suffisante pour nourrir les abeilles ; à leur tour, celles-ci abandonnaient aux humains une partie de leur production, blonde et savoureuse à souhait.

Estimant que sa fille était maintenant assez grande, Pauline venait de prendre en gérance une librairie-papeterie. Le matin, le grand-père se chargeait de Léna. Après le déjeuner, la petite accompagnait sa mère à la boutique.

Le commerce, alors, n'était guère florissant mais Pauline avait besoin d'une occupation. Sans la guerre et ses difficultés, sans doute aurait-elle brigué un poste de professeur. Mais elle aurait dû quitter Saint-Didier, se retrouver peut-être à l'autre bout du département. Or, elle ne pouvait envisager de se séparer de sa sœur et de son père ; bien évidemment, ce dernier abondait dans son sens : ne plus voir la petite Héléna aurait été pour lui un véritable crève-cœur.

* *
*

Germain s'absentait maintenant durant plusieurs jours, parfois une semaine entière. Environ une fois par mois, il prenait le train pour Clermont. Qu'y faisait-il ? Alice elle-même l'ignorait. Personne d'ailleurs ne se serait risqué à questionner son mari. Clients et voisins n'étaient pas en assez bons termes avec lui pour solliciter des confidences. Cet homme taciturne à qui on ne connaissait aucun ami inspirait la crainte.

À Pauline, Alice confiait ses appréhensions ; à son père, jamais. À l'époque de ses fiançailles, il l'avait en vain dissuadée d'épouser Germain. Elle avait fait la sourde oreille ; hélas ! elle ne pouvait pas remonter le temps.

« Germain me laisse entendre qu'il s'occupe de Résistance. J'ignore pourquoi mais je ne parviens pas à le croire. Que peut-il bien faire d'autre ? Tu as une idée ?

– Non, pas du tout. Mais où va-t-il exactement ?

– Si je le savais ! Après tout, j'ai bien tort de m'en préoccuper. Je suis lasse de me poser sans cesse des questions, de m'inquiéter au point d'en perdre le sommeil. Déjà, son marché noir... S'il se met en danger, tant pis pour lui ! »

Alice jetait alors un coup d'œil à son fils et Pauline suivait sans peine le fil de ses pensées. Germain faisait-il courir des risques à sa femme et à Pierrot ? Les deux sœurs n'en savaient strictement rien, et sans doute cela valait-il mieux.

Souvent, après sa sieste, Alice emmenait Jean-Pierre à la librairie. Léna et lui jouaient ensemble dans la cour derrière le magasin. À trois ans, le bambin se pliait à toutes les volontés de sa cousine, de deux ans son aînée.

Si le temps ne se prêtait pas aux jeux en plein air, les enfants se tenaient dans un coin de la boutique où les clients étaient plutôt rares. Pauline leur lisait des contes. Elle récupérait pour eux les papiers d'emballage, apprenait à sa fille à dessiner, à former des chiffres, quelques lettres.

Maladroitement, Pierrot traçait des figures étranges, des gribouillis informes qu'il traduisait à Léna, faussement admirative :

« Regarde, un gros bonhomme avec un chapeau ! Et là, un méchant lion avec des grandes dents ! Et ici, la maison de grand-père ! »

Indulgente, Héléna disait :

« C'est très bien ! Allez ! maintenant dessine un bateau, ou un cheval si tu préfères. »

Pauline levait les yeux de son livre pour leur sourire et les complimenter de leurs œuvres. Parfois, elle s'occupait à détricoter un vieux pull ou une veste. Comme le reste, la laine manquait. Les écheveaux une fois lavés, on en ferait des pelotes ; ensuite, elle et sa sœur tricoteraient quelques vêtements pour les petits.

Parfois, la jeune femme se disait :

« J'ai vingt-cinq ans. J'en aurai combien quand cette guerre s'arrêtera enfin ? »

Des mois, une année passèrent. Le temps semblait figé. Et puis, comme par miracle, ce fut le débarquement, la libération de Paris, plus tard celle des provinces. Une année encore et les cloches, un beau jour, sonnèrent joyeusement.

« Qu'est-ce que c'est, maman ?

– L'armistice, ma chérie ! La liberté ! Le monde va revivre, enfin ! »

L'air de ce mois de mai 1945 lui sembla tout à coup plus léger, le ciel plus bleu. Un poids s'envolait de sa poitrine. Elle riait sous le regard étonné des petits.

Alors elle ferma la librairie, prit les deux enfants par la main, les entraîna pour courir embrasser sa sœur. La mine sombre, Germain les regardait en haussant les épaules :

« Qu'est-ce que vous croyez donc ? Votre vie ne va pas changer pour autant ! Les Allemands, au moins, faisaient régner l'ordre. Maintenant, cela va être une belle pagaille ! »

Et il sortit en claquant la porte.

# X

# Une vie nouvelle

La guerre était finie depuis plus de deux ans et Pauline ne se décidait toujours pas à quitter les siens pour devenir enseignante. Léna, se disait-elle, serait bien trop malheureuse sans son grand-père, son cousin, ses amies. Mais la véritable raison, c'était son refus à elle de se retrouver seule avec sa fille dans une ville étrangère, parmi des inconnus.

Comme l'avait fait sa sœur une dizaine d'années auparavant, Alice l'incitait à sortir, à rencontrer des personnes de son âge.

« Si papa ne peut s'en charger, tu sais bien que je garderai ta fille. Tu as quelques amies, sortez ensemble au restaurant, allez au cinéma…

– Je te vois venir ! Tu n'ajoutes pas que je devrais rencontrer des messieurs, mais tu le penses très fort ! Tu te dis qu'à mon âge il est plus que temps de me “caser”, n'est-ce pas ? Trente ans, c'est la limite, non ? Sérieusement, Alice, si quelqu'un peut me comprendre, c'est bien toi. Mon lamentable échec avec Sylvio a été une amère expérience qui m'empêchera toujours de m'engager avec quiconque. Je n'aurai plus confiance, plus jamais.

– Enfin Pauline, réfléchis ! Dans quelques années, ta fille sera étudiante, tu ne la verras plus beaucoup. Après, elle t'échappera, forcément. Papa vieillit. Toi, tu seras encore jeune mais seule.

– Pardonne-moi, mais toi, ne préfèrerais-tu pas être seule certains jours ? Je veux dire…

– Je sais très bien ce que tu veux dire et tu as sans doute raison. Mais là, il s'agit de toi, uniquement de toi. Moi, je survis pour Pierrot, tu l'as bien compris. »

Plusieurs fois, Alice revint à la charge. Sa sœur ne changeait pas d'avis.

« Je tiens à mon indépendance », affirmait-elle.

Alice comprenait l'allusion. Enchaînée à un époux qu'elle n'aimait plus depuis longtemps – l'avait-elle jamais aimé ? – elle ne trouvait pas le courage de le quitter. Son fils sans doute la retenait, mais pas seulement. Germain lui inspirait une crainte insurmontable. Soucieux de conserver sa situation, il ne voudrait jamais entendre parler de divorce. Il savait trop qu'il n'avait rien à y gagner, au contraire.

Depuis que le père d'Alice s'était retiré du commerce, il ne se gênait pas pour trafiquer à sa guise le chiffre d'affaires ; il minimisait les bénéfices pour se constituer ce qu'il appelait à part lui « sa réserve personnelle ». Sa femme ne l'ignorait pas, mais elle fermait les yeux. Elle avait renoncé à toute discussion ; ses questions, ses reproches ne faisaient que déclencher colère et sarcasmes. Pour épargner Pierrot, que son père n'aimait visiblement pas, Alice laissait faire.

« Un jour, affirmait Pauline, il partira avec ton argent !

– Peu importe. Je suis lasse de lui tenir tête, lasse d'avoir toujours tort. Qu'il fasse ce qu'il veut, je renonce à lutter. »

* *
*

Peu à peu, le jeune Rémy Novembre prenait ses marques à Saint-Didier. Après son altercation avec Gégé et son inséparable Robert, les grands de la classe de fin d'études ne lui avaient jamais cherché querelle.

Comme il l'avait promis à Alice, il faisait beaucoup d'efforts pour travailler sérieusement en classe et aussi pour obéir sans rechigner au père de Pierrot. Celui-ci se révélait bien davantage un patron exigeant qu'un tuteur empli de bienveillance ; le garçon, pourtant, devait en prendre son parti.

Sans la gentillesse d'Alice, il est fort probable qu'il se serait rebiffé de temps à autre. Une fois, une seule, il avait poussé un énorme soupir de désapprobation qui n'avait pas plu du tout à Germain.

Après un jeudi de livraisons et une tournée particulièrement longue, le garçon devait terminer son travail scolaire avant le dîner. M. Tellier était un bon maître, sévère et juste, soucieux des progrès de ses élèves. La veille des jours de congé, il doublait devoirs et leçons.

« Demain, il n'y a pas classe, n'est-ce pas ? Vous aurez donc tout le temps de travailler, profitez-en ! »

« Tout le temps, pensait Rémy, ça dépend pour qui ! Moi, le jeudi, c'est tout juste si j'ai un moment pour manger... » Il exagérait à peine. Le soir, après la tournée, il n'était pas question de jouer un peu avec Pierrot. Le camion déchargé, les invendus rangés dans les rayons, il fallait reprendre le cartable.

Le garçon terminait les exercices de grammaire ou de conjugaison, révisait l'histoire, les sciences ou la géographie, réfléchissait à un problème particulièrement ardu.

Ce soir-là, Rémy apprenait une fable de La Fontaine, longue et difficile, quand son tuteur fit irruption dans sa chambre.

« File au garage nettoyer la camionnette, moi j'ai des rangements à faire. Et qu'il ne reste pas un grain de poussière surtout !

– Mais j'ai encore des leçons pour demain.

– Je veux pas le savoir, il fallait y penser hier en rentrant de l'école. »

L'enfant avait compris très vite qu'il était inutile de répliquer. Il poussa un soupir excédé et se leva en refermant son cahier de récitations.

« Qu'est-ce qu'il y a ? Monsieur n'est pas content ? Obéis en vitesse et sans rouspéter, non mais ! J'aurais vite fait de te renvoyer au centre où je t'ai pris, crois-moi. Tu devrais apprécier d'être tombé sur quelqu'un comme moi, à ma place j'en connais qui te botteraient les fesses, morveux ! »

Rémy n'avait plus qu'à s'exécuter. Le patron, il le savait, ferait une inspection sévère après le nettoyage demandé. Quand il regagna l'appartement, Pierrot l'appelait pour dîner. Il se lava les mains, s'assit à table et commença à manger du bout des lèvres.

« Qu'est-ce qui se passe Rémy ? Tu n'as pas faim ? Tu n'es pas malade au moins ? »

Le garçon ne manquait pas d'appétit, au contraire. À l'inverse de Pierrot, vite rassasié, il ne laissait jamais la moindre miette de nourriture dans son assiette.

Sottement, il sentit monter les larmes et il se raidit pour ne pas pleurer. « Quel idiot tu fais, se dit-il, tu en as pourtant vu de pires ! » La gentillesse d'Alice le rendait faible. Il se força à avaler quelques bouchées.

« Figure-toi, jeta Germain à sa femme, que monsieur n'avait soi-disant pas le temps de nettoyer la camionnette. Il devait finir d'apprendre ses leçons, mais ça c'est son problème. Je ne vais pas le nourrir à rien faire, tout de même ! »

Alice, comme toujours, préféra ne pas répondre. Cela aurait été tout à fait inutile ; son mari, au contraire, aurait imaginé quelques représailles à l'encontre de Rémy.

« Et, ajouta méchamment Germain en fixant le gamin toujours muet, tu tâcheras d'éteindre la lumière de bonne heure.

L'électricité coûte cher et comme je ne peux pas te faire payer la note… »

Il se mit à rire de sa plaisanterie en jetant autour de lui des regards satisfaits. Sa femme et les deux enfants baissaient les yeux sur leur assiette.

La table desservie, Rémy commença à essuyer la vaisselle que Pierrot rangeait au fur et à mesure dans le buffet. Germain lança sa serviette sur la table, alluma une cigarette et quitta la cuisine sans un mot de plus. En entendant se refermer la porte de la rue, Alice posa la main sur l'épaule de Rémy.

« Ce soir, j'ai du raccommodage à finir. Tu viendras étudier tes leçons ici, près de moi. À nous deux, nous n'userons qu'une seule lumière, d'accord ? »

Avec un sourire reconnaissant, le garçon partit chercher son cartable. Demain, si M. Tellier l'interrogeait, il aurait une bonne note, grâce à Alice une fois de plus.

* *
*

Le dimanche suivant son arrivée chez ses tuteurs, Rémy avait fait la connaissance de Simon et de son petit domaine.

En sortant de l'école, Pierrot et lui goûtaient généralement avec Léna, à la librairie ; ensuite les deux garçons rentraient pour faire leurs devoirs.

« Maman, tu crois que grand-père voudra bien que Pierrot et Rémy viennent chez nous demain ? Si tante Alice est d'accord, ils pourraient même déjeuner au Clos ? »

Un peu avant midi, les deux garçons avaient donc rejoint Pauline au magasin.

« Et Léna ? demanda Pierrot.

– Elle est restée à la maison pour aider grand-père. Aujourd'hui elle a deux invités, alors il faut bien faire les choses ! »

Pauline riait en regardant Pierrot.

« Tiens Rémy, prends le panier des courses. Toi Pierrot, tu te charges du pain. »

Le volet de la librairie soigneusement baissé, ils s'installèrent dans la petite voiture garée à deux pas du magasin. Cinq minutes plus tard, ils arrivaient. Au coup de Klaxon, Léna accourut, visiblement très excitée.

Les deux cousins s'embrassèrent. Intimidé, Rémy fixait celui qui s'avançait vers le portail de bois peint en blanc. Il aurait bien aimé, lui aussi, avoir un grand-père qui le gâterait, lui apprendrait toutes sortes de choses. Il prit la main que Simon lui tendait en souriant.

« Voilà donc Rémy ! Ma petite-fille m'a tellement parlé de toi qu'il me semble te connaître déjà. Bienvenue au Clos des Églantiers. »

Après le déjeuner, on fit le tour du propriétaire. D'abord, Rémy visita toute la maison. Léna lui présenta Ramsès ; à son habitude, le matou dormait roulé en boule sur son fauteuil favori.

« Il a déjà pris ses quartiers d'hiver, dit Simon. Durant trois ou quatre mois, il ne quittera plus beaucoup le coin de la cheminée. Les chats sont encore plus frileux que les grands-pères ! »

Avec les enfants, il gagna le verger. Ce jour-là, le ciel était brouillé de bleu pâle et surtout de gris. Les arbres fruitiers avaient perdu presque toutes leurs feuilles. Simon tendit le bras vers la haie de grands arbustes épineux, sur leur droite, défeuillés eux aussi.

« Voilà les églantiers qui ont donné son nom à notre maison, bien avant que nous ne venions y habiter. Tu en as déjà vu, Rémy ?

– Je m'en souviens pas, ou alors on ne m'a jamais dit leur nom.

– C'est des rosiers sauvages, fit Pierrot. Ils ont de belles petites fleurs roses que les abeilles aiment beaucoup.

– Oui, ajouta Léna. Grand-père nous a dit que si on ne soigne pas les rosiers du jardin, ils redeviendront pareils aux églantiers, sauvages quoi ! »

Ils se dirigèrent vers les ruches. Rémy en compta huit, sur deux rangées. Au fond du terrain, elles étaient abritées dans l'angle formé par les églantiers et une rangée de sureaux.

« Les fleurs de sureau sentent très bon, expliqua Héléna pleine d'importance. On peut les faire sécher pour fabriquer de la tisane. Quand on a pris froid, ça fait tomber la fièvre. Mais Pierrot et moi on n'aime pas du tout. »

Simon s'était bien gardé d'apprendre aux enfants que le sureau avait la réputation, autrefois dans les campagnes, de porter malheur. Ces vieilles superstitions, heureusement, avaient presque disparu.

« Les abeilles sont là ? demanda Rémy en montrant les ruches.

– Oui, mais elles sont encore plus frileuses que Ramsès, annonça Pierrot. Là on est tranquilles, elles sortiront seulement au printemps, hein ! grand-père ?

– Tu as déjà mangé du miel, je suppose ?

– Oui monsieur. Hier pour notre goûter, la maman de Léna nous a fait des tartines, c'est très bon.

– Pierrot aime mieux le liquide, dit la fillette, mais Rémy est comme moi, le crémeux, c'est son préféré.

– Si cela t'intéresse, je pourrais t'expliquer comment on élève ces petites ouvrières.

– Oui, j'aimerais bien.

– Eh bien ! un jour de pluie où vous ne pourrez pas jouer dehors, je te montrerai mes livres d'apiculture.

– C'est l'élevage des abeilles, dit fièrement Pierrot. Avec grand-père, on apprend plein de choses, il est très savant ! »

Simon se mit à rire et entraîna son petit monde vers le potager, tout à fait à gauche du terrain. La fin octobre approchait, il ne restait guère que quelques rangées de poireaux, des salades d'hiver et d'énormes choux rebondis. Partout, des bordures de rosiers et de quantités de fleurs fanées depuis longtemps ; seuls de gros dahlias rouges et jaunes avaient résisté au déclin des beaux jours.

« Tu verras, au printemps prochain, comme elles sont belles nos fleurs, assura Léna avec conviction. Il en faut beaucoup pour les abeilles, cela leur évite d'aller trop loin du Clos. Mais bien sûr, elles vont aussi butiner dans les prés et dans les autres vergers. »

Pauline vint rejoindre le petit groupe. Tous ensemble, ils firent une promenade aux environs. Rémy se disait qu'il n'avait jamais été aussi heureux. Si seulement le père de Pierrot ressemblait à Simon… Mais, malgré son jeune âge, il savait bien que l'idéal n'existe pas. Cette nouvelle famille lui apportait tellement de chaleur, d'affection. Germain, il essaierait de l'oublier le plus possible.

## XI

## L'étranger

Germain avait toujours ignoré que son beau-père rendait visite à Alice au moins une fois par semaine. Il choisissait les jours où le mari de sa fille effectuait les tournées aux environs de la ville, mais jamais le jeudi.

Ce jour-là, même s'il se rendait souvent à la librairie de sa tante, Pierrot pouvait se trouver au magasin. En toute innocence, il aurait pu parler de ces visites à son père ; or Simon supposait qu'il en ferait reproche à Alice. Il était inutile, à son avis, de lui donner une occasion supplémentaire de s'en prendre à elle.

« Tu ne veux vraiment pas venir au Clos dimanche après-midi avec les enfants ? Tu n'es pas prisonnière, tout de même !

– Non papa, bien sûr que non ! Mais je n'ai que cette demi-journée par semaine pour faire tout ce que je dois négliger par manque de temps.

– Une heure ou deux, alors, Pauline viendra te chercher et te ramènera. Que crains-tu donc ?

– Rien je t'assure, mais n'insiste pas. Quand ce sera possible je te le dirai, c'est promis. »

Simon soupira et changea de sujet.

« Rémy est un garçon attachant. Tout se passe bien avec lui ?

– Très bien. Le pauvre a toujours manqué d'affection, c'est visible. Dès que l'on fait montre d'un peu de gentillesse, il se met en quatre. Pierrot et lui s'entendent parfaitement et j'en suis très contente. »

Le père d'Alice faillit demander quels étaient les rapports de Germain et de leur pupille, mais il préféra se taire. S'il le regrettait aujourd'hui, il s'était longtemps tenu éloigné de sa fille ; il lui en avait tellement voulu de prendre le parti de son époux…

Il aurait vu Alice quitter le père de Pierrot avec un réel soulagement. Quelle aurait été la meilleure solution pour l'enfant ? Le grand-père n'avait toujours pas trouvé la réponse à cette question.

Alice, évidemment, n'aurait pu gérer seule le magasin et lui-même ne se sentait plus le courage de venir la seconder. Par la suite, comme elle refusait obstinément d'envisager une séparation, son père avait renoncé à lui prodiguer ses conseils. Deux années durant, ils ne s'étaient pas revus. C'est à la librairie de Pauline que Simon voyait son petit-fils, de temps à autre.

Il avait fallu l'intervention de sa fille cadette ; à la longue, il avait cédé, accepté de renouer avec Alice. Pour rien au monde il n'aurait voulu l'avouer, mais cette brouille lui gâchait la vie. Il s'était maintes et maintes fois traité de sans-cœur sans jamais parvenir à faire le premier pas.

Le jour où Alice l'avait découvert dans le magasin, chargé de pots de miel et de fruits du verger, elle avait pleuré de joie. Ils s'étaient embrassés et le bonheur que le père lisait dans les yeux de sa fille lui avait donné des remords. Aujourd'hui encore il s'en voulait.

La seule joie d'Alice, il le savait bien, c'était son petit garçon qui, par chance, n'avait rien de Germain, ni les traits physiques ni le caractère. Pour elle, retrouver l'affection de son père n'avait pas de prix.

La jeune femme versa le café dans deux tasses, tendit une soucoupe de biscuits. Simon se servit, remercia en souriant.

« L'heure de la sortie de l'école approche, je vais bientôt rejoindre Pauline à la librairie. Les enfants seront là-bas, je suppose ? Tu n'as besoin de rien, il te reste du miel ?

– Quelques pots encore, mais sois sans crainte, je t'en réclamerai.

– Tiens, j'y pense. Il y a des locataires dans la maison des Verdier.

– Des locataires ? En cette saison ? »

À deux cents mètres environ du Clos, au bord de la route de Saint-Didier se dressait une belle petite maison ancienne. Agés, les propriétaires habitaient maintenant en ville. En été seulement, les volets s'ouvraient durant quelques semaines. Une famille de vacanciers, jamais la même, prenait là ses congés.

« Je dis des locataires, mais c'est faux. Je n'ai aperçu qu'un homme seul. Il est là depuis une semaine environ.

– Tu lui as parlé ? Comment est-il ?

– Je l'ai seulement vu de loin, depuis ma voiture. Il m'a paru bel homme, environ trente-cinq ans, je pense. Tout à l'heure, il se promenait au bord de la route et il m'a salué. Son chien l'accompagnait, un beau setter couleur feu. Je me demande s'il est là pour longtemps. Mais ce ne sont pas mes affaires, après tout. »

Là-dessus, Simon avait pris congé.

* *
*

Les vacances de Noël approchaient. La ville ne connaissait pas encore les rigueurs de l'hiver ; sur les hauteurs autour de Saint-Didier, en revanche, la neige certains matins poudrait légèrement les sapinières. Beaucoup plus loin, on apercevait les montagnes déjà revêtues d'une tenue de fête immaculée.

Les enfants regrettaient que les rues de la ville soient seulement humides de pluie froide, parfois chassée par un vent aigre qui mordait le bout des doigts. Comme il l'avait proposé à Rémy, un dimanche après l'autre Simon avait commencé à lui dévoiler la vie passionnante des abeilles. Suspendu à ses lèvres, le garçon questionnait sans fin.

« Tout cela, c'est seulement de la théorie. Comme Pierrot et Léna, tu comprendras mieux, au fil des saisons, comment s'organisent mes pensionnaires en les voyant vivre et agir.

– Moi, dit fièrement Pierrot, je sais reconnaître la reine et les faux bourdons. Ceux-là sont de gros paresseux, hein ! grand-père ?

– On peut le dire ! Alors que les ouvrières et les nourrices s'activent du matin au soir, ils ne travaillent jamais et ne butinent même pas. Mais la nature est ainsi faite, à chacun son rôle.

– Oui, intervint Léna, ils profitent du miel et aussi du pollen déjà récolté. Facile ! »

Simon riait, heureux de constater l'intérêt de ses trois élèves d'occasion.

« Alors, fit Rémy, si la reine est la seule à pondre, elle est la mère de toutes les autres abeilles, même les faux bourdons, c'est tout de même un peu bizarre… »

Simon continuait ses explications. Bientôt, Rémy sut qu'en hiver, les abeilles cessent toute activité. Bien souvent, l'apiculteur doit ajouter du sucre à leurs réserves de miel. En réalité, elles ne dorment pas mais sont seulement engourdies. Au printemps, dès l'éclosion des premières fleurs, le redoux ragaillardit les butineuses ; la reine recommence à pondre, les faux bourdons apparaissent ainsi que de nouvelles reines. Des essaims se forment, ils quittent la ruche à la recherche d'une nouvelle habitation.

L'été venu, les butineuses constituent leurs réserves. Puis c'est l'automne et les ultimes jours de récolte. La reine ne pond plus, les faux bourdons sont chassés de la ruche. Avec le froid, point n'est besoin de bouches inutiles.

L'hiver durant, les abeilles ne quittent pas leurs maisonnettes. Prévoyantes, elles ont récolté de la propolis sur les bourgeons. Cette substance résineuse leur sert à colmater les moindres fissures ; ainsi calfeutré, l'intérieur de la ruche ne subira pas le froid du dehors.

Simon possédait quelques livres sur la vie des abeilles et le travail de l'apiculteur. Les enfants les feuilletaient, les commentaient. Le grand-père, quant à lui, se réjouissait de pouvoir leur transmettre un peu sa passion.

* *
*

Lentement, le regard de Pauline fit le tour de sa boutique. Pas mal, le décor... La librairie avait pris un air de fête : dans les deux vitrines, guirlandes et branchettes de houx parées de petites boules rouges ; au plafond, un grand mobile en papier brillant composé des sujets de Noël classiques appréciés des enfants : sapins, cristaux, étoiles, petits lutins, bonshommes de neige...

Pour achever la parure du magasin, Pauline disposa ici et là quelques grosses boules colorées.

« Bon, c'est suffisant. Une décoration trop chargée gâcherait tout. »

La jeune femme sourit en pensant à Léna. En découvrant ce décor, sa fille allait s'écrier :

« Ici, on peut encore mettre un ange, là une étoile filante, et là un bouquet de houx ! Et tu as oublié les flocons de neige en coton ! »

Au Clos, depuis longtemps déjà, Léna aidée de son cousin disposait quantité de fioritures en tout genre dans le moindre recoin, si bien que, dans ce fouillis, on ne distinguait plus grand-chose.

« Laisse-les faire, disait Simon, c'est leur plaisir à ces petits. Tant pis s'il y a un peu trop de babioles… »

Pauline rangeait les boules de Noël inutilisées dans un carton quand retentit la sonnette de la porte. Un homme jeune, très grand, vêtu d'un manteau en loden bleu marine la salua en retirant ses gros gants de cuir. Il portait une longue écharpe beige clair, lâchement enroulée autour du cou. Rapidement, elle nota son visage énergique, encore juvénile, son regard bleu acier, ses cheveux blond foncé aux mèches souples.

« Bonjour madame. Ce matin j'ai cassé ma montre et je crains bien qu'elle soit irréparable. Comme je ne peux guère compter sur le Père Noël pour m'en offrir une autre, je n'ai plus qu'à me faire moi-même ce cadeau. »

La voix était agréable et les yeux bleus souriaient en même temps que la bouche aux lèvres pleines et bien dessinées.

« Avez-vous remarqué un modèle qui vous plaît dans la vitrine ?

– Non, enfin j'avoue que je n'ai pas regardé, il fait si froid ! »

L'espace d'un instant, Pauline se demanda pourquoi ce client inconnu venait chez elle plutôt que chez un horloger-bijoutier où il aurait trouvé un plus grand choix. Elle désigna un présentoir vitré.

« Voilà, les modèles pour homme sont ici. Si vous voulez voir… »

Aux livres et à la papeterie, elle avait ajouté montres et pendulettes de voyage. À côté des stylos et des porte-mines, on trouvait également de la maroquinerie : garnitures de bureau, portefeuilles, porte-cartes, répertoires, petits albums photos habillés de cuir. Les fêtes approchaient et la demande était importante pour les cadeaux de fin d'année.

« Si un modèle vous plaît, je peux au besoin changer le bracelet, cuir ou métal à votre goût.

– Je crois que ce sera inutile. Cette montre-là me paraît parfaite. Je peux la passer au poignet ?

– Rien de plus facile. »

En attachant le fermoir, Pauline ne put s'empêcher de noter les grandes mains aux longs doigts. « Des mains d'artiste », songea-t-elle.

« Eh bien ! cette montre semble avoir été faite exprès pour moi. Qu'en pensez-vous ?

– Oui en effet. Le bracelet est juste à la bonne taille. »

En rangeant la montre dans sa longue boîte de carton rouge, elle évitait de regarder son client.

« Voulez-vous un paquet cadeau ? J'en aurai pour une minute.

– Merci, non, c'est inutile. À présent, il est trop tard pour que je me fasse une surprise à moi-même ! »

Il riait. Détendue, elle se mit à rire aussi. Elle lui remit la pochette où elle avait glissé la montre, encaissa, rendit la monnaie.

« Excusez-moi, j'aurais dû me présenter. Tristan Maubert, votre nouveau voisin.

– Ah ! vous habitez la rue Mirabeau ?

– Non, pas du tout. Je suis le locataire de M. Verdier, tout près du Clos de votre père. »

Simon et Léna avaient en effet parlé dernièrement d'un nouveau voisin, mais Pauline ne l'avait pas encore aperçu. Prise de court, elle dit en tendant la main :

« Pauline Varenne. Bienvenue à Saint-Didier.

– Merci. J'espère que nous aurons bientôt l'occasion de nous revoir. Je vais avoir besoin de matériel pour ma machine à écrire, je reviendrai donc sous peu.

– Ce sera avec plaisir. À bientôt, au revoir et merci, monsieur Maubert. »

Il remit ses gants, enroula le pan de son écharpe, releva le col de son pardessus. Sur un salut accompagné d'un nouveau sourire, il quitta la librairie, laissant la jeune femme dévorée de curiosité.

Ainsi, ce nouveau venu possédait une machine à écrire. Que venait-il faire ici en cette saison, seul, loin de tout ? Journaliste ? Écrivain ? Oui sans doute. Voilà pourquoi il cherchait le calme.

Pauline réfléchit un moment. Tristan Maubert, elle n'avait aucun auteur de ce nom en magasin, ni sur les catalogues de commandes, d'ailleurs. Mais il pouvait fort bien écrire sous un pseudonyme.

« Pense donc à autre chose, se dit-elle, agacée. Il est beau, plein de charme, c'est entendu. De plus, il ne porte pas d'alliance. Et après ? Tu sais mieux qu'une autre que la plus grande méfiance est de mise. Et tu n'as plus vingt ans mais trente, alors attention ! »

Elle haussa les épaules. Contrairement à Sylvio, cet homme n'avait pas du tout cherché à la séduire. Elle n'allait tout de même pas le regretter. N'empêche, elle devait rester sur ses gardes puisqu'elle était appelée à le revoir.

Pour faire diversion, elle commença une liste de cadeaux pour ses proches. Cette année, il lui faudrait en trouver un de plus pour Rémy. Il était hors de question que ce pauvre gamin soit le seul à ne rien découvrir sous le sapin, le soir de Noël. Son papier à la main, Pauline inspecta vitrines et étagères. Elle se sentait heureuse tout à coup, l'idée de faire plaisir sans doute, autre chose aussi peut-être...

# XII

## Un voisin apprécié

Le dimanche précédant Noël, malgré un froid très vif, Léna et les deux garçons partirent en quête d'une dernière récolte de houx. La fillette s'était munie de deux vieux couteaux un peu rouillés dont on se servait au jardin.

« Tu sais bien que grand-père veut pas ! avait dit Pierrot.

– Si tu dis rien, comment il le saurait ? Et puis, pour couper le houx on peut pas faire autrement, hein ! Rémy ?

– Je suis d'accord mais à une condition, c'est moi seulement qui me servirait d'un couteau, moi seul. »

Pierrot s'étonnait un peu de voir sa cousine céder aussi facilement. Depuis l'arrivée de Rémy, elle reconnaissait en lui le chef incontesté de leur trio. Mais le gamin l'approuvait entièrement, il n'y avait donc aucun problème.

« J'ai le nez gelé !

– Et nous, fit Léna, c'est pareil, qu'est-ce que tu crois ? Si tu as trop froid, fais demi-tour et va tenir compagnie à Ramsès au coin du feu !

– J'ai pas dit ça, c'est juste le bout du nez.

– Mets ton écharpe sur ta figure, jusqu'aux yeux », conseilla Rémy.

L'idée était bonne. Ils s'arrêtèrent un instant pour se cacher le visage dans leur écharpe tricotée. Avec leur bonnet enfoncé bas sur le front et les oreilles, ils étaient méconnaissables.

« On ressemble à des bandits masqués ! »

La voix de Léna un peu étouffée par le lainage fit rire les deux garçons. Ils marchaient d'un bon pas à travers les herbes gelées quand apparut un grand chien roux. Rémy se plaça devant ses compagnons.

« Tout doux, le chien ! dit-il en dégageant sa bouche, tout doux ! Là, tu es beau, oui, doucement ! »

Le grand setter ne semblait pas agressif, on aurait dit au contraire qu'il voulait jouer. Il agitait la queue en gambadant devant le trio. Soudain une voix autoritaire appela :

« Cyrus ! Ici, mon chien ! »

L'animal fila comme une flèche. Une minute plus tard, il réapparaissait aux côtés d'un homme blond, très grand.

« N'ayez pas peur, il n'est pas du tout méchant. Vous faites une promenade ?

– Oui monsieur, dit Rémy.

– On habite au Clos des Églantiers, là derrière, pas très loin, expliqua Léna.

– Je sais, je vous ai déjà aperçus. Moi, je vis dans la maison de M. Verdier. En qualité de voisins, faisons connaissance. Je m'appelle Tristan Maubert.

– Moi c'est Héléna Gardelli, ou Varenne, comme on veut. Lui c'est mon cousin Jean-Pierre, enfin Pierrot. Et lui…

– Je suis Rémy Novembre, mais on n'est pas parents. En réalité, je suis de l'assistance mais je vis chez mon tuteur, le père de Pierrot, M. Souleyre.

– M. Souleyre, répéta l'étranger. Et son prénom c'est…

– Germain et ma mère Alice. On a un grand magasin dans la rue Emmanuel-Chabrier, une quincaillerie et plein d'autres choses.

– Mais qui habite le Clos alors ?

– Notre grand-père Simon, dit Léna, avec ma mère et moi. Maman tient une librairie en ville, elle s'appelle Pauline. Voilà, vous connaissez toute la famille. Il y a aussi les abeilles et Ramsès bien sûr.

– Ramsès ?

– C'est mon chat, il est gris tigré et il passe presque tout son temps à dormir.

– Eh bien ! moi je suis tout seul avec Cyrus, mon chien. »

À l'écoute de son nom, le setter qui furetait dans les herbes se dressa précipitamment contre le bras de son maître ; il lui caressa la tête en riant.

« C'est bon, allez ! mon chien, va courir !

– Il est presque aussi grand que vous, constata Pierrot.

– En réalité, c'est un chien de chasse, il a besoin de beaucoup se dépenser. Alors nous faisons de grandes promenades tous les deux. Où étiez-vous partis ?

– Couper du houx pour décorer la maison. On en a déjà, mais maman en a pris pour son magasin et Pierrot en a porté un gros bouquet à tante Alice. Si vous voulez venir, vous pourrez en cueillir aussi, c'est juste là à gauche, dans le petit bois. »

L'homme et le chien suivirent les trois enfants. Après quelques tentatives pour couper des branchettes, Léna abandonna la partie.

« Aïe ! ça pique trop ! »

Tristan Maubert saisit le couteau et commença à tailler de belles branches. En se piquant un peu les doigts, Rémy était parvenu à couper des rameaux que Pierrot et Léna ramassaient sur l'herbe avec précaution.

Rémy tira de sa poche une pelote de ficelle. Aidé de l'étranger, il se mit à faire des petits fagots qu'ils se partagèrent.

« Pour le transport, ce sera plus facile », assura Pierrot.

Les enfants saluèrent alors celui qu'ils considéraient déjà comme un nouvel ami.

« À bientôt, j'espère. Passez un bon Noël, les enfants. Allez ! viens Cyrus. »

Il s'éloigna, chargé lui aussi de belles branches vertes semées de petites boules écarlates. Le chien marchait sagement près de lui.

« Il a l'air vraiment très gentil, dit Léna avec conviction. Vous croyez qu'il va rester longtemps ici ? »

Rémy eut une moue dubitative, tandis que Pierrot déclarait :

« Je l'aime bien, son chien aussi. Peut-être qu'il nous invitera un jour. On a oublié de lui demander où il travaille. C'est pas grave, la prochaine fois. »

* *
*

Depuis qu'elle avait renoué avec son père, Alice faisait une exception. Le soir du 24 décembre et le jour de Noël, elle acceptait de se rendre au Clos avec son fils.

« Un jour pareil, tu ne peux pas priver Pierrot de la présence de son grand-père et de Léna, voyons !

– Peut-être, mais son père à lui ?

– Dis-lui de venir, s'il veut bien.

– Mais papa, comment réagira-t-il ?

– Pour cette fois, cette fois seulement, il acceptera, fais-moi confiance. Ce n'est pas en vain que l'on parle de la trêve de Noël, tu sais bien ! »

Mais, au grand soulagement des trois adultes, Germain avait prétexté la fatigue, assurant qu'il désirait se coucher tôt et dormir longtemps le lendemain. Depuis, c'était un fait établi et on ne l'avait plus sollicité.

La nuit de Noël, Alice et Pierrot dormaient chez Simon ; pour les enfants, c'était encore davantage la fête. Cette année, bien entendu, Rémy ne serait pas tenu à l'écart. Il partagerait la chambre d'amis avec Pierrot, et Pauline ferait une place à sa sœur.

Le jour de la cueillette du houx, au dîner, Léna s'était empressée de raconter la promenade avec le nouveau voisin et son setter.

« Il est venu à la librairie la semaine dernière, je n'avais pas pensé à vous le dire… »

Simon jeta un regard interrogateur à Pauline.

« Léna a raison, il est très sympathique. Il m'a acheté une montre, la plus chère de ma collection.

– C'est sans doute un cadeau pour sa femme, dit Léna en dégustant sa compote de pommes.

– Sûrement pas, c'est une montre d'homme ! D'ailleurs elle était pour lui, il l'a gardée au poignet.

– J'y pense, il nous a dit qu'il vivait seul avec Cyrus. On a oublié de lui demander quel métier il fait. Tu le sais, toi, maman ?

– Non, pas du tout. »

Sans bien savoir pourquoi, Pauline préférait ne pas parler de la machine à écrire et d'une prochaine visite de leur nouveau voisin à la librairie.

« C'est triste tout de même, il va passer Noël tout seul…

– Pas tout seul, dit Simon, il a son chien.

– Un chien, c'est pas pareil ! Moi, j'aime beaucoup Ramsès mais si j'étais seule avec lui pour Noël, je serai triste, quand même… Et si on invitait Tristan et Cyrus ?

– Non, nous ne le connaissons pas assez. Moi-même, je ne lui ai jamais parlé. Cela ne se fait pas d'inviter des inconnus.

– Mais maman le connaît, et moi aussi. Enfin grand-père, on peut bien… »

Devant la réticence manifeste de son père, Pauline dit fermement :

« Léna, s'il te plaît, n'insiste pas ! Plus tard peut-être, lorsque ton grand-père l'aura rencontré, nous verrons. »

La mine boudeuse, la fillette grignota un dernier biscuit, acheva sa compote et se leva pour aller caresser Ramsès. Le matou continua à laper consciencieusement son lait. Accroupie près de lui, Léna dit à voix basse :

« J'espère que le jour où Tristan viendra chez nous, tu t'entendras bien avec Cyrus. Je sais, d'habitude tu n'aimes pas beaucoup les chiens, mais lui il est tout plein gentil, tu verras. »

* *
*

Deux clientes choisissaient des livres au rayon enfants pendant que Pauline montrait des stylos plume à un monsieur âgé qu'elle connaissait bien.

« Mon petit-fils vient d'entrer en sixième, ce sera son premier vrai stylo. Montrez-moi donc des modèles jeunes, ma petite Pauline. Seul, je ne saurai vraiment pas choisir. »

À cet instant, un nouveau client entra dans la boutique. La jeune femme reconnut aussitôt Tristan Maubert. Après un « Bonsoir ! » à la ronde, il se dirigea vers le fond de la librairie où se trouvaient les fournitures de bureau.

Le vieux monsieur reparti, Pauline dut conseiller les dames hésitantes. La plus jeune recherchait des livres d'aventures pour adolescents ; l'autre désirait un recueil de contes pour sa petite-fille de huit ans. De temps à autre, Pauline jetait un coup d'œil furtif au locataire des Verdier. Il feuilletait à présent un grand livre de photographies des pays d'Amérique du Sud.

Elle s'empressa de faire les paquets-cadeaux demandés, salua les clientes en leur souhaitant un bon Noël. Pourvu que personne n'entre avant qu'il reparte… Cette pensée était parfaitement ridicule, elle n'avait rien de spécial à dire à l'étranger. Alors, pourquoi ?

« Excusez-moi de vous avoir fait attendre...

– Ce n'est rien, chacun son tour, n'est-ce pas ? D'ailleurs j'ai tout mon temps.

– Avez-vous trouvé ce qu'il vous faut ?

– Je crois, oui. Je vais prendre ce livre, une ramette de 500 feuilles de 80 grammes et trois rubans encreurs, s'il vous plaît. »

Pauline glissa le papier et les rouleaux de ruban dans un sac.

« Pour le livre, je fais un joli paquet ?

– Non, inutile. Figurez-vous que c'est encore un cadeau personnel, et comme je n'ai pas l'intention de le mettre dans mes souliers au pied du sapin... »

Il se mit à rire avant d'ajouter :

« J'ai besoin des descriptions de paysages pour mon travail. Il m'est impossible de me rendre sur place, alors je me contenterai de l'opinion de l'auteur de cet ouvrage. Il y a des cas où l'on doit faire confiance aux autres. »

Pauline lui tendit le ticket de caisse et il sortit de sa poche un portefeuille un peu usagé. Elle aurait voulu le retenir mais se refusait à lui poser des questions pour ne pas se montrer indiscrète.

« Au fait, j'ai rencontré votre fille et les deux garçons l'autre jour. Ensemble, nous avons cueilli du houx.

– Léna me l'a dit. Vous et votre chien lui êtes très sympathiques.

– Grâce à elle et à son petit cousin, je connais maintenant toute votre famille, même le chat et les abeilles !

– Oh ! ma fille est une grande bavarde !

– Elle est naturelle et spontanée, j'aime bien que les enfants soient ainsi... même si je n'en ai pas. Le jeune Rémy, par contre, m'a paru beaucoup plus réservé.

– En effet, c'est un garçon discret mais très attachant. Il est ici depuis un peu plus de deux mois, mais je pense que, jusque-là, son parcours n'a rien eu de bien réjouissant.

– Il m'a tout de même dit que l'Assistance publique l'avait confié à votre beau-frère, Germain Souleyre, je crois.

– Oui. Ma sœur, qui est la bonté même, a tout de suite apprivoisé Rémy. Avec Pierrot et Léna, il joue le rôle de grand frère et nous lui faisons confiance.

– Le mari de votre sœur est originaire de Saint-Didier ? »

Devant l'air surpris de Pauline, Tristan Maubert ajouta un peu trop vite :

« Ne croyez pas que ce soit de la curiosité, mais je suis persuadé de connaître ce nom, Souleyre.

– Germain est venu du Nord en 1937, il y a donc dix ans. Il vivait dans la région de Lille, il me semble.

– Le Nord ? Alors non, je dois confondre avec un autre Souleyre. Et depuis son arrivée, il a toujours vécu ici ?

– Oui. Sauf la première année de la guerre. Appelé en 1939, il est rentré après l'armistice de juin 1940. »

Tristan Maubert prit congé en assurant qu'il ferait bientôt, « en bon voisin », une visite de courtoisie au père de Pauline.

# XIII

## Invitation

En sortant de l'école, les enfants n'allaient plus goûter à la librairie. Pauline s'affairait à déballer les marchandises commandées pour les fêtes. Elle devait ensuite les étiqueter, choisir celles qui seraient présentées à la clientèle, les mettre en rayons, nettoyer et regarnir les vitrines.

Pour toutes ces raisons, les garçons et Léna rentraient directement chez Alice. Après le goûter pris dans la cuisine, on rangeait la table pour se mettre aussitôt aux devoirs. Pauline leur manquait un peu ; d'habitude, elle était plus disponible que sa sœur pour faire réciter une leçon, expliquer un exercice difficile. Mais ceci était provisoire ; après les vacances, les enfants pourraient reprendre leurs habitudes.

Quand elle n'était pas dérangée par un coup de sonnette impérieux, Alice lavait et entretenait le linge de quatre personnes, préparait les repas, toutes occupations effectuées en surveillant les devoirs du trio. Elle s'arrangeait toujours pour faire le ménage de l'appartement et du magasin en début d'après-midi.

Un jour, les enfants trouvèrent un inconnu installé à la cuisine. Il bavardait avec Germain et sa femme. À vrai dire, cette dernière se contentait surtout d'écouter. Le visiteur envoyé par l'assistance publique l'avait trouvée seule et questionnée en premier. Au retour de Germain, il avait tiré un cahier noir de sa serviette de cuir ; de temps à autre, il notait une observation qui lui permettrait de faire son rapport sur le pupille des Souleyre.

« Donc, pas d'insubordination, d'après vos dires. Mme Souleyre ne tarit pas de compliments sur le jeune Rémy. Vous-même confirmez qu'il se montre obéissant et respectueux, n'est-ce pas ?

– Oui, bien sûr, dans l'ensemble tout cela est vrai. Mais je dois dire que mon épouse est peut-être un peu trop indulgente. Une ou deux fois, il a bien essayé de me tenir tête, mais je ne me suis pas laissé faire, vous pensez bien !

– C'est un enfant, dit doucement Alice, comme tout le monde il ne peut pas être parfait...

– Enfin, monsieur Souleyre, il vous obéit oui ou non ?

– Oui, oui. »

Germain semblait un peu excédé par cet interrogatoire mais il contenait son impatience, dans le souci de faire bonne impression.

« Et, toujours d'après Mme Souleyre, son maître d'école n'a jamais eu à se plaindre de lui, ses résultats sont satisfaisants.

– Si elle vous le dit, je confirme. Moi, l'école, je n'ai pas le temps de m'en occuper, c'est pareil pour mon fils d'ailleurs. Pour cela, je fais confiance à ma femme. Mon commerce est très prenant et je suis seul pour tout faire : tournées, livraisons, commandes, réapprovisionnement...

– Votre pupille vous seconde le jeudi, si j'ai bien compris. N'en abusez tout de même pas, il n'a que onze ans. À partir de quatorze ans seulement, vous pourrez le considérer comme un apprenti.

– Je sais, fit Germain en réprimant un mouvement d'humeur, je n'abuse pas, comme vous dites. Ah ! tenez, le voilà ! »

Les trois enfants se tenaient sur le seuil, leur cartable à la main. Ils saluèrent poliment l'inconnu, et Rémy sut aussitôt qu'il était là pour lui. S'il n'était pas vraiment inquiet, il aurait bien aimé savoir ce que le père de Pierrot avait raconté à son sujet.

« Bon, fit le visiteur, j'aimerais m'entretenir seul avec votre pupille. Cela ne prendra que quelques minutes. »

Alice emmena les deux petits dans la chambre de Pierrot et Germain, lui aussi, quitta la pièce.

« Assieds-toi, Rémy. Tu as sans doute compris que je suis venu faire un premier bilan. Tes tuteurs ne se plaignent pas de toi et je suis satisfait. Que penses-tu d'eux et de ta nouvelle vie ?

– Je pense rien, enfin rien de spécial.

– Tu ne comprends pas. Es-tu bien traité, bien nourri, en un mot es-tu heureux chez les Souleyre ?

– Oui monsieur.

– À l'école, tout se passe bien ?

– Très bien.

– Tu penseras à demander au directeur une copie de ton bulletin trimestriel. Il faudra que ton tuteur l'adresse au centre dont tu dépends pour ton dossier.

– Oui monsieur.

– Tu n'es pas très bavard, dis-moi, mais on m'avait prévenu. Tu t'entends bien avec le jeune Jean-Pierre ?

– Très bien, oui monsieur.

– Bon. Alors, si tu n'as rien d'autre à me dire… Continue à bien te comporter. C'est ton intérêt, n'est-ce pas ?

– Oui monsieur et…

– Quoi donc ?

– Je vais rester ici, comme prévu ? »

Rémy avait hésité à poser cette question. Mais, dans le passé, il n'avait pas toujours compris le pourquoi des décisions de l'administration de l'Assistance publique ; aussi s'en méfiait-il un peu.

« Si tes tuteurs ne changent pas d'avis, il n'y a aucune raison pour que tu ne restes pas. »

Rémy, enfin, daigna sourire au visiteur. Celui-ci se leva, referma sa serviette, tira légèrement sur l'une des pointes de sa petite moustache et s'apprêta à sortir.

« Au revoir, mon garçon, à ma prochaine visite.

– Au revoir, monsieur. »

Pendant qu'Alice distribuait café au lait et tartines, Rémy se disait qu'il avait beaucoup de chance. Pour rien au monde il n'aurait voulu quitter sa tutrice, Pierrot, sa cousine, Pauline et Simon. Seule ombre au tableau : Germain. Lui, c'était autre chose mais le garçon l'oubliait facilement. Les autres, tous les autres, l'entouraient comme une vraie famille. Aussi avait-il complètement oublié ses vélléités de fugue éventuelle.

* *
*

Depuis le dernier passage de Tristan Maubert à la librairie, Pauline s'interrogeait. Pourquoi avait-il tellement insisté en la questionnant à propos de son beau-frère ? C'était plutôt étrange. Peut-être venait-il du Nord, lui aussi ? La jeune femme ne savait trop que penser. Finalement, elle se dit qu'il ne fallait sans doute pas y attacher trop d'importance et elle n'y songea plus.

Le surlendemain, quand elle rentra pour dîner avec Léna, son père dit malicieusement :

« Cet après-midi, j'ai eu une visite. Devinez qui ? »

La mère et la fille se regardèrent. Qui pouvait être ce visiteur ? Pauline eut bien une idée, mais elle se garda de n'en rien dire. Après tout, de temps à autre, il arrivait qu'une vieille connaissance, client, fournisseur, voisin de Saint-Didier, vienne passer un moment au Clos avec son père. Elle avait rougi légèrement, et cela n'avait pas échappé à l'œil perspicace de Simon.

« Alors, vous donnez votre langue au chat ?

– Je sais, cria Léna en sautant sur place, je sais, c'est le locataire des Verdier ! C'est Tristan !

– Bravo, c'est lui en effet !

– Qu'est-ce qu'il a dit, grand-père ? Il est gentil, tu trouves ?

– Très gentil. Il a dit que puisque le hasard ne nous mettait jamais en présence, lui et moi, il trouvait correct de me faire une visite, en qualité de voisin.

– Il t'a parlé de moi, je veux dire de nous, Pierrot, Rémy ?

– Oui, il m'a raconté votre balade dans le petit bois de Ravel.

– Il avait amené Cyrus ?

– Non, il craignait que ce ne soit pas une bonne idée, à cause de Ramsès.

– Oh ! c'est dommage qu'il soit venu avant qu'on rentre, maman et moi ! Il me plaît vraiment beaucoup, à toi aussi, maman ? »

Pauline eut un petit rire un peu gêné.

« Oui, bien sûr, c'est quelqu'un d'agréable, mais je ne le connais pas vraiment, toi non plus d'ailleurs.

– Alors je n'ai peut-être pas eu raison de l'inviter à revenir…

– Si, grand-père, si ! Il va venir quand ? Bientôt ?

– Je lui ai proposé de déjeuner avec nous tous le 25, mais il veut nous laisser en famille. Par contre, il a accepté de venir prendre le dessert et le café.

– Chic ! chic ! c'est chouette, n'est-ce pas, maman ?

– Oui », approuva Pauline, un peu réticente.

Léna couchée, elle sortit le matériel de repassage.

« Laisse, il est tard, repose-toi.

– Je ne suis pas fatiguée, pas encore. »

La jeune femme mentait un peu. Mais Simon faisait bien plus que sa part. Les repas étaient toujours prêts, midi et soir, et c'était appréciable. Le lundi, jour de fermeture de la librairie, elle s'occupait du grand ménage et de la lessive. Le reste du temps, son père assumait le nécessaire. Le samedi matin, jour de marché, il descendait à Saint-Didier avec sa fille et Léna pour les provisions hebdomadaires. Les autres jours, Pauline se chargeait d'acheter le pain, un peu de viande, des produits d'épicerie chez sa sœur.

Ils restèrent un moment silencieux. Simon lisait une revue d'apiculture à laquelle il était abonné depuis longtemps. Pauline s'activait, et la panière de linge se vidait peu à peu.

« Dis-moi franchement, cela t'ennuie que j'aie invité notre nouveau voisin ? C'est vrai, j'aurais dû te consulter. J'ai agi spontanément, trop vite sans doute et...

– Que vas-tu chercher là ? Cette invitation ne m'ennuie pas du tout !

– Ah ! il m'avait semblé tout à l'heure que ton oui était assez réservé.

– Mais non. Enfin, même s'il est sympathique, ce Tristan est un étranger, nous ne savons ni qui il est, ni d'où il vient. D'autre part, seul le jour de Noël, je comprends que tu n'aies écouté que ton bon cœur, papa, comme toujours.

– Et ton cœur à toi, qu'est-ce qu'il te dit ?

– Mon cœur ? Mais rien, voyons, rien du tout ! »

Une fois encore, le rouge était monté aux joues de sa fille et Simon jugea qu'il valait mieux ne pas insister.

« Tristan Maubert, je l'ai vu à deux reprises à la librairie. Il se dit écrivain et journaliste, je n'ai aucune raison de ne pas le croire. À part ça, c'est un client, voilà tout ! Papa, j'ai trente ans et même s'il est bel homme, je ne vais pas m'enticher de lui, pas aussi vite du moins. Bref, je suis maintenant très très méfiante, peut-être trop, mais il vaut mieux, crois-moi ! De plus, il ne m'a fait aucune avance, je te le jure !

– Je comprends, tu as tout à fait raison. N'en parlons plus. »

* *
*

Le dimanche 22 décembre, à l'aube, Saint-Didier et la campagne environnante se réveillèrent sous la neige. La couche n'était pas très importante, assez cependant pour remplir de joie Léna et son cousin.

En fin de matinée, les rues de la ville ne gardaient aucune trace de blancheur ; toutefois, au Clos et dans les alentours, le soleil d'hiver n'était pas parvenu à faire fondre les dix centimètres de flocons accumulés. Le vent tournait au nord, signe évident que cette peluche brillante persisterait au moins quelques jours.

« Un Noël blanc, quelle chance ! Regarde Ramsès comme il est beau notre verger ! Mais les pauvres abeilles ? Qu'est-ce qu'elles vont devenir, grand-père ?

– Ne t'inquiète pas, je m'en occupe. »

Installée derrière la vitre, le matou blotti dans ses bras, Léna regarda Simon traverser le verger. Dans quelques heures, le soleil inciterait sûrement certaines abeilles à sortir pour effectuer leur vol de propreté. Il ne fallait surtout pas qu'elles se posent sur leur planche d'envol enneigée, le contact du froid et de l'humidité leur serait fatal.

Doucement, Simon s'approcha du rucher. Pour ausculter, l'une après l'autre, les maisonnettes recouvertes de neige, il colla un instant son oreille à la paroi. Alors lui parvint un léger bruissement qui le fit sourire : ses petites pensionnaires allaient bien.

Il s'était muni de quelques tuiles et en posa une sur chaque planche d'envol. Ainsi, les abeilles qui se risqueraient au-dehors pourraient se poser sur un endroit sec. Avant de repartir, l'apiculteur fit une seconde tournée de ses ruches ; il devait s'assurer qu'aucune fissure, aussi infime soit-elle, ne laisserait pénétrer le froid et l'humidité.

Enfin, rassuré, il rentra dans la maison bien chaude. Impatiente, Léna attendait Pierrot et Rémy. Sa mère venait de partir en ville pour ouvrir sa librairie. À midi, comme chaque dimanche, elle ramènerait les deux garçons.

« On sortira la luge, hein ! grand-père ?

– Si tu veux, mais vous ne partirez pas trop loin.

– Promis. On ira juste sur la pente derrière la maison des Verdier. Peut-être qu'on rencontrera Tristan et Cyrus.

– Peut-être. En attendant, file vite t'habiller. Après, il sera temps de se mettre aux fourneaux et j'aurai besoin de mon marmiton. »

Midi sonnait quand Pauline ferma la porte de sa boutique. Elle n'avait pas vu passer la matinée. En cette avant-veille de Noël, beaucoup de clients étaient venus faire leurs ultimes achats de cadeaux divers. Elle avait également vendu une grande quantité de cartes de vœux pour le nouvel an tout proche, des agendas, des calendriers.

Avant de se rendre chez Alice, elle entra dans une boulangerie. Elle en ressortait, chargée de deux pains et d'une brioche ronde, lorsque Tristan Maubert surgit devant elle.

« Bonjour ! dit-il, toujours avec le même sourire charmeur. Je ne suis pas le seul à avoir faim, on dirait ! »

Pauline répondit à son salut sans rien ajouter. Elle se détournait déjà quand il dit très vite :

« Excusez-moi... Votre père m'a invité à venir prendre le dessert avec vous le jour de Noël. J'espère que cela ne vous contrarie pas.

– Mais non, au contraire. Ce sera l'occasion de faire plus ample connaissance. À mardi alors. »

Elle reprit sa voiture, roula en direction de la quincaillerie. Un trouble soudain, qu'elle jugeait tout à fait inopportun, la mettait de mauvaise humeur.

« Tu es vraiment ridicule, ma pauvre fille ! » se dit-elle. Et elle se mit à rire sans raison.

# XIV

# Le plus beau Noël de Rémy

Après une partie de luge en début d'après-midi, les enfants consacrèrent la soirée de ce dimanche aux derniers préparatifs. À côté de Rémy, très calme, Léna et Pierrot avaient du mal à contenir une agitation toujours perceptible chez les jeunes enfants à cette époque de l'année.

Tout d'abord, à l'aide d'un gros verre enfariné, on aplatit la belle pâte confectionnée par Pauline. Avec des gabarits d'étoiles et de sapins en épais carton blanc, les enfants découpèrent des formes déposées au fur et à mesure sur une grande tôle beurrée.

« Nos petits sablés de Noël, ils sont encore meilleurs que ceux de la pâtisserie, pas vrai Léna ?

– Sûr ! Tu verras, Rémy, quand ils seront cuits on les décorera avec des petites perles d'argent, comme celles des boîtes de dragées. »

Rémy n'avait jamais eu l'occasion de voir de telles boîtes et ne connaissait pas les perles d'argent au sucre. Au centre et dans sa première famille d'accueil, les préparatifs de Noël se réduisaient à trois fois rien. Il est vrai que durant la guerre, et même ces deux dernières années, on trouvait très difficilement des friandises.

Les petits gâteaux terminés, Simon apporta un seau en métal plein de cire de ses abeilles. Avec précaution et sous sa surveillance, on façonna quelques belles bougies jaunes. La cire fondue, délicatement versée dans des moules tubulaires, refroidirait jusqu'au lendemain. Alors, on collerait ici et là des petites étoiles argentées ; placées dans des bougeoirs en étain, ces bougies feraient un magnifique décor de table.

Enfin, dans du papier brillant rouge, vert et or que Pauline avait rapporté de la librairie, les enfants découpèrent d'énormes étoiles. La mère de Léna les cousait à grands points sur la nappe de papier blanc.

« C'est magnifique, hein ! les garçons ?

– Oh oui ! dit Pierrot, enthousiaste.

– Et toi Rémy, interrogea Simon, qu'est-ce que tu en penses ?

– Je crois que j'ai jamais rien vu d'aussi beau.

– On mettra cette nappe le 25 seulement, dit Léna, sinon notre invité ne la verra pas, ce serait dommage. Tu veux bien, maman ?

– Si cela peut te faire plaisir, je n'y vois pas d'inconvénient. »

Le 24 au soir, Léna, qui avait aidé de bonne grâce son grand-père la journée durant, se précipita soudain vers la porte.

« Les voilà, les voilà ! »

Pauline rentrait avec sa sœur et les deux garçons. Aidée de Rémy, elle sortit les bagages du coffre. Simon les regardait faire en riant.

« Tout ça pour une nuit !

– Chut ! fit Alice en l'embrassant. Je cache ce sac dans ta chambre, j'y ai mis tous les cadeaux. »

Au dessert, on dégusta une crème aux œufs parfumée à la vanille ; elle était accompagnée d'un pain d'épice maison au lait et au miel, recouvert d'un glaçage blanc.

« Tu vois Rémy, c'est le pain d'épice de fête, pas celui des goûters ordinaires, dit Pierrot, les yeux brillants de gourmandise.

Il sent bon, tu trouves pas ? Grand-père ne veut donner son secret à personne, même pas à maman ni à tata Pauline ! »

Les adultes rirent pendant que Simon distribuait de nouvelles tranches. Il savait bien que ses filles l'avaient découvert depuis longtemps, son fameux secret. Il aromatisait ce pain d'épice particulier avec un peu de liqueur d'orange et quelques gouttes de jus de citron.

Pauline jeta un coup d'œil à sa sœur. Alice, pour une fois, avait l'air heureuse et détendue, et elle s'en réjouit. Quand Pierrot avait embrassé son père pour lui dire au revoir, celui-ci s'était contenté de lancer, l'air bourru :

« Toujours les mêmes qui passent du bon temps et toujours les mêmes qui n'arrêtent pas de travailler !

– Mais papa, si tu voulais tu pourrais venir chez grand-père avec nous !

– Ouais... mais moi, ma journée est loin d'être finie ! Allez ! amusez-vous bien ! »

Là-dessus, il était parti vers la réserve. Durant le court trajet jusqu'au Clos, Alice, assise près de sa sœur, lui confia à voix basse pour ne pas être entendue des enfants :

« J'ai proposé à Germain de lui préparer à souper, mais, comme tous les ans, il va dîner au restaurant avec des amis que, bien entendu, je ne connais pas.

– N'y pense plus ! Il ne changera pas, tu le sais bien. Dis-toi que nous allons passer de bons moments avec papa et les petits. »

La vaisselle lavée et rangée, Léna sortit la mallette de jeux de société. On disputa plusieurs parties de petits chevaux puis de Monopoly. Vers 11 heures, Pierrot commença à bâiller.

« Si vous voulez avoir bon pied bon œil demain, je crois qu'il est temps d'aller au lit, les mioches !

– Oh ! grand-père, c'est la veille de Noël ! Et on n'est pas fatigué du tout, pas vrai Rémy ? »

Léna se tournait vers le garçon qui, lui aussi, paraissait tomber de sommeil.

« Pas de discussion, allez ! tout le monde au lit ! Sinon, j'ai bien peur que les cadeaux... »

Cette petite phrase magique suffit à décider les enfants. Pauline suivit sa fille dans l'escalier pendant qu'Alice montait installer les garçons dans la chambre d'amis. Dix minutes plus tard, Simon gagna l'étage sur la pointe des pieds. Il redescendit aussitôt avec un air entendu.

« Nos trois lascars sont déjà dans les bras de Morphée, dit-il. Et j'avoue que moi aussi je retrouverai mon lit avec plaisir ! »

Les enfants avaient laissé leurs chaussures devant la cheminée. Si Léna ne croyait plus au Père Noël, pour son cousin encore crédule elle jouait le jeu.

« Mets tes souliers à côté des miens ! avait-elle dit à Rémy, hésitant.

– Ben, je sais pas... »

Tour à tour, il regardait les adultes, l'air gêné.

« Léna a raison, dit Pauline en souriant. Tant que tu n'es pas majeur, tu es en droit d'espérer que le père Noël pensera à toi. Allons ! alignez-moi un peu ces chaussures ! »

Avant de gagner leur chambre, Simon et ses filles disposèrent les cadeaux devant les trois paires de souliers. Dans chaque chaussure, le grand-père plaça un petit bonhomme en pain d'épice enveloppé de papier cristal. Chacun était décoré de morceaux de fruits confits et de gros grains de sucre.

« Regarde comme papa est heureux ! » chuchota Pauline à l'oreille d'Alice.

Les deux sœurs échangèrent un sourire plein d'affection et l'on se souhaita une bonne nuit.

* *
*

Réveillée tôt, Léna glissa un œil dans la chambre des garçons. Tout ébouriffé, Pierrot se dressa sur son lit.

« Il est passé ? Tu as vu des cadeaux ?

– Chut ! parle moins fort ! Je suis pas encore descendue. Rémy, tu dors ? »

Le garçon émergea, se frotta les yeux, reconnut enfin Léna et la chambre où il avait dormi. Pieds nus, avec mille précautions, les enfants descendirent quelques marches jusqu'au virage de l'escalier. De là, on apercevait les paquets accumulés devant les trois paires de chaussures. Simon arrivait.

« Ah ! les curieux ! Remontez vite et cachez-vous sous les couvertures. Dès que j'aurai allumé le feu, je reviens vous chercher, promis. »

Un quart d'heure plus tard, tout le monde prenait le petit déjeuner, café au lait et brioche. Enfin, les enfants purent ouvrir leurs cadeaux. Léna découvrit une mallette de tubes de gouache avec un assortiment de pinceaux et un carnet à dessin ; puis elle déballa un grand coffret de perles multicolores et deux livres de la bibliothèque rose. Enfin, dans un paquet volumineux, un paletot à capuchon tricoté en très grosse laine rouge.

Pierrot, de son côté, brandissait un coffret de trois petites voitures de marque et de couleur différentes. Près d'un gros livre présentant les animaux d'Afrique, il trouva un jeu de croquet en bois blanc avec quatre maillets. Le dernier paquet contenait une canadienne de similicuir doublée d'un épais lainage à carreaux rouges et verts.

Aussi pondéré que Léna et son cousin se montraient fébriles, Rémy ouvrit d'abord le plus gros de ses paquets ; il en tira le même blouson que celui de Pierrot, mais la doublure était beige et bleu. À côté, il y avait une cible et son jeu de fléchettes à ventouse, et encore deux romans d'aventures dans le Grand Nord, de Jack London. Le dernier paquet, le plus petit, dévoila un porte-monnaie de cuir brun. Alice avait découvert que, faute de mieux, son pupille conservait les pièces de monnaie reçues en pourboire dans une grosse boîte d'allumettes vide .

Tour à tour, Rémy regarda les trois adultes pour des remerciements muets. Des larmes de joie brillaient dans ses yeux. Jamais il n'aurait osé imaginer un aussi beau Noël. De toute sa jeune vie, on ne l'avait jamais comblé d'autant de cadeaux.

« Alors les enfants, vous êtes contents ? Le Père Noël a-t-il visé juste ?

– Oh oui ! grand-père, j'ai eu exactement ce que je voulais ! s'écria le benjamin.

– Moi pareil.

– Et toi Rémy ?

– Moi... j'aurais jamais cru que c'était possible, un Noël comme celui-là ! C'est... c'est trop.

– Alors tu es content ? dit Léna.

– Très très content, oh oui ! »

Après le déjeuner, copieux et excellent, Léna et Pierrot s'impatientaient.

« Alors, on peut y aller maintenant ?

– Oui, dit Pauline qui disposait sur la belle nappe étoilée tasses à café et assiettes à dessert. Allez-y mais calmez-vous un peu, sinon notre invité se demandera chez quels énergumènes il va se retrouver !

– Maman, on peut mettre nos vêtements neufs ? »

Pauline interrogea sa sœur du regard et comme Alice acquiesçait :

« Oui, mais prenez-en bien soin.

– Regarde, Rémy, avec nos blousons tout pareils, on est comme deux frères.

– Oui, deux frères, tout à fait. »

Les garçons se tapèrent dans la main et dirent en même temps avec le plus grand sérieux :

« Frères pour la vie, juré !

– Et moi alors ? fit Léna avec une moue déçue.

– Toi, dit Pierrot, tu es notre sœur Chaperon Rouge. »

Tout le monde rit et les enfants partirent en courant vers la maison des Verdier. Lorsque Tristan Maubert avait demandé vers quelle heure il était attendu, Simon l'avait rassuré.

« Quand nous aurons fini de déjeuner, je vous enverrai les enfants, ils ne demanderont pas mieux. »

L'invité ouvrit sa porte au trio qui cria d'une seule voix :

« Joyeux Noël, Tristan !

– Merci, joyeux Noël à vous aussi. Je vous ferai visiter la maison une autre fois peut-être.

– Oui, la bûche au chocolat nous attend, répondit Léna. Et Cyrus, il est où ?

– Je l'ai enfermé, sinon il va nous suivre.

– Oh ! laissez-le venir, on mettra Ramsès dans ma chambre pour une fois. »

Le chien leur fit fête et on repartit vers le Clos. Les petits n'osèrent rien demander, mais ils grillaient d'envie de connaître le contenu des deux boîtes qu'emportait Tristan. Il en confia une à Rémy pour se charger d'une plante aux belles grappes de fleurs rouges ; elle était soigneusement enveloppée de papier cristal pour la protéger du froid.

Après l'échange des bonjours et des poignées de mains, Tristan la remit à Pauline.

« Pour achever le décor », dit-il.

Puis il tendit les deux boîtes à Simon.

« À partager entre vous tous, avec mes remerciements pour cette aimable invitation. »

Les emballages enlevés et les boîtes ouvertes, on découvrit deux bouteilles de champagne et des chocolats du meilleur confiseur de la ville. Alice sortit des coupes et, après la bûche, même les enfants eurent droit à un peu de vin jaune où dansaient des milliers de petites bulles. Pauline posa alors sur la table un grand bocal plein d'un liquide d'une belle couleur ambrée.

« C'est une des spécialités de grand-père, s'empressa de dire Léna, il est le seul à préparer ces fruits secs au miel, c'est fameux ! »

Noisettes, amandes, cerneaux de noix imprégnés du goût délicieusement sucré du miel accompagnèrent avec bonheur une crème glacée bien moelleuse. Enfin, après le café, on goûta les chocolats apportés par Tristan.

Les hôtes se retenaient de poser des questions indiscrètes et leur invité se livrait peu. La conversation roulait surtout sur la région qu'il trouvait fort belle.

« Alors vous ne nous quitterez pas de sitôt, j'espère ? demanda Simon.

– Certainement pas. D'ailleurs, je dois continuer mes recherches… pour mon prochain ouvrage. »

Il n'en dit pas davantage et ne tarda pas à prendre congé. Après son départ, Pauline et sa sœur se retrouvèrent seules à la cuisine. Simon et les enfants disputaient une partie de fléchettes dans la remise.

« Tu ne m'avais pas dit que ce mystérieux Tristan avait autant de charme, cachottière ! » remarqua malicieusement Alice.

Pauline haussa les épaules.

« Mystérieux, sans doute, mais franchement il ne m'intéresse pas, je le connais à peine. Parlons d'autre chose, si tu veux bien. »

Elle affichait une parfaite indifférence mais sa sœur n'était pas convaincue de son désintérêt pour leur nouveau voisin.

# XV

## Croque-Vipère

DANS LA COUR DE L'ÉCOLE, tête basse, les garçons rangés par classe attendaient dans le plus grand silence. Devant chaque file d'élèves se tenait leur maître respectif et, sur la plus haute marche, le directeur, l'air indigné, les sourcils sévères. À côté de lui, tortillant son béret entre ses doigts, Firmin Guénard, dit Citrouille, le gardien.

« J'attends que le coupable se dénonce, redit encore une fois le directeur en détachant bien les mots. Ou plutôt les coupables, car je suis certain qu'ils étaient plusieurs. Alors ? »

Du côté des enfants, aucune réaction. Le silence était total, pas même une petite toux ni le moindre reniflement. Un vol de moineaux passa soudain en piaillant au-dessus des têtes penchées vers le sol, pour disparaître très vite au-dessus du toit ; la fin février était proche, les oiseaux préparaient déjà une première nichée.

« Bien, je constate que le responsable est un lâche puisqu'il n'hésite pas à faire punir ses camarades innocents. Car c'est toute l'école qui viendra en retenue jeudi matin, de 9 heures à midi. Je surveillerai personnellement les salles d'études. »

Un garçon d'une dizaine d'années leva le doigt.

« Enfin ! Qu'as-tu à nous dire, Maurice Chassard ? Tu connais le coupable ? Ou bien c'est toi l'auteur des méchancetés commises à l'encontre de M. Guénard ?

– Non m'sieur, c'est pas moi, je voulais juste dire que le jeudi matin on a le catéchisme, alors pour la retenue...

– Aucune importance, vous serez en retenue l'après-midi ! Et maintenant, dispersez-vous. »

Seuls les petits du cours préparatoire reprirent leurs jeux. Pour tous les autres élèves, la fin de la récréation se passa à commenter les événements. Par petits groupes, on cherchait à découvrir le nom de celui qui s'en était pris à Citrouille.

On avait bouché les trous de serrure du portail de la cour et de la loge du gardien avec de la terre grasse mêlée de brins d'herbe. Les volets de ses fenêtres étaient maculés de boue. Quelqu'un était entré dans le local où il entreposait balais, seaux et serpillières ; tout avait été éparpillé dans la cour ou perché dans les arbres. Accrochée à une branche, la blouse de travail du gardien était en lambeaux, ses sabots de caoutchouc remplis de terre trônaient sur un rebord de fenêtre. Enfin, collée au portail, une grande feuille de papier avec une caricature et une inscription. Une énorme tête ronde et rouge coiffée d'un béret noir, affublée d'immenses oreilles et d'un énorme nez épaté ; dessous, en lettres d'imprimerie d'inégale grosseur, ces mots agrémentés d'une magnifique faute d'orthographe : *Portrait de Citrouille, gardillain de l'école Mermoz à Saint-Didier.*

En découvrant ces divers méfaits, une demi-heure avant l'arrivée des élèves et des instituteurs, Citrouille sut aussitôt qui était l'auteur de ces mauvaises farces. Il courut vers le bureau du directeur, déjà au travail comme de coutume. Pourtant, tandis que ce dernier constatait les dégâts en fulminant contre les petits voyous qui, disait-il, auraient à faire à lui sans tarder, le malheureux gardien se dit qu'il ne pouvait avancer aucun nom ; il était presque sûr, mais... s'il se trompait ? Ses soupçons, après tout, n'étaient pas des certitudes. Et l'énergumène auquel il pensait était fort capable de nouvelles représailles s'il le livrait.

« Vous avez une idée de qui a pu... ?

– Non, monsieur le directeur, j'ai pas idée du tout.

– Bon, je vais régler la chose, comptez sur moi. En attendant, débarrassez donc tout cela au plus vite. »

* *
*

À présent, Rémy et deux bons camarades de sa classe échangeaient leurs opinions. Pour eux, il était clair que le grand Gégé, sûrement aidé de son acolyte Robert, était l'auteur de ces faits stupides. L'un et l'autre ne perdaient jamais une occasion de persécuter le pauvre Citrouille.

« Comment faire pour qu'ils se dénoncent ? demanda Sylvain Dabert. Tu as une idée, toi, Rémy ?

– Ben non, je vois pas comment... Gégé, tu le sais bien, jurera de son innocence et, bien sûr, Robert dira comme lui.

– Moi, fit Albert Noyat, j'en ai une, d'idée. On va aller trouver le sorcier, il découvrira les coupables en moins que rien !

– Quel sorcier ? »

Étonné, Rémy se montrait sceptique. Les sorciers, il n'y croyait pas du tout.

« Le père Picaud, tiens ! T'en as jamais entendu parler ? C'est le vieux qu'on appelle Croque-Vipère, vu qu'il chasse les serpents. Qu'est-ce que t'en dis, toi, Sylvain ?

– Je sais pas... Le père Picaud, j'aimerais pas trop le voir de près.

– Trouillard ! Si Rémy m'accompagne, j'y vais dès ce soir. L'embêtant, c'est qu'il faudrait lui porter un truc qui appartient à Gégé. C'est comme ça qu'il retrouve les disparus, il paraît.

Avant la fin de la récré, je vais essayer de piquer quelque chose dans son cartable. Alors Rémy, ça marche ?

– C'est toi qui vas te faire piquer ! Tu oublies qu'on a pas le droit de rentrer dans la classe avant la fin de la récré, mon vieux !

– Oh ! Sylvain, arrête un peu ! T'es pire qu'une fille, ma parole ! Allez ! Rémy, tu te décides ? »

Rémy réfléchissait. Depuis son arrivée à Saint-Didier et sa promesse à Alice, il n'avait jamais rien commis de répréhensible. Cela aurait été trop bête de tout gâcher. À aucun prix il ne voulait la décevoir, ni donner à son tuteur un motif de sanction. Maintenant qu'il était rentré dans le droit chemin, il avait bien l'intention de s'y tenir. Il chercha à gagner du temps.

« Il habite où, ce fameux sorcier ?

– Pas très loin, sur la route de Champeix, à Bressoux. Y a juste trois maisons, la sienne est toute seule contre une avancée de rochers. Enfin, c'est plus une bicoque qu'une maison », dit Albert.

Sylvain secoua énergiquement la tête.

« Ben les gars, moi je m'y fierais pas, au Croque-Vipère ! Ma grand-mère dit que c'est un jeteur de sorts.

– Tu préfères tout l'après-midi de jeudi en retenue ?

– Bof ! on va pas en mourir, de la retenue ! Après tout, faites comme vous voulez, je m'en occupe pas. Surtout que ça peut mener loin quand on fait appel au sorcier. Les vieux le disent et moi je les crois. »

Toujours hésitant, Rémy finit par promettre à Albert de réfléchir jusqu'au lendemain. On était seulement lundi, la chose n'était pas si urgente, après tout.

Comme il le faisait souvent, Pierrot avait rejoint Rémy. Depuis un moment, il écoutait la conversation du trio, mais il ne s'en mêlait pas ; Albert et Sylvain lui auraient sûrement conseillé de s'occuper de ses affaires et de rejoindre les garçons de sa classe. Mais, alors qu'ils rentraient déjeuner en compagnie de Léna, le gamin demanda, tout excité :

« Alors Rémy, qu'est-ce que tu vas décider pour la visite au père Picaud ?

– Je sais pas encore, je verrai demain.

– Vous parlez de Croque-Vipère ? demanda Léna. Qu'est-ce que vous lui voulez ? »

Pierrot s'empressa de lui raconter toute l'affaire ; les filles n'avaient pas encore été informées de l'événement.

« Ce sorcier, demanda la fillette, il a vraiment autant de pouvoirs qu'on le dit ?

– Albert Noyat en est sûr, hein ! Rémy ?

– Il le dit, mais c'est pas pour ça que c'est vrai. »

Léna s'arrêta soudain, comme sous le coup d'une évidence excitante, et elle planta son regard dans celui de Rémy.

« J'y pense. Et si on lui demandait de retrouver mon père, tes parents ?

– Comment ça ?

– Oui, s'il retrouve les disparus, il doit pouvoir le faire pour nous aussi !

– Je sais pas, j'y ai jamais pensé... »

Là, Rémy mentait un peu. Si son père ne lui importait pas vraiment, plusieurs fois il avait éprouvé le désir de connaître sa mère. Il l'imaginait belle et tendre ; l'évoquer était à la fois très doux et presque insupportable. Depuis qu'il vivait ici, cette mère idéale prenait souvent les traits d'Alice ou, parfois, de Pauline. Mais, au sein de sa nouvelle famille, le manque s'estompait, se faisait moins précis, moins impérieux.

« Si tu as peur, je suis capable d'y aller toute seule ! »

Le regard noir, Léna le défiait. Comme chaque année, à Noël elle avait attendu un signe de son père. Et une fois encore, elle avait été très déçue. Elle commençait à ne plus croire du tout qu'il travaillait à l'étranger. En temps de guerre, peut-être, comme l'affirmait sa mère, ne pouvait-il pas communiquer avec elle, mais maintenant ? Pourquoi ne tentait-il rien pour connaître sa fille ? Pauline refusait d'en parler, lui conseillait d'oublier cet homme qui ne s'intéressait pas à elle. Parmi ses camarades, à l'école, seules deux fillettes étaient orphelines. Mais elles avaient des souvenirs, des photos... Elle, rien. Parfois, pour répondre à des questions embarrassantes, Léna racontait quelque mensonge. Son père, affirmait-elle, lui adressait des lettres, des cartes postales et même des cadeaux. Si on la mettait au défi d'en apporter la preuve, elle répondait que sa mère ne voulait pas.

Rémy la connaissait assez pour savoir combien elle pouvait être têtue. Aussi s'empressa-t-il de dire :

« Écoute, on va d'abord attendre de voir si ce fameux sorcier trouve celui qui a gâché les affaires de Citrouille. Si ça marche, toi et moi on ira le voir, d'accord ? »

Déçue, Léna ne répondit rien. Rémy, elle le croyait beaucoup plus courageux, lui qui avait cogné Gégé sans hésitation pour prendre sa défense à elle. Enfin, elle décida d'attendre jusqu'au jeudi suivant. Si le garçon n'était toujours pas prêt à l'accompagner, elle irait seule à Bressoux sans le dire à quiconque. L'ennui, c'était qu'aux dires de Pierrot il fallait porter à Croque-Vipère un objet appartenant au disparu recherché. Or, elle n'avait rien. Si seulement elle avait pu garder le mouchoir... Bah ! on verrait bien le moment venu.

* *
*

Le temps exécrable du mois de janvier – chutes de neige, fortes pluies, rafales de vent humide – n'avait guère permis les jeux au-dehors. À deux ou trois reprises seulement, les enfants s'étaient élancés sur leur luge le long des pentes proches du Clos.

Puis février était venu, froid et sec. Un air glacé sous un ciel bleu dur était mille fois préférable à l'humidité des dernières semaines. Tristan, le locataire des Verdier, semblait avoir disparu.

« Ses volets restent toujours fermés, dit un jour Simon à Pauline. Il est revenu à la librairie ces temps derniers ?

– Une fois oui, peu après le premier de l'an. Il m'a acheté un bloc de papier à lettres et des crayons noirs. Mais il n'a aucunement parlé d'un départ proche. »

Pauline n'ajouta pas que Tristan Maubert avait ce jour-là une mine très préoccupée. Poliment, il s'était informé de la famille de la jeune libraire sans bavarder davantage. Il avait un visage fermé, presque hostile. Trois clients occupaient la boutique, et il était reparti sur un simple salut.

« Cet homme est déroutant », avait pensé Pauline, assez déçue.

Auparavant, le 30 décembre, Tristan avait rendu une visite rapide à Simon pour les convier, lui et les siens, à un goûter qui inaugurerait l'année nouvelle. À l'évidence, il désirait leur rendre l'invitation du jour de Noël.

Pauline s'était demandé pourquoi sa sœur avait refusé de se joindre à eux. Mais elle connaissait trop bien les sautes d'humeur de Germain. Alice, avait-elle pensé, avait essuyé des reproches et préféré, comme bien souvent, ne pas contrarier son mari par trop irascible.

Simon, sa fille et les trois enfants s'étaient donc retrouvés dans la maison des Verdier. Le grand-père s'était chargé de deux pots de miel et d'une bouteille de vin blanc sucré pour leur hôte. Aimable, souriant, celui-ci s'était excusé :

« Vous êtes ici dans la demeure d'un célibataire absolument nul en pâtisserie. Aussi, vous ne dégusterez pas des gâteaux faits maison, il faudra vous contenter de ceux du pâtissier de la place de l'Hôtel-de-Ville ! »

Néanmoins, le goûter était délicieux. On avait échangé les vœux traditionnels et trinqué à l'unisson. Très vite, il avait fallu enfermer Cyrus qui ne cessait de tourner autour de la table pour mendier morceaux de gâteaux et sucreries.

À plusieurs reprises, tandis que les enfants bavardaient, Tristan avait levé sur Pauline un regard où elle avait pu lire bien autre chose que de l'intérêt. Alors elle s'était adressé une nouvelle mise en garde :

« Attention ! ne va pas succomber une fois encore à des yeux de velours… Tu ne connais rien de cet homme, ni son passé ni la véritable raison de sa présence ici. »

Aussi s'efforçait-elle de détourner les yeux du regard bleu enjôleur. Lorsque les habitants du Clos prirent congé, Tristan et son chien les accompagnèrent.

« Cyrus a toujours besoin de bouger, expliqua son maître. D'ailleurs, un peu de marche au grand air me fera le plus grand bien, à moi aussi. »

Durant le court trajet, Pauline se sentit encore l'objet de l'attention constante de cet homme si charmeur ; au point que, en présence de son père, elle en était presque gênée.

Aussi, lorsqu'il était venu à la librairie une dizaine de jours plus tard, elle ne s'était pas expliqué son attitude distante et sa mine fermée. Sans doute était-il, comme son beau-frère, quelqu'un de versatile. Mais il se pouvait aussi que de récentes contrariétés influent sur son caractère. Après cela, pendant près de quatre semaines, Tristan avait disparu.

Furieuse, Léna ne cessait de répéter :

« Et moi qui le croyais si gentil ! Il n'est même pas venu nous dire au revoir ! S'il revient je lui parlerai plus ! Jamais, de toute ma vie ! »

Enfin, un beau jour, la petite était entrée en coup de vent dans la cuisine.

« Maman ! Grand-père ! Il est là, criait-elle en sautant sur place, il est revenu ! Je l'ai vu, il se promène avec Cyrus ! »

Toute rancœur disparue, elle courut le rejoindre. Aussitôt, le chien lui fit fête.

« J'ai cru qu'on se reverrait jamais », reprocha-t-elle.

Devant sa moue fâchée et ses yeux sévères, Tristan éclata de rire.

« Voyons, tu n'as tout de même pas cru que je serais parti sans te dire au revoir, ma petite Léna ! Je m'étais seulement absenté quelques jours pour mon travail.

– Quelques jours ? Vingt-quatre, exactement, je les ai comptés ! »

Là-dessus, la gamine fondit en larmes ; des sanglots secouaient ses épaules et elle se cacha le visage dans les mains. Tristan s'accroupit devant elle, l'entoura de son bras.

« Allons ! il ne faut pas pleurer, je suis là, tu vois bien ! »

Il tira de sa poche un mouchoir bien plié pour lui essuyer les yeux et le lui mit dans la main. Inquiet, Cyrus tournait autour d'eux. Léna reniflait. En se relevant, Tristan posa un petit baiser sur sa joue encore humide.

« Là, c'est fini. Nous sommes amis à nouveau, n'est-ce pas ? »

La fillette lui sourit et le quitta à regret. Volontairement, elle ne lui avait pas rendu son mouchoir mais il avait tendu la main pour le reprendre. De ce jour, Léna se mit en tête que Tristan était son père. S'il était venu habiter là, c'était pour la connaître. Bientôt, il lui confierait tout, elle en était certaine.

Aussi, lorsque un peu plus tard les deux garçons lui parlèrent du père Picaud qui pouvait retrouver les disparus, elle se persuada que, grâce au sorcier, elle amènerait Tristan à se dévoiler tôt ou tard. Quand le vieil homme l'aurait démasqué, il lui faudrait bien révéler son identité véritable.

## XVI

## Expectative

Au grand soulagement de Rémy, Albert Noyat n'eut pas à faire appel au sorcier. Dès le mardi matin, Gégé et Robert étaient interrogés par le directeur, en présence de leur maître. Si Gégé nia farouchement être l'auteur des préjudices subits par le gardien de l'école, Robert ne tarda pas à tout avouer. Les deux comparses, affirma-t-il, étaient bien les auteurs de ces méfaits.

« Mais m'sieur, moi je voulais pas ! C'est lui, il a dit : “Si tu viens pas avec moi, t'es mort !” Alors je pouvais pas faire autrement. »

Son « chef » lui avait lancé un regard furieux. Aussi, bien plus que la punition qu'on lui infligerait fatalement, le garçon tremblait à l'idée de la vengeance de Gégé : elle allait être terrible !

« Tu peux partir, Robert. Ton instituteur se chargera de te punir. Quant à toi, Gérard Pouget, tu vas rester ici avec moi, une petite explication entre nous me semble tout à fait nécessaire. »

Récidiviste et mauvais conseiller, dangereux pour quelqu'un d'assez faible capable de lui obéir en tout, Gégé fut menacé d'expulsion. Durant un mois, il resterait en retenue après la classe ainsi que les jeudis matins. En outre, le directeur lui signifia qu'il allait adresser un courrier à ses parents ; son père serait convoqué à l'école un jour prochain.

« Et ne t'avise pas de te venger sur Robert Caillard, sinon tu le regretteras ! Une dernière chose : au lieu de passer ton temps à accumuler les sottises, pense donc à ton travail scolaire. Sinon, cette année encore le certificat d'études sera un nouvel échec. Allez ! va-t'en ! »

Naturellement, le directeur leva la punition générale et l'ensemble des élèves n'eut pas à venir en retenue le jeudi suivant.

« Dommage que Robert ait tout cafté, regretta Albert. On aurait pu vérifier si le père Picaud est aussi fort qu'on le dit. »

Rémy se garda bien de répondre qu'il préférait voir les choses se terminer de cette façon. De son côté, Léna fut très désappointée et même furieuse. Elle n'avait pas eu l'occasion de constater si Croque-Vipère avait oui ou non des pouvoirs. Ce qui ne l'empêcherait aucunement, tôt ou tard, d'aller le trouver chez lui. Elle leur montrerait, aux garçons, que, contrairement à eux, elle n'avait pas peur du tout du jeteur de sorts.

* *
*

La grande braderie de Saint-Didier-les-Bois aurait lieu le deuxième samedi de mars. C'était là une très ancienne tradition pour la petite ville. On avait dû l'interrompre durant toute la guerre. Depuis l'année précédente, ce grand marché qui attirait la clientèle de toute la région avait réapparu.

Le jour dit, le long des rues devant les boutiques, des tréteaux soutenaient des panneaux de bois plus ou moins larges. Souvent protégés par une bâche, recouverts de bandes d'épais tissu, ils offraient aux chalands un grand choix de marchandises. Les prix étaient cassés. Les commerçants proposaient des lots ; ils profitaient de l'occasion pour ressortir des fonds de tiroirs, objets invendus, passés de mode ou présentant des défauts par trop visibles.

Germain Souleyre ne faisait pas exception. Il avait supprimé sa tournée du samedi dans les villages. Aidé de sa femme et de Rémy, dès 7 heures il commença à entasser sur les étals toute une bimbeloterie tirée du magasin et surtout de la remise. Les jours précédents, Alice et les deux garçons s'étaient chargés d'étiqueter toutes les marchandises triées par Germain. Exceptionnellement ce samedi-là, Pierrot et Rémy manqueraient l'école. Le directeur et ses adjoints les y autorisaient, fermant les yeux sur les absences ; une fois n'est pas coutume et la majorité des enfants de commerçants apportaient à leur famille une aide non négligeable.

En cette saison, le temps n'était pas sûr. Aussi Pauline avait-elle renoncé à participer à la grande braderie. Trop fragiles, les livres ne pouvaient être exposés en plein air, à la merci de l'humidité. En revanche, elle « faisait des prix » ; la librairie, certainement, accueillerait beaucoup plus de clients que de coutume.

Léna avait tant et tant supplié sa mère que celle-ci lui avait accordé l'autorisation de manquer l'école. Mais Pauline se doutait un peu que sa fille se tiendrait plutôt devant la quincaillerie, en compagnie de Rémy et de son cousin, qu'auprès d'elle.

Dans le milieu de la matinée, Tristan Maubert arriva à hauteur de l'étal des parents de Pierrot. Il y avait foule. En bout de file, Alice tenait le banc d'épicerie ; près d'elle, les garçons surveillaient la droguerie mais c'était elle qui encaissait. Enfin, Germain motivait les acheteuses hésitantes devant des lots de vaisselle, de casseroles et de quantité d'autres ustensiles de ménage.

« Tenez, disait-il à une femme entre deux âges flanquée de trois adolescentes, si vous prenez ce lot, vous faites une très belle affaire : six couteaux de table pour le prix de quatre ! Ou alors les assiettes, de la belle faïence décorée main. Je vous les laisserai à moitié prix si vous en achetez une douzaine.

– Mais, elles sont dépareillées, on dirait bien.

– Pas du tout ! C'est volontaire, voyez : le dessin des fleurs est exactement le même, seules les couleurs changent. Sur une table, ce sera très joli, croyez-moi ! »

Un peu en retrait, Tristan observait le manège du commerçant. Germain continuait ses boniments sans se savoir observé. Prestement, il encaissait l'argent d'une vente, interpellait une autre cliente potentielle, un homme qui semblait intéressé par les couteaux à découper, une vieille femme qui ne cessait de tourner et retourner des tasses à café et des petits bols. Ses exclamations attiraient les badauds, on s'approchait pour profiter d'une aubaine éventuelle.

Beaucoup trop occupé, Germain ne remarqua pas cet homme, un parfait inconnu pour lui. Discrètement, Tristan salua Alice de loin. Il s'éloignait déjà quand Pierrot donna un coup de coude à Rémy :

« Là, regarde, c'est Tristan ! »

Celui-ci se perdait dans la foule et le garçon ne fit que l'entrevoir de dos. Beaucoup plus grand que la moyenne, il dépassait de près d'une tête le flot des acheteurs qui se bousculaient un peu, dans la rue rétrécie par les éventaires. Peu après, Léna vint se glisser près des garçons.

« Alors, ça marche ?

– Assez bien, dit Pierrot, mais il faut faire attention, les gens tripotent tout et remettent les choses au petit bonheur. Après, on retrouve rien. »

Rémy mettait deux petites brosses à chaussures et une boîte de cirage dans un sachet. Une jeune fille tendait la main.

« C'est 4,50 francs, mais il faut payer à M. Souleyre, ici, juste à côté. Merci mademoiselle. »

Un petit vent froid se coulait sous la bâche, et les enfants, pourtant bien emmitouflés, commençaient à avoir les doigts gourds.

« Bon, fit Léna, je vais faire un tour jusqu'à la place Mirabeau et après je rentre à la librairie. Ici on gèle !

– On vient de voir Tristan, dit Pierrot.

– Ah bon ! Qu'est-ce qu'il vous a dit ?

– Rien du tout ! Y avait trop de monde, il s'est même pas approché, il est passé vite et il est parti de ce côté. »

Aussitôt, avec l'espoir de le rattraper, Léna se fraya un passage en zigzaguant dans la foule. Bientôt elle faisait demi-tour ; déçue, elle n'avait pas trouvé trace de Tristan. Sans doute était-il rentré chez lui.

* *
*

La semaine qui suivit cette grande braderie, le printemps se décida enfin à prendre possession des campagnes. Certes, dès la mi-février, l'herbe avait reverdi dans toute la petite Limagne ; timidement, les premières fleurettes étaient apparues dans les friches, au rebord des fossés. Mais les pluies, le vent froid et les giboulées incessantes les laissaient chétives. Guère tentés par les promenades, les habitants du Clos des Églantiers s'étaient à peine aperçus que l'hiver avait délaissé la région. Les oiseaux se taisaient encore ; ils attendaient sans doute le retour du soleil pour donner leurs aubades dans le jardin et le verger de Simon Varenne.

Enfin, l'air se fit plus doux, le vent moins acide. Les rayons du soleil réapparu séchèrent l'herbe détrempée, caressèrent les bourgeons, épanouirent les fleurs sauvages. Derrière la maison, les fruitiers se couvrirent soudain de bouquets roses et blancs. Cerisiers, pruniers, pommiers rivalisaient de tons pastel. De loin, le regard abusé découvrait, ébloui, une sorte de gros nuage, tel un énorme édredon aux teintes délicates, égaré dans l'herbe luisante au-dessus du rucher.

Dans leurs maisonnettes effleurées par les doigts revigorants du soleil, les abeilles avaient repris leur activité ; déjà, elles rapportaient une première provision de pollens. Un jour de grand beau temps, Simon jugea que le moment d'effectuer sa visite de printemps était venu. Pour évaluer l'état de la petite colonie d'insectes, il devait scrupuleusement contrôler les ruches, une à une.

Quelques jours auparavant, Tristan Maubert l'avait salué depuis la barrière de sa petite cour. Simon s'était arrêté, et les deux hommes avaient bavardé de choses insignifiantes.

« N'est-ce pas le moment pour vous, monsieur Varenne, de travailler à nouveau dans votre rucher ? Je ne sais pas grand-chose de l'apiculture, mais j'ai toujours entendu dire qu'en cette saison…

– Vous avez entièrement raison. Pour moi, comme pour mes petites pensionnaires, fini le repos et le désœuvrement ! Jusqu'à l'automne, nous aurons fort à faire.

– J'arpente la région, je vous l'ai dit, pour me documenter en vue de l'écriture d'un prochain roman. Mes recherches m'ont amené à penser qu'en parallèle, il serait bien de commencer une chronique sur les petits métiers des campagnes. Le journal pour lequel je travaille se dit intéressé. M'accorderiez-vous une interview ?

– Une interview ? Voilà un bien grand mot ! Mais je vous parlerai volontiers de mon petit élevage. J'y pense : si vous êtes libre, venez donc me rejoindre un jour prochain, le beau temps semble vouloir durer. Ainsi, vous verrez sur place. Et n'ayez crainte, je vous prêterai un équipement contre les piqûres. Par contre, n'amenez pas votre chien, sa truffe pourrait pâtir de l'aiguillon des abeilles !

– C'est entendu. Merci, à bientôt donc. Saluez Mme Pauline de ma part, voulez-vous ? Et Léna bien sûr.

– Je n'y manquerai pas. Bonne soirée. »

* *
*

Le surlendemain, un lundi, jour de la fermeture de la librairie de Pauline, Tristan se présenta au Clos en tout début d'après-midi. Une fois de plus, son comportement déroutait la jeune femme. Très distant lors de leurs dernières rencontres, l'écrivain était redevenu charmant. Il accepta une tasse de café, puis Simon annonça qu'il allait regagner le rucher. Tristan se leva aussitôt pour le suivre.

À la vue des fruitiers en fleur, symphonie de couleurs sous un ciel pur et lumineux, il s'arrêta pour affirmer :

« Vous vivez dans un endroit magnifique !

– C'est vrai que vous avez vu le Clos en hiver seulement, dit Simon, fier de son petit domaine. Ici, le printemps est la plus belle saison.

– Mais ces fameux églantiers, où sont-ils ?

– Ils forment une haie, là, tout à fait à droite. Venez voir. »

Couverts de jeunes feuilles d'un vert délicat, les arbustes ne portaient encore que de minuscules boutons.

« D'ici deux ou trois semaines, il faudra revenir, vous les verrez en fleur. Comme tout un chacun, je suis certain que vous serez admiratif.

– Ce sont des rosiers sauvages, si je ne me trompe pas. Quelle hauteur peuvent-ils atteindre ?

– Si je ne les taillais pas, ils arriveraient bien à deux mètres. Mais ils n'auraient que des tiges grêles et très peu de fleurs. Alors, mes abeilles m'en voudraient ! »

Lorsque Rémy avait visité les lieux, l'automne précédent, les fruits rouges des églantiers n'étaient plus que des baies brunes toutes racornies. Les enfants avaient été très étonnés d'apprendre que les cynorrhodons portaient un nom venu du grec signifiant : rose du chien. Simon avait déclenché leurs rires en ajoutant :

« Dans mon enfance, les écoliers les appelaient gratte-cul !

– Mais pourquoi, grand-père ?

– Parce que, sous leur épaisse enveloppe rouge, ils cachent des graines toutes hérissées de minuscules poils piquants. Les farceurs nous en glissaient dans le cou avant d'entrer en classe. Alors c'était des démangeaisons infernales ! »

Simon ne résista pas au plaisir de raconter l'anecdote à Tristan qui se mit à rire de bon cœur.

« Mais je bavarde et mon travail ne se fait pas tout seul. Il nous faut revêtir notre équipement.

– Eh bien ! allons-y, monsieur Varenne. Je suis content que vous ayez prévu un camouflage pour moi aussi. Faudra-t-il enfumer vos ouvrières ?

– Oui, c'est préférable. Le chaud soleil de ces derniers jours les a tout à fait réveillées. Même si elles m'agressent très rarement, il vaut mieux faire preuve de prudence. Malgré l'équipement complet, elles peuvent parvenir à se faufiler grâce au moindre interstice. »

Les deux hommes gagnèrent la remise. Peu après, Pauline les vit de loin, affublés d'une combinaison blanche, du voile encapuchonnant toute la tête avec le masque de fin treillis et de gros gants. Simon portait l'enfumoir.

« À présent, dit-il, passons aux choses sérieuses. Voulez-vous jouer à l'apprenti ?

– Volontiers, dites-moi ce que je dois faire. »

De la fenêtre de la cuisine, Pauline observait les deux ombres blanches, méconnaissables sous leur accoutrement. Décidément, ce Tristan restait une énigme. Elle en était d'autant plus contrariée que, trop souvent, elle se surprenait à penser à lui, à revoir sa haute silhouette, ses cheveux dorés avec la petite mèche indisciplinée sur son front, son regard bleu trop secret, un peu préoccupé, et même triste parfois, lui semblait-il.

« Je suis simplement curieuse de savoir qui il est vraiment, se rassurait-elle. De la curiosité, rien de plus... »

Elle soupira et entreprit son repassage hebdomadaire. Mais elle ne pouvait s'empêcher, de temps à autre, de jeter un regard par la fenêtre pour apercevoir son père et surtout Tristan.

# XVII

## Le réveil du rucher

SIMON S'APPROCHA de la première ruche à visiter. À la grande surprise de Tristan, il murmura quelques mots à l'adresse des occupantes.

« C'est moi, seulement moi avec un ami. Ne craignez rien, personne ne vous fera de mal. »

Puis il ajouta à l'adresse de son compagnon :

« Certains affirment que les abeilles reconnaissent la voix de celui qui prend soin d'elles, alors je leur parle. Pourquoi pas ? Tous autant que nous sommes, nous parlons à nos chiens, à nos chats, non ? Autrefois, et même depuis l'Antiquité d'après mes lectures, on tenait les abeilles au courant de tous les événements familiaux : naissances, deuils. Les bêtes, quelles qu'elles soient, étaient vraiment considérées comme des membres de la famille.

– C'est extrêmement touchant et vous avez raison d'agir ainsi. »

Tout en travaillant sans précipitation, avec des gestes mesurés destinés à ne pas effrayer ses pensionnaires, Simon commentait pour Tristan le déroulement des opérations.

« Pour le moment il est question non pas de récolter du miel, tout juste suffisant pour la nourriture des abeilles, mais de contrôler leur santé et l'état de leurs réserves avant la nouvelle récolte de nectar. Mais il ne faut jamais ouvrir une ruche en cas de vent ou d'orage, ni bien sûr par temps froid ou pluvieux.

– Les abeilles sont donc si fragiles ?

– Vous n'avez pas idée ! Nous allons d'abord enfumer l'entrée de la ruche avant de l'ouvrir. Ainsi, les gardiennes seront prévenues et cela évitera l'affolement général. Ensuite, nous enlèverons le toit. »

Tristan observait curieusement l'enfumoir, sorte de cylindre métallique surmonté d'un petit dôme à tuyau court et muni d'un soufflet. Simon laissa tomber un morceau de journal enflammé sur la grille du fond de l'appareil ; puis, très vite, il y ajouta quelques boules d'herbe. Après avoir bien tassé le contenu de l'enfumoir, il actionna régulièrement le soufflet. Une fumée blanchâtre, froide, commença à s'échapper de l'embout.

« Quand je vous ferai signe, vous donnerez des petits coups de soufflet pour maintenir la combustion. »

Le toit de la ruche ôté, il saisit le lève-cadres, levier à longue tige un peu semblable à un grand tournevis, pour décoller le couvre-cadres.

« Il permet de garder la chaleur à l'intérieur, expliqua-t-il, mais l'humidité peut s'évacuer par le trou central. »

Il s'assura que la reine ne se trouvait pas dessus et commença à enfumer un peu. Puis il continua l'opération entre les dix cadres verticaux avant de les enlever l'un après l'autre. Un à un, il les brossait délicatement au-dessus de la ruche pour faire tomber les abeilles. Avant de passer au cadre suivant, il examinait soigneusement la ponte, s'assurait des restes de réserves de miel et de pollen.

« Pas de miel, pas de nourriture, et sans pollen, pas d'alvéoles pour constituer le gâteau de cire. Il faut de la lenteur dans les gestes mais pas trop. La ruche doit rester ouverte le moins longtemps possible. Malgré l'enfumage, si l'opération s'éternise, les abeilles peuvent redevenir agressives. Il y a aussi un autre danger. Des abeilles voisines alertées par l'odeur peuvent fort bien envahir la ruche pour un pillage en règle. »

Simon parlait volontairement d'une voix sourde et monotone. Un bruit intempestif, même bref, pouvait affoler les abeilles privées de leur toit protecteur. Les cadres replacés en bon ordre, le cache-cadres et le toit remis en place, il fallut regarnir l'enfumoir avant de passer à la ruche suivante. La veille, Simon avait effectué l'inspection de la moitié du rucher. Le travail terminé, les deux hommes se débarrassèrent de leur équipement.

« Venez, maintenant nous avons droit à un petit réconfort.

– Volontiers, d'autant que vous m'avez promis une interview ! Ma curiosité est en éveil, j'ai hâte d'en apprendre davantage sur l'apiculture et ai quantité de questions à vous poser. »

Il n'osait pas s'informer de Pauline quand elle apparut dans la salle à manger. Elle offrit des boissons rafraîchissantes avant d'entamer un gros cake qui embaumait.

« Alors, mon père a-t-il suscité une nouvelle vocation ?

– Ce que j'ai vu m'a beaucoup intéressé, mais j'ai constaté que ce travail exige énormément de patience, et la patience n'est pas mon fort, je le crains !

– Pourtant, dit Simon, pour le genre de recherches que vous faites, je suppose qu'il en faut aussi.

– Oui, bien sûr, mais c'est très différent.

– Goûtons ce gâteau, il me met l'eau à la bouche. Vous savez bien que les vieillards sont aussi gourmands que les enfants !

– Oh ! les vieillards ! Le moment venu, j'aimerais bien être un vieillard aussi dynamique et enjoué que vous ! »

Tout le monde rit et Pauline découpa le cake avant de faire le service.

« C'est une bonne idée que tu as eu là, ma fille. Et ce n'est pas notre Léna qui me contredira, j'en suis certain.

– Elle est à l'école, je suppose ?

– Oui, mais je vais aller la chercher d'ici une petite demi-heure. »

Tristan accepta une seconde tranche de cake.

« J'ai un peu honte, mais votre fille a raison, les gâteaux des ménagères surpassent de très loin ceux du meilleur pâtissier. Mais il faut laisser la part de Léna.

– N'ayez crainte, entre les pains d'épice de son grand-père et les douceurs que je cuis régulièrement, elle n'est pas privée, loin de là ! »

« Il se souvient donc de cette réflexion de ma fille », se disait Pauline. Le jour de Noël, lorsqu'elle avait posé sur la table l'énorme bûche au chocolat confectionnée la veille et décorée avec l'aide des enfants, Léna s'était écriée :

« De toutes les pâtissières du monde, la meilleure c'est maman ! »

La petite s'était approchée, avait noué ses bras autour du cou de sa mère pour déposer sur sa joue un baiser sonore en s'exclamant :

« Merci, maman chérie ! »

Tristan, aujourd'hui, souriait à Pauline, avec une expression si chaleureuse qu'elle se prit à rêver comme une adolescente. Cet homme si attirant lui appartenait, avec Léna ils formaient une famille unie, idéale et elle était merveilleusement heureuse, enfin... Chimères !

Elle se détourna pour cacher la rougeur qui, certainement, avait envahi ses joues. Suis-je sotte, à mon âge, de rêver ainsi ! La gentillesse de Tristan n'était rien d'autre que de la courtoisie amicale, seulement amicale. Sinon, qu'aurait-il attendu pour lui faire la cour, se déclarer ? Ils avaient l'âge, Dieu merci !

Brusquement, elle lui en voulut d'être là. Qu'il s'en aille, qu'il retourne d'où il vient ! Il ne m'a apporté que des doutes et des regrets...

Lorsqu'elle revint de l'école avec Léna, Simon parlait à nouveau de son métier et Tristan écrivait dans un petit calepin.

« Vous êtes là ! Pourquoi tu ne m'as rien dit, maman ?

– Au lieu de me faire des reproches, tu ne penses pas que tu devrais plutôt dire bonjour ? »

Confuse, la fillette tendit la main au visiteur avant de s'approcher de son grand-père pour l'embrasser.

« Je croyais que nous étions assez amis pour avoir droit à un petit baiser, moi aussi ! »

Tristan souriait malicieusement, et Léna revint vers lui. Très vite, elle posa ses lèvres sur la joue tendue.

« Allons ! dit sa mère, viens goûter.

– Ta maman a fait un cake tellement bon que j'ai bien failli ne pas t'en laisser du tout. Va vite te régaler ! »

Quand la mère et la fille revinrent, Simon avait repris ses explications et Tristan prenait des notes.

« En cette saison, mes premières visites me permettent d'apprécier si la reine est encore capable d'assumer son rôle de future mère. Trop de manques d'œufs dans les alvéoles non operculés prouvent qu'elle vieillit. Alors je vais devoir la stimuler avec un sirop de nourrissement.

– Oh ! l'interrompit Léna, ce carnet, je le connais ! Vous l'avez acheté chez maman, n'est-ce pas ?

– Voilà une jeune fille très perspicace ! En effet, je l'ai acheté dans la librairie de ta maman, la mieux achalandée de la ville.

– Léna, tu déranges, voyons ! dit sévèrement Pauline. Et si tu pensais plutôt à tes devoirs pour demain ? Tu en as, je suppose ?

– Pas beaucoup, juste des conversions de mètres et de kilomètres, et aussi des exercices de conjugaison.

– Mais le mardi est bien le jour de la récitation ? Ta poésie…

– Je la sais par cœur ! Le ciel est par-dessus le toit, Si bleu, si calme…

– Un arbre par-dessus le toit Berce sa palme, continua Tristan.

– Vous la connaissez ? Elle est belle, vous ne trouvez pas ?

– Si. Je l'ai étudiée, moi aussi, il y a… très longtemps. Tu sais le nom de l'auteur, au moins ?

– Paul Verlaine. Le pauvre a écrit cette poésie en prison ! Il voyait juste un petit bout de ciel bleu par la fenêtre de sa cellule, c'est triste ! Vous savez pourquoi on l'avait enfermé ?

– C'est compliqué, et un peu long à expliquer.

– Allons ! viens Léna. Tristan et ton grand-père ont du travail, et toi aussi. »

La fillette suivit sa mère à regret.

« Ainsi, vous me disiez que vous nourrissez les abeilles si la ponte est insuffisante. C'est signe que la reine est trop âgée puisqu'elle est la seule à pondre ?

– Oui. Mais elle peut encore assumer son rôle. En attendant de devoir la remplacer, je donnerai aux abeilles, durant quelques jours, un sirop de sucre additionné d'un peu de vinaigre de cidre.

– Du vinaigre ?

– Oui, il acidifie le sirop et favorise la digestion des insectes.

– Et si la reine est morte ?

– Alors, vous vous en doutez, la ponte est inexistante Si le nombre d'ouvrières est encore suffisant, il faudra se procurer une nouvelle reine et l'introduire dans la ruche. Mais si la colonie est par trop décimée, il est préférable de chercher un nouvel essaim.

– Comment ça ?

– Au printemps, il arrive que plusieurs reines naissent en même temps mais une seule va rester, une jeune la plupart du temps. Alors, les autres reines quittent la ruche, suivies d'une partie des abeilles. En cette saison, il n'est pas rare de voir de nouveaux essaims dans la campagne. Agglutinées autour de la reine, les ouvrières s'accrochent généralement à une branche.

Avec beaucoup de précautions, il suffit de récupérer l'essaim et de l'introduire dans la ruche vide.

– Et si personne ne le recueille, que devient-il ?

– Les abeilles s'installent dans un arbre creux, un tuyau, un conduit de cheminée. Elles ont infiniment de ressources, vous savez ! Et là, elles recommencent à échafauder leur gâteau de cire, à remplir les alvéoles de miel, à vivre, en un mot. La reine est fécondée par un faux bourdon, elle pond, les nourrices s'occupent des larves. Elles n'ont absolument pas besoin de nous pour prospérer. Hélas ! dès les premiers froids, ces abeilles sauvages sont condamnées à mourir très vite.

– Au printemps, en général, chaque ruche a épuisé sa provision de miel ?

– Non, pas complètement. L'apiculteur connaît leurs besoins et veille à leur en laisser en quantité suffisante. Mais, bien souvent, avant que les abeilles ne butinent à nouveau, on leur apporte du sucre candi. Si, à l'ouverture de la ruche, on perçoit une odeur désagréable, il est probable qu'elles sont atteintes d'une maladie. Alors il faut réagir vite et prendre les dispositions nécessaires à leur survie. Mais je vous fais grâce de ces détails, ce serait trop long et ennuyeux. »

Pourtant, durant une bonne heure encore, Tristan questionna son interlocuteur. Il apprit avec étonnement le nombre de « métiers » différents exercés par les abeilles : nettoyeuses, architectes, maçons, nourrices, magasinières, gardiennes, ventileuses… Enfin, durant la dernière partie de leur courte vie, les ouvrières s'envolent pour quêter dans la nature pollen, nectar, eau, propolis.

« Et la gelée royale ? Qu'est-ce que c'est exactement ?

– Toutes les larves en sont nourries pendant trois jours et la reine sa vie durant. C'est une bouillie blanchâtre, au goût acide, sécrétée par les glandes des nourrices. Vous savez sans doute qu'on lui prête toutes les vertus. La médecine reconnaît qu'elle augmente considérablement les défenses immunitaires. Elle se compose d'eau, de sucres naturels, de lipides, de protéines et de multiples substances rares. Pour un petit apiculteur dépourvu du matériel indispensable, elle est très difficile à produire, d'où son coût élevé. Celle que produisent les abeilles ne peut leur être enlevée, elle est tout juste suffisante pour les besoins de la colonie.

– Ce qui veut dire que la gelée royale vendue dans le commerce est fabriquée artificiellement ?

– Oui, pour la plus grande partie du moins. »

Simon et Tristan décidèrent de se retrouver au début de l'été, période d'intense activité des ruches. Tristan voulait assister à la récolte du miel et de la cire. Les deux hommes s'estimaient mutuellement. Simon regrettait pourtant que son voisin, affable, attachant, se montre aussi discret sur sa vie personnelle ; il aurait aimé le connaître mieux, mais l'écrivain-journaliste restait un inconnu, ou presque.

# XVIII

## La fugue

Léna supplia si bien sa mère qu'elle obtint la permission de raccompagner Tristan.
« Mais tu rentres aussitôt, il va bientôt être l'heure de dîner.
– Oui maman, je fais seulement l'aller et le retour, c'est promis. »
Durant le court trajet, la fillette, si bavarde d'ordinaire, ne disait mot. L'air préoccupé, elle marchait aux côtés du journaliste, réglant son pas sur le sien.
« Quelque chose te contrarie, on dirait ?
– Non, enfin, si… Je peux entrer un petit moment, juste pour dire bonjour à Cyrus, s'il vous plaît ? »
À son habitude, le chien libéré se mit à gambader autour des arrivants, leur lécha les mains, tout heureux de les retrouver.
« Maintenant Léna, il faut que tu rentres sinon ta maman va te gronder. Tu reviendras un autre jour, d'accord ? »
L'air embarrassé, la fillette dansait d'un pied sur l'autre et ne se décidait pas à partir.
« Oui, je vais rentrer mais avant je voulais vous demander… vous avez voyagé beaucoup ?
– Oui, dit Tristan, surpris de cette question, pour mon travail de journaliste j'ai pas mal voyagé, en effet.
– Vous êtes allé en Australie ?

– Non, mais en Amérique et en Afrique surtout, et dans différents pays d'Europe, évidemment.

– Ah ! et vous avez des enfants ?

– Enfin Léna, pourquoi cet interrogatoire ? Je vis seul, il me semble te l'avoir déjà dit. Ni femme ni enfants, je n'ai personne, seulement Cyrus ! »

Léna avait l'air très déçue.

« Alors, si vous êtes venu ici, ce n'est pas pour retrouver votre fille ?

– Bien sûr que non ! Puisque je te dis…

– Moi je ne connais pas mon père, je ne l'ai jamais vu, même toute petite. Il ne donne pas de nouvelles, maman ne sait pas du tout où il peut être… »

Des larmes firent soudain briller les yeux de la petite. Tristan se pencha vers elle, lui prit les mains.

« Voyons Léna, je comprends que tu aimerais beaucoup connaître ton père, mais les choses sont ainsi, il faut l'accepter. Pense à Rémy, pour lui c'est pire encore, pas de père ni de mère, alors tu vois ! Tu as la grande chance d'avoir ta maman et aussi ton grand-père, tous les deux t'aiment très fort…

– Mais… mon père ce n'est pas vous alors ?

– Moi ? Certes non ! Si c'était le cas, je te l'aurais dit depuis longtemps, depuis le premier jour. Qu'es-tu allée imaginer ?

– J'étais pourtant sûre, enfin je croyais… »

Là-dessus, Léna s'enfuit en courant, laissant l'écrivain perplexe.

« Pauvre gamine ! Elle a une mère adorable, un grand-père merveilleux, et pourtant il lui manque un père, c'est normal. Alors elle s'en invente un. Pourquoi pas moi, après tout ? »

Tristan siffla son chien qui s'était élancé derrière la petite, puis il rentra. Toute la soirée, l'image de Pauline s'imposa à lui plus encore que de coutume. Quelle épreuve la jeune femme avait-elle vécue ? Veuvage, divorce ? Dans ce dernier cas, le père de Léna, normalement, devrait se manifester de temps à autre… Il aurait bien voulu savoir mais sa discrétion naturelle l'empêchait de questionner Simon, ou toute autre personne d'ailleurs.

* *
*

Léna hésitait depuis longtemps à se rendre chez le père Picaud, mais cette fois sa décision était prise. Tristan lui avait menti, elle en était certaine. Mais lorsque le sorcier l'aurait démasqué, il serait bien contraint d'avouer qu'il était son père. L'idée n'effleurait pas un instant la fillette que, si tel avait été le cas, sa mère l'aurait su ! C'était l'évidence même. Pas pour Léna. Depuis des semaines, elle avait une idée fixe et rien d'autre ne comptait. Tristan était son père, il était venu à Saint-Didier exprès pour elle. Pourtant il s'en défendait. Pourquoi ? Elle l'ignorait encore, mais bientôt tout serait clair.

Le lendemain, après l'école, elle réfléchit pour arrêter son plan. Elle laisserait passer un jour encore. Puis, le mercredi à la sortie des classes, elle n'irait pas à la quincaillerie pour y attendre sa mère ainsi qu'elle le faisait un jour sur deux. Rémy et Pierrot la croiraient sans problème quand elle affirmerait qu'elle devait rentrer seule au Clos.

C'est à Bressoux qu'elle se rendrait, chez le père Picaud. Il lui fallait savoir à tout prix. Elle n'avait pas peur, enfin pas pour l'instant.

Prévoyante, elle fourra dans son cartable un morceau de pain et quelques carrés de chocolat. Elle goûterait en marchant et comptait bien être rentrée au Clos avant l'heure du dîner. Il lui faudrait inventer un mensonge, trouver une excuse plausible ; sa mère, évidemment, s'étonnerait de ne pas la trouver chez Alice le soir, après la fermeture de la librairie. Bah ! une idée lui viendrait bien en cours de route.

Après réflexion, elle décida d'emporter tout son argent ; le sorcier, c'était probable, demanderait à être payé. La petite clé cachée dans un tiroir de sa commode refusa d'ouvrir la minuscule serrure du cochon de porcelaine rose où Léna gardait ses économies. Alors, à regret, elle le brisa contre le rebord de la fenêtre. Parmi les débris, elle récupéra une poignée de pièces qu'elle enfouit dans sa poche ; pour plus de sûreté elle étala son mouchoir par-dessus. Puis elle dissimula les morceaux du petit cochon dans un sachet qu'elle cacha sous son lit.

À travers prés, elle passa au large de la maison de Tristan, aperçut de loin, sur sa droite, le toit du Clos des Églantiers. Un moment après elle regagna la route, sinon elle aurait risqué de se perdre dans la campagne et de manquer le hameau. Trois maisons seulement, avait dit le copain de Rémy, celle de Croque-Vipère était un peu à l'écart sous des rochers.

Un bruit de moteur la fit se jeter dans le fossé envahi de fougères. Une camionnette apparut, passa bruyamment devant elle, disparut enfin au premier virage.

Léna reprit la route. Elle avait dévoré son goûter et commençait à trouver le temps long quand, soudain, elle vit la pancarte annonçant le lieu-dit : Bressoux. À quelque distance, en bordure de route, une grande maison aux volets bleus. Plus à droite, un peu en retrait, une seconde maison plus petite, flanquée d'une remise. Une charrette vide levait ses brancards vers le ciel, tels deux longs bras décharnés. Derrière la ferme, dans un pré ombragé, un cheval noir broutait tranquillement.

Tout paraissait calme. Léna passa très vite. Et si quelqu'un sortait, s'approchait d'elle ? Si on lui demandait ce qu'elle faisait là ? Son cœur battait follement ; à son bras, le cartable pesait tout à coup, comme s'il était plein de grosses pierres. Elle n'était plus très sûre de vouloir aller jusqu'au bout.

Enfin apparurent une barre de hautes roches grises en surplomb de la route et, à demi cachée par des arbustes, la bicoque du père Picaud. Son toit menaçait ruine, ses murs étaient de guingois. À gauche, un minuscule appentis de planches protégeait une pile de rondins de bois et quelques fagots de genêts ; à droite, un poulailler et une courette grillagée où picoraient un gros coq blanc et quatre ou cinq poules rousses très affairées.

Enfin, tout proche, un énorme frêne dont les plus hautes branches frôlaient le rocher moussu.

Un instant, la fillette songea à faire demi-tour. Non, ce serait trop bête d'être venue jusque-là pour renoncer au dernier moment. Elle s'avança. Déjà elle frappait à la porte un peu vermoulue quand elle fit soudain un saut en arrière en poussant un cri de frayeur. Un corbeau venait de se poser tout près d'elle en croassant.

Tandis que Léna reculait, l'oiseau sautillait sur place en agitant les ailes. Alors la fillette vit qu'une ficelle attachée à l'une de ses pattes l'empêchait de se rapprocher davantage. Elle s'attendait à voir sortir quelqu'un de la maison, mais la porte resta close. Alors, tout en jetant des coups d'œil inquiets vers le corbeau, elle frappa à nouveau, le plus fort possible. Toujours rien. Sur le rebord de la fenêtre sale dépourvue de rideaux, elle aperçut l'anneau d'une grosse clé à demi dissimulée par une pierre plate. Le père Picaud était sorti.

Après avoir un peu hésité, Léna décida de l'attendre. Sans doute ne tarderait-il pas. La fillette aurait bien aimé connaître l'heure, mais elle n'avait pas de montre.

D'un coup d'ailes, le corbeau se percha soudain sur une branche du frêne, la plus haute que lui permettait d'atteindre la ficelle liée à sa patte. L'autre bout était solidement attaché au grillage de la petite basse-cour.

« Le corbeau du sorcier… » se dit Léna. Rien d'étrange, après tout. Dans les contes, magiciens et sorcières de toutes sortes possédaient toujours un de ces oiseaux inquiétants, plus généralement une chouette ou un hibou, d'ailleurs.

De crainte d'être vue par un passant éventuel, la fillette traversa la route. En face de la masure, un épais taillis de noisetiers et de sorbiers ferait une bonne cachette. Pourvu que Croque-Vipère revienne bientôt !

Un gros nuage assombrit soudain le ciel avant de laisser échapper une brusque averse. Léna se blottit de son mieux sous les branches, protégeant sa tête sous son gilet de laine en guise de capuchon. Si seulement elle avait emporté son imperméable, mais il faisait si beau, jusque-là…

Heureusement, la pluie dura peu, mais des gouttes roulaient sur les feuilles, glissaient désagréablement dans le cou de la fillette qui frissonnait.

Brusquement, elle décida de repartir, elle reviendrait un autre jour, voilà tout.

Elle émergeait du taillis protecteur quand, venu on ne sait d'où, Croque-Vipère apparut devant sa maison, un sac de grosse toile rebondi à l'épaule.

Il s'apprêtait à tourner la clé pour entrer chez lui lorsque la petite cria en traversant la route :

« Monsieur Picaud, s'il vous plaît ! »

Le vieil homme se retourna, la regarda curieusement de la tête aux pieds.

« Qui tu es, toi ? Qu'est-ce que tu veux ? »

Léna se râcla la gorge, avala plusieurs fois sa salive avant de répondre. Le sorcier était très impressionnant. Coiffé d'un feutre cabossé d'une couleur sombre indéfinissable, il portait des vêtements de travail en toile qui avaient dû être bleu foncé ou noir, constellés de taches graisseuses. Ses grosses chaussures terreuses lui faisaient des pieds énormes.

Mais c'était son regard surtout qui effrayait la petite. Jaune et brillant comme celui d'un rapace, il semblait la traverser tout entière. Le nez était pointu dans un visage maigre, brun et ridé ; la bouche, certainement édentée, formait seulement une ligne mince et sévère.

« Eh bien ! tu as avalé ta langue ou quoi ?

– Je… je venais vous demander un service. On m'a dit…

– Qu'est-ce qu'on t'a dit ? Que je suis sorcier et jeteur de sorts, pas vrai ? Presque le diable, en somme ! »

Il se mit à ricaner, se retourna pour ouvrir enfin sa porte.

« Allons ! rentre, tu m'as l'air mouillée comme un rat ! N'aie pas peur, je vais pas te manger, je suis pas un ogre, ha, ha ! »

Le vieil homme avait un petit rire aigrelet et désagréable. Il jeta son sac sur la table, au milieu de la pièce sombre que Léna détaillait rapidement ; d'un coup d'œil, elle vit le logis misérable et exigu.

Les murs brunis par la fumée, les poutres apparentes d'où pendaient des bouquets d'herbes sèches, dans un coin un lit recouvert d'un édredon rouge foncé, un fauteuil de bois, la table, un banc, une armoire dont l'un des pieds était calé avec une feuille de journal plusieurs fois repliée, un petit poêle en fonte où trônaient deux vieilles casseroles, muni d'un gros tuyau qui se perdait sous le manteau de la cheminée noir de suie.

Sur le plancher inégal qui n'avait pas connu de lavage depuis des lustres, quelques paniers un peu défoncés, remplis d'oignons, de raves, de pommes de terre, une paire de bottes, quelques chiffons. Une pèlerine et une casquette étaient accrochées à un gros clou planté dans le mur. La pièce sentait le feu de bois, l'huile rance et le renfermé.

Le père Picaud avait entrepris de vider le contenu de son sac sur la table : feuilles, fleurs des champs, racines mêlées.

« Alors, tu te décides, à la fin ? On t'a dit quoi ?

– Que vous pouviez retrouver les personnes disparues.

– Vraiment ? Et tu le crois ?

– Ben... oui. Je cherche mon père, enfin je l'ai trouvé je crois bien, mais il refuse de dire qui il est. Alors j'ai pensé...

– Tu as pensé : “Croque-Vipère, il a tous les pouvoirs, même celui de faire parler ce bonhomme”, hein ?

– Euh... oui. J'ai des sous, je peux vous payer. »

Léna plongeait la main dans la poche de sa robe de toile humide. D'un geste, le vieil homme l'arrêta.

« Garde tes sous ! On t'a menti, je retrouve rien ni personne. Je jette pas de sorts non plus, ni aux gens ni aux bêtes. Regarde ! Tout ce que je peux faire, c'est soigner un peu avec des plantes. Voilà pourquoi on raconte que je suis un sorcier. Les gens sont d'une bêtise, ma pauvre petite ! Plus tu grandiras, plus tu t'en rendras compte. Bien sûr, si j'étais riche on ne m'accuserait pas de faire tarir le lait des vaches ni de leur donner des maladies. Mais un pauvre vieux comme moi, c'est facile de le calomnier, hein ?

– Je sais pas ...

– Ce qui les inquiète, vois-tu, c'est les vipères. C'est bien vrai que je les attrape, mais pas pour les manger, pour les vendre ! Faut bien vivre !

– Mais qui peut bien vous acheter des serpents ? Et pour quoi faire ?

– C'est un laboratoire de Clermont qui les achète, pour le venin. Il paraît qu'on fait des vaccins avec, mais ça j'en suis pas sûr. Par trois fois, en été, j'ai la visite d'un collecteur, je lui vends mes prises, après il s'en arrange. Mais j'en attrape pas des tonnes, faut pas croire. Tiens, regarde. »

Le père Picaud ouvrit un battant de l'armoire et brandit un grand bocal sous le regard effaré de Léna. Plongées dans un liquide jaune pâle, deux vipères étroitement enroulées l'une autour de l'autre dressaient leur tête triangulaire et semblaient la fixer de leurs petits yeux cruels.

« Elles sont mortes ?

– Bien sûr. On les met dans du formol, tu vois, ça les conserve. Je les garde pour montrer que, si tout le reste est faux, c'est bien vrai que j'attrape les serpents, depuis ma douzième année, tu te rends compte ! J'en connais qui les mettent dans de l'alcool, comme on fait pour les fruits.

– Et ça leur sert à quoi ?

– À fabriquer de la liqueur de vipère, comme je te le dis, et ils la boivent, ces imbéciles !

– Ils la boivent ? répéta Léna, écœurée, un peu incrédule aussi.

– Parfaitement. Et ils s'imaginent que ça les immunise contre un tas de maladies ! Faut-il être bête ! »

La petite resta muette quelques instants. Le bocal avait regagné l'intérieur de l'armoire ; le vieux referma la porte un peu grinçante et entreprit de trier sa récolte d'herbes diverses.

« Et pour mon père, alors ? »

Malgré les vipères, Léna n'oubliait pas le but de sa visite.

« Rien, je peux rien, je te l'ai dit ! Rentre donc chez toi qu'il va bientôt faire nuit. Tu es de Saint-Didier ?

– Oui, fit Léna au bord des larmes.

– Alors tu suis la route, toujours, tu peux pas te tromper. Mais va pas traverser les prés pour gagner du temps, tu te perdrais. Allez ! file ! »

Une fois dehors, dans la pénombre, Léna se mit à pleurer ; elle avançait d'un pas indécis. Sur sa gauche, de larges coulées rouge feu barbouillaient le fond du ciel d'un bleu violet, comme une énorme prune éclatée à la chair vive et saignante. Au-dessus de sa tête, le noir s'épaississait, velouté et profond.

La fillette était si déçue, si malheureuse qu'elle ne songeait pas à avoir peur malgré les ténèbres grandissantes et le silence, absolu, irrémédiable. Elle perdait un peu la notion du temps, trébuchait sur les cailloux au bord du talus ; pour se guider, elle tâtait l'herbe du pied, s'assurant ainsi qu'elle suivait bien le côté droit de la route. Ici et là, comme de lointaines et minuscules étoiles tombées du ciel sur la campagne endormie, quelques petites lumières jaunes signalaient des fermes isolées.

La ville était loin, si loin, et aussi le Clos protecteur. Il semblait à Léna qu'elle n'arriverait jamais, qu'elle marcherait ainsi jusqu'à la fin des temps, son cartable battant ses jambes tellement fatiguées. Soudain, elle se prit à haïr profondément celui qui l'avait trahie. Tristan était un être infâme, elle le détesterait toujours. Pire : elle s'emploierait à lui faire tout le mal possible. Tant et si bien qu'il repartirait bientôt et que l'on n'entendrait plus jamais parler de lui.

## XIX

## Recherches

« LÉNA, DESCENDS TOUT DE SUITE s'il te plaît ! »

Debout au pied de l'escalier menant à l'étage, Pauline, exaspérée, appelait en vain sa fille.

Lorsque, un quart d'heure plus tôt, elle était allée chez sa sœur pour reprendre Léna, Alice l'avait regardée avec étonnement.

« Mais je ne l'ai pas vue ! Elle a dit aux garçons qu'elle devait remonter au Clos après la classe.

– Vraiment ? Je devrais être au courant, tout de même ! »

Questionnés, Pierrot et Rémy n'en savaient pas davantage.

« Peut-être papa lui avait-il demandé de le rejoindre pour une raison quelconque, et il aura oublié de t'en parler.

– Peut-être, mais c'est étrange. Enfin ! Je remonte, à demain.

– Appelle-moi pour me tenir au courant lorsque tu arriveras, je préfère. »

Depuis quelques mois, Simon s'était enfin décidé à faire installer le téléphone sur l'insistance de ses filles. L'une et l'autre, quand il restait seul, se sentaient plus rassurées de pouvoir le joindre au Clos à tout moment. Sans en abuser, les deux sœurs, Alice surtout en l'absence de Germain, aimaient bavarder quelques minutes les rares jours où elles ne se voyaient pas.

Pauline avait trouvé son père en train de préparer le dîner. Il n'avait pas revu Léna depuis la reprise de la classe, un peu avant 13 h 30.

« Elle sera montée directement dans sa chambre pendant que j'étais au jardin. »

Ce n'était pourtant pas dans ses habitudes. D'ordinaire, quand elle ne le trouvait pas à la maison, Léna cherchait son grand-père au verger, près des ruches ou dans le potager. Ensuite seulement elle goûtait avant de s'absorber dans ses devoirs et ses leçons.

Bien décidée à gronder sa fille, Pauline monta rapidement l'escalier. La chambre de Léna était vide. Alors elle fit le tour des pièces en l'appelant : rien. Elle grimpa au grenier, aucune présence.

« Elle n'est nulle part, papa, je n'y comprends rien ! »

Simon réfléchit quelques instants.

« Tu sais qu'elle aime bien se promener dans le petit bois. Allons voir, elle ne peut pas être bien loin.

– Attends ! J'y pense : et si elle était allée rendre visite à Tristan Maubert, elle aime tellement jouer avec Cyrus !

– Eh bien ! téléphone-lui donc, ainsi nous serons fixés ! »

Tristan n'avait pas du tout aperçu la fillette ce jour-là, mais il proposait de se joindre aux recherches dans le petit bois et la campagne environnante.

« C'est inquiétant, papa ! Regarde, le jour décline très vite… Mon Dieu ! qu'a-t-il bien pu lui arriver ?

– Rien, mais rien voyons. À mon avis, elle est partie trop loin, sans s'en rendre compte, mais elle va rentrer d'un moment à l'autre, ne te soucie pas. »

À l'orée du petit bois, Tristan et Cyrus les rejoignirent. Tous s'étaient munis de lampes électriques, sous les arbres il faisait déjà sombre. Ils décidèrent de se séparer pour explorer le couvert des branches ; tout en avançant, ils appelaient :

« Léna, Léna ! »

Ils se retrouvèrent à la sortie du bois sans avoir découvert aucune piste. Cyrus furetait çà et là mais, de l'avis de son maître, il flairait seulement la trace des petits animaux dissimulés dans les buissons.

Tristan suivit Simon et sa fille jusqu'au Clos ; tous gardaient l'espoir que la petite serait rentrée en leur absence. Mais la maison était vide.

Soudain, la sonnerie du téléphone retentit, faisant sursauter Pauline. Sa sœur venait aux nouvelles.

« Rien, toujours rien ! Je ne sais plus où chercher. Alice, j'ai peur !

– Léna est tout simplement en retard. Et si elle était allée chez une camarade de classe, par hasard ?

– Mais elle nous l'aurait dit ! Jamais elle n'est partie ainsi sans m'avertir, je n'y comprends rien !

– Attends ! Je vais à nouveau questionner les garçons. Ne raccroche pas, je reviens. »

Leurs devoirs finis, Rémy et Pierrot dressaient le couvert dans la cuisine pour le repas du soir.

« Réfléchissez bien, demanda Alice, vous êtes sûrs que Léna ne vous a rien dit, à l'un ou à l'autre ? Il faut absolument qu'on la retrouve, alors, même si vous craignez de la faire gronder, dites-moi ce que vous savez, c'est très important !

– Peut-être, fit Rémy en hésitant un peu, peut-être qu'elle est allée chez Croque-Vipère…

– Chez qui ?

– Le père Picaud qui habite à Bressoux, c'est après le Clos, je sais pas exactement.

– Mais qu'est-ce qu'elle serait allée faire là-bas, voyons ?

– À l'école, il y a quelque temps, des garçons disaient que c'est un sorcier et qu'il peut retrouver les disparus. Alors Léna a dit qu'un jour elle lui demanderait de retrouver son père.

– Et elle t'en a reparlé récemment ?

– Non, jamais, juste ce jour-là. »

Alice reprit le combiné pour faire part à sa sœur des affirmations de Rémy. Aussitôt, accompagnée de Tristan, Pauline sauta dans sa voiture pour se rendre à Bressoux. Pourvu que Léna soit chez ce vieil homme ! Simon restait au Clos, au cas où la petite rentrerait enfin.

* *
*

Germain entra dans la cuisine, s'attabla sans un mot, attendant que sa femme le serve. On mangeait en silence et les deux garçons affichaient une mine préoccupée plutôt inhabituelle.

« Eh bien ! qu'est-ce qui se passe ? Vous avez récolté une punition, c'est ça ?

– Non, pas du tout, s'empressa de répondre Pierrot.

– Et toi, Rémy, pas de bêtise à m'avouer ?

– Non monsieur. »

Alice voulut clore le débat.

« Léna n'est pas rentrée au Clos après l'école, alors tout le monde s'inquiète un peu...

– Tout le monde s'inquiète ? C'est un comble ! Mademoiselle fait un caprice et la terre s'arrête de tourner ! Tu veux que je te dise : si ton père et ta sœur la gâtaient un peu moins, leur princesse, elle filerait doux, comme ces deux-là ! »

Du menton, Germain désignait son fils et son pupille, absorbés dans la contemplation de leur assiette vide.

« Mais bien sûr, tu les approuves ! Ta nièce, cette mijaurée, a toujours tous les droits. Elle n'est pas rentrée ? Eh bien ! qu'ils la cherchent ! Et qu'ils ne comptent surtout pas que je vais aller les aider ! »

« N'aie aucune crainte, pensait Alice en posant sur la table le plat de résistance, personne ne te demandera rien. »

Comme de coutume, elle se taisait. Elle savait trop qu'il était inutile de contrarier son mari. Lui tenir tête ne faisait que le conforter dans ses opinions, quelles qu'elles soient. Une seule solution : laisser passer l'orage ; ensuite, il était bien obligé de se calmer. Tout comme Alice, les garçons avaient fort bien compris que seul le silence évitait les conflits et représailles en tout genre. Par tempérament, Rémy aurait certes eu tendance à se rebeller face à d'injustes accusations, mais il ne voulait surtout pas que Pierrot et sa mère en fassent les frais. Alors, il se taisait, lui aussi.

« Cette foutue gamine, reprit Germain en fronçant les sourcils, je me demande jusqu'à quel point elle ne donnerait pas de mauvaises idées aux garçons. Ils seraient bien capables d'imiter ses âneries, à cette sainte-nitouche ! Mais je veille, croyez-moi, je veille ! C'est pas cette morveuse qui fera la loi chez moi, j'ai jamais vu des gosses commander, non mais alors ! »

* *
*

Le père Picaud était toujours occupé à trier sa récolte de plantes diverses qu'il liait en petites bottes quand Pauline et Tristan frappèrent à sa porte. Méfiant, il entrouvrit à peine le battant pour glisser un œil au-dehors.

« Qui est là, qu'est-ce que vous voulez ?

– Excusez-moi monsieur Picaud, je cherche ma fille, Léna, vous ne l'auriez pas aperçue, ce soir ?

– Une gamine avec un cartable ? Elle est repartie il y a un bon moment déjà. »

Le vieil homme s'apprêtait à refermer sa porte lorsque Tristan s'avança.

« Vous pensez qu'elle a eu le temps de rentrer à Saint-Didier depuis son départ de chez vous ?

– J'en sais rien ! Ma pendule marche plus depuis longtemps, alors vous dire quand la gosse est partie...

– Que vous a-t-elle demandé ? »

Le père Picaud ouvrit plus largement la porte. Il riait.

« Je suis réputé sorcier, non ? La petite voulait que je retrouve son père, elle a même proposé de me payer. Mais moi j'ai jamais eu ce genre de pouvoirs, jamais ! Ah ! elle avait l'air déçue ! Mais qu'est-ce que j'y peux, pas vrai ? »

La mort dans l'âme, Pauline remercia. Léna n'était pas ici, on ne l'avait pas croisée sur la route... Où chercher maintenant ?

Tristan la prit doucement par l'épaule.

« Je vais libérer Cyrus et le suivre à pied. Il trouvera une piste, j'en suis certain. Suivez-moi lentement avec la voiture. Allons ! courage, venez ! »

Le chien s'élança le long du talus en remuant frénétiquement la queue. Muni de sa lampe électrique, Tristan le suivait de près. De temps à autre, il braquait la lumière sur le fossé et les haies de bordure.

Cyrus mena ainsi son maître sur les deux tiers du trajet entre Bressoux et le Clos. Soudain il s'arrêta, leva la tête, tourna plusieurs fois sur lui-même. Enfin il traversa précipitamment la route et s'enfonça dans les ténèbres, sur la gauche.

Tristan se rapprocha de la voiture. Pauline roulait au pas, la vitre grande ouverte. L'angoisse la tenaillait.

« Que se passe-t-il ?

– Léna a dû vouloir couper à travers champs. Il faut garer la voiture et me suivre avec votre lampe. Cyrus ne tardera pas à la retrouver, je vous promets. »

Il tendit la main pour aider Pauline à franchir le fossé. Le chien avait disparu. Tristan le siffla, l'appela. En vain.

Tout en avançant dans l'herbe épaisse d'une prairie inégale, ils balayaient la nuit avec leur torche. S'il n'en disait rien, Tristan était soucieux. Léna avait sûrement quitté la route à cet endroit mais était-elle partie droit devant ou sur sa droite ? En prenant à gauche, elle se serait éloignée irrémédiablement du Clos, mais, dans le noir, comment aurait-elle pu s'orienter ?

Alors il l'appela et Pauline, elle aussi, cria plusieurs fois le nom de sa fille. Soudain elle s'arrêta, dressa l'oreille.

« Seigneur, la rivière ! »

À son tour, Tristan écouta. Dans l'épais silence nocturne, on distinguait une sorte de gargouillis monotone, le chant encore lointain de l'eau courant sur les pierres. Pauline connaissait vaguement les lieux pour avoir fait quelques promenades dans ce coin de campagne, avec son père et sa fille.

« À certains endroits, la rivière est assez profonde, dit-elle d'une voix altérée. Sans lumière… »

Luttant contre les larmes, elle baissa la tête, mit une main devant ses yeux. Tristan entoura ses épaules de son bras.

« N'imaginons pas le pire, dit-il doucement, il faut faire confiance à Cyrus, il va la retrouver j'en suis certain. »

Main dans la main, ils reprirent leur marche. Tristan s'appliquait à communiquer sa force à cette mère qui tremblait pour la vie de sa petite fille. Le bruit de l'eau se précisait. Une fois encore, Tristan siffla vainement son chien.

Parvenus enfin au bord de la rivière, ils découvrirent un petit pont de bois, une passerelle plutôt, sous laquelle l'eau luisante tourbillonnait. Sondant les remous avec leur lampe, ils criaient ensemble le nom de Léna, mais seul leur répondait le clapotis de l'eau sur les pierres.

Ils marchèrent quelques minutes encore. Brusquement, la rivière décrivait une courbe pour bifurquer vers la gauche.

Fallait-il ou non suivre son cours ? Alors éclatèrent des aboiements brefs, à la fois impérieux et plaintifs.

« Là, tout droit, c'est Cyrus ! Vite ! »

Cette fois ils coururent. La prairie faisait place à la lande, et ils enjambaient des touffes de fougères, butaient sur des racines à fleur de sol. Sans la poigne solide de Tristan, Pauline serait tombée vingt fois.

Les aboiements étaient de plus en plus proches. À chaque instant, Tristan s'attendait à voir surgir son chien mais non. Enfin, la torche éclaira le setter, assis tout contre une forme sombre recroquevillée entre des plants de genêts touffus.

« Léna ! »

Pauline se jeta sur le corps de la petite. Celle-ci ouvrit les yeux, gémit, les referma aussitôt. Cyrus faisait la fête à son maître.

« Enfin, semblait-il dire, te voilà ! »

Tristan le flatta de la main en se penchant sur la fillette. Elle était transie dans ses vêtements humides. De sa torche, il balaya le petit corps tremblant. Soulagé, il ne constata aucune blessure, même après l'avoir relevé. Il s'empressa d'enlever son blouson, en enveloppa Léna et la souleva doucement pour la porter.

« Comment va-t-elle ?

Anxieusement, Pauline scrutait le visage glacé, si pâle, caressait le front où se collaient des petites mèches ébouriffées.

« Elle n'a rien, mais elle a eu froid, très peur aussi sans doute. Rentrons vite. »

Précédés de Cyrus, ils regagnèrent la route, repartirent en hâte vers la voiture. Un peu plus tard, ils arrivaient au Clos.

Alice était là, près de son père. La mine ravagée d'angoisse, Simon interrogea Tristan du regard.

« Rien de grave, il faut seulement la réchauffer au plus vite. »

* *
*

Léna émergeait peu à peu d'un profond sommeil ; le froid qui l'avait engourdie laissait place maintenant à une douce chaleur. Elle ouvrit les yeux, reconnut son lit et, sur le mur d'en face, le panneau garni de ses dessins préférés et de nombreuses photos.

Sans la voir, elle sentait la présence de sa mère, tout près. Quand elle voulut se tourner vers elle, une vive douleur à la cheville gauche lui fit pousser un cri. Alors tout lui revint.

Au bord du talus, dans l'obscurité, elle marchait de plus en plus lentement, persuadée que jamais elle n'atteindrait sa maison. Soudain, le battement d'ailes précipité d'un oiseau nocturne invisible l'emplit de terreur. Depuis longtemps déjà, le noir du ciel avait coulé sur l'horizon, effacé les lignes rouges éclatées, digéré l'éclaboussure violette, tout englouti enfin. Puis les nuées sombres avaient glissé au loin, vers les montagnes sans doute, pour y crever et laisser échapper d'autres averses.

À présent, des dizaines d'étoiles tremblotaient là-haut. Mais, sous leur infime clarté bleuâtre, la nuit parut à Léna plus effrayante encore. Les masses noires opaques étaient-elles des arbres ou des monstres accroupis, prêts à fondre sur elle ? Et ce battement d'ailes, était-ce un oiseau ou un esprit maléfique ? Alors, sans réfléchir, elle avait traversé la route pour courir en trébuchant au milieu des prés, des minutes durant, des heures peut-être, elle ne savait pas. Et puis sa cheville s'était tordue ; une douleur fulgurante répercutée dans toute sa jambe gauche lui avait fait perdre connaissance.

Après, longtemps après, elle avait entrevu la lumière jaune des torches électriques, senti la langue tiède de Cyrus sur sa main, entendu des voix indistinctes. On l'avait emportée et elle avait dormi. Combien de temps ?

« Maman, mon pied, j'ai mal ! »

Pauline se pencha pour l'enlacer. Simon rabattit les couvertures, palpa doucement la cheville enflée.

« Une simple foulure. Je vais chercher un onguent et une bande élastique. Ce n'est pas grave, ma chérie, pas grave du tout ! »

Alors Léna se mit à pleurer, les sanglots la secouaient, elle semblait inconsolable. Sa mère la pressait contre elle, l'embrassait en répétant :

« Chut ! c'est fini, tu es rentrée ! Je suis là, nous sommes tous près de toi, c'est fini ! »

Relevant la tête, la petite repoussa les cheveux qui, avec les larmes, lui brouillaient la vue.

« Pardon, maman, pardon ! Je t'aime tant ! »

# XX

# Explications

ENFIN CALMÉE, Léna s'était rendormie. Tristan aida Simon à installer un lit de fortune auprès d'elle pour sa mère. Des cauchemars, de la fièvre peut-être perturberaient sans doute le sommeil de la fillette. Aussi Pauline refusait-elle de la laisser seule, au moins pour cette nuit.

Sa nièce en sécurité, Alice s'était empressée de repartir, prête à affronter les reproches de son mari. S'il s'était aperçu qu'elle avait emprunté la camionnette pour se rendre au Clos, Germain devait être furieux. Mais, sachant Simon seul dans l'angoisse pendant que Tristan et Pauline se rendaient chez le père Picaud, Alice s'était précipitée pour réconforter le malheureux grand-père.

Par chance, le père de Pierrot était parti rejoindre des amis dans un bar où il avait l'habitude de les retrouver, plusieurs fois par semaine. Ils jouaient soi-disant aux cartes. À vrai dire, l'emploi du temps de Germain importait peu à son épouse. Dès qu'il quittait la maison, elle respirait mieux. Il pouvait bien rentrer quand il voulait, elle ne s'en préoccupait pas.

Depuis longtemps déjà, le couple ne faisait plus chambre commune. Germain avait réintégré sa chambre de célibataire, à l'étage ; Alice était restée au rez-de-chaussée, près des enfants.

Soupçonnant que les garçons ne dormaient pas encore dans l'attente de nouvelles de Léna, Alice entra tour à tour dans la chambre de Pierrot et dans celle de Rémy. Elle ne s'était pas trompée, ni l'un ni l'autre n'avaient trouvé le sommeil. Elle les rassura, les embrassa, se coucha enfin, épuisée par tant d'émotions.

Au Clos, Tristan prenait congé. Aussitôt, Simon se retira ; il lui tardait d'aller se reposer. Pauline descendit pour refermer la porte derrière leur voisin. Sur le seuil, il prit la main qu'elle lui tendait en le remerciant et la garda dans les siennes.

« Allez vite prendre un peu de repos, dit-il très doucement, vous avez une petite mine pitoyable ! »

Il lui souriait et elle lui rendit son sourire.

« Merci encore, du fond du cœur ! Sans vous...

– Sans moi, vous auriez appelé les gendarmes et ils auraient très vite retrouvé Léna. N'en parlons plus, voulez-vous ? À demain, je viendrai prendre des nouvelles de notre fugueuse. D'ailleurs, j'ai à vous parler. »

Le regard interrogateur, vaguement inquiet de Pauline, lui fit ajouter précipitamment :

« Non, ne vous souciez pas, ce n'est rien de grave. Je voudrais seulement vous parler de Léna, lui parler à elle aussi, mais il n'y a pas urgence. La seule urgence, c'est que vous alliez dormir ! »

Il tenait toujours sa main. Soudain, il la retourna, posa légèrement ses lèvres à l'intérieur du poignet, là où les veines minuscules esquissent, à fleur de peau, un arbuste ténu, mauve et délicat. Après ce baiser furtif, à peine appuyé, il laissa retomber la main de Pauline en disant :

« Bonne nuit, à demain. »

Puis il disparut, happé par la nuit.

La porte refermée à double tour, la jeune femme s'appuya un instant au lourd battant de chêne. Brusquement, la fatigue s'abattit sur elle. Elle remonta avec peine l'escalier. Dans le noir, elle se déshabilla, s'étendit sur le matelas tout contre le lit de sa fille. À plusieurs reprises, elle passa lentement son pouce à l'endroit de son poignet que Tristan avait effleuré de ses lèvres. Ce geste spontané, insolite, la troublait bien plus profondément qu'un véritable baiser. À son tour, elle posa sa bouche à cet endroit où persistait une délicieuse brûlure, cherchant avec avidité le goût des lèvres de Tristan.

Enfin elle s'endormit. Elle rêva de lui, de ses cheveux blonds, de son regard qui la scrutait jusqu'à l'âme. Il lui parlait mais les mots n'avaient aucun son. Que lui disait-il ? Elle ne savait pas. Puis l'image de Tristan s'effaça derrière un rideau onduleux de grands arbres touffus et bruissants ; on aurait dit le chant cristallin d'une source. Pauline restait là, immobile, pétrifiée et muette. Enfin le rêve disparut. À son réveil, il faisait grand jour.

* *
*

Le lendemain, la cheville de Léna avait désenflé. Simon la prit dans ses bras pour la porter au rez-de-chaussée mais, très vite, elle se déplaça à cloche-pied dans toute la maison.

Exceptionnellement, Pauline n'était pas allée ouvrir la librairie. Une journée ne serait pas de trop pour que la mère et la fille se remettent de l'affreuse soirée de la veille. Elle téléphona à l'école pour informer la directrice que Léna manquerait la classe jusqu'à la fin de la semaine ; elle-même passerait le lendemain prendre leçons et devoirs.

Léna reçut de son grand-père une leçon de morale plutôt sévère. En larmes, elle s'accrocha à son cou en s'excusant.

« Mais je croyais tellement que le sorcier pourrait retrouver mon père… dit-elle, honteuse et repentante.

– Je comprends, mais tu aurais dû nous en parler, à ta mère ou à moi. Tu sais, si Tristan n'avait pas participé aux recherches, on ne t'aurait certainement pas retrouvée avant ce matin, et même peut-être beaucoup plus tard. Maintenant, tu as une dette envers lui, et aussi envers Cyrus ! »

Simon souriait. Il voulait faire comprendre à la petite qu'elle était pardonnée. De son côté, Léna fut sur le point de lui confier que, même s'il le niait, son père c'était certainement Tristan. Finalement, elle n'en fit rien.

« Quand tu seras un peu plus grande, ta maman t'expliquera tout à propos de ton père. Et si, plus tard, tu décides d'entreprendre des recherches, tu seras libre de le faire. Mais il est beaucoup trop tôt, crois-moi. »

En début d'après-midi, Germain et Rémy partis en tournée, Alice téléphona pour avoir des nouvelles.

« Tout rentre dans l'ordre, affirma Pauline. La cheville de Léna va beaucoup mieux. Elle s'est expliquée avec moi et avec son grand-père, et nous a promis de ne plus jamais nous faire une telle peur.

– C'est bien ! Pierrot voudrait parler à sa cousine, c'est possible ? »

La fillette prit le combiné.

« Léna ... Tu vas bien ?

– Oui, oui, mon pied me fait encore un peu mal mais il suffit de ne pas appuyer dessus en marchant. Toi, ça va ? Rémy aussi ?

– Oui. Maintenant il faut que je révise la compo de sciences, y a cinq leçons à revoir avec les dessins et tout. J'en ai pour un bout de temps...

– À dimanche alors ? Je t'embrasse.

– Oui, à dimanche, je t'embrasse aussi. »

Plus tard dans la soirée, Tristan arriva, accompagné de Cyrus. Ramsès était absent. Avec les beaux jours, le matou avait repris ses vagabondages ; sans doute dormait-il au soleil, dans l'herbe tiède. On fit donc entrer le chien.

Avant même de remercier Tristan, Léna prit le setter par le cou et posa un gros baiser sur sa tête. Puis, très gênée, elle s'approcha de son maître pour dire d'une traite, comme une leçon apprise par cœur :

« Je regrette, excusez-moi et merci d'avoir aidé maman à me retrouver.

– Parlons d'autre chose ! C'était hier, maintenant hier est loin, n'est-ce pas ? Par contre, j'ai quelque chose à t'expliquer. Tu as encore du mal à marcher, mais nous pouvons nous asseoir un moment devant la porte, il fait bon au soleil. »

Léna n'osa pas refuser pourtant elle était inquiète. Tristan avait dit : « Parlons d'autre chose », mais il allait certainement lui faire des reproches. Sa mère l'aida à sortir, à s'installer sur le banc, puis elle rentra rejoindre Simon à l'intérieur.

« À tout à l'heure ! » dit-elle d'un ton détaché qui sonnait un peu faux.

Pauline aurait préféré que Tristan lui parle d'abord à elle. Mais sans doute avait-il ses raisons, elle et lui s'expliqueraient un peu plus tard.

« Léna, je veux que tout soit clair entre nous. J'ai toujours pensé que nous étions amis. Tu me fais confiance, n'est-ce pas ?

– Oui, fit la petite, un peu à contrecœur.

– Bien. Quand je t'ai affirmé que je n'étais pas ton père, je disais la vérité, tu aurais dû me croire. As-tu changé d'avis, à présent ?

– Je sais pas, pas vraiment…

– Le sorcier n'a pas confirmé ton opinion, donc elle n'a pas changé, c'est ça ?

– Ben… oui.

– Léna, réfléchis voyons. Si j'étais ton père, ta maman le saurait et elle te l'aurait dit. Tu ne crois pas ?

– Peut-être, je n'y avais pas pensé.

– Eh bien, penses-y et réponds-moi franchement. En me retrouvant ici, ta mère aurait-elle changé d'attitude, m'aurait-elle repoussé ou accueilli avec joie ? Or, elle n'a rien fait de tout cela. Elle m'a considéré comme l'étranger que je suis, devenu par la suite un ami, c'est vrai. Alors ?

– Vous avez peut-être raison », dit la fillette d'une toute petite voix.

Son plus beau rêve s'écroulait. À quoi se raccrocher maintenant ? Elle pensa qu'elle préfèrerait être morte, l'autre nuit, dans les broussailles.

« Si vous n'étiez pas venu à Saint-Didier, si les copains de Rémy n'avaient pas dit que Croque-Vipère retrouvait les disparus...

– Tu n'aurais pas eu l'idée de vouloir retrouver ton père à tout prix.

– Non, je n'aurais pas eu cette idée. Enfin, j'y pensais quelquefois, bien sûr, mais c'était vague. Après, c'est devenu un besoin, je pensais plus qu'à ça, je sais pas bien vous expliquer.

– Je comprends. Plus tard, peut-être, tu le retrouveras.

– Mon grand-père me l'a dit ce matin. Quand j'aurai grandi, si j'ai toujours envie de le connaître, maman pourra sans doute me dire comment le rencontrer. Mais je suis trop jeune, n'est-ce pas ?

– Oui Léna, beaucoup trop jeune. En attendant de grandir, oublie-le comme il t'oublie. Tu as une famille merveilleuse, c'est une très grande chance, tu sais.

– Mais pourquoi maman n'a jamais essayé de le faire revenir ?

– Elle seule le sait. Quand tu seras adulte, elle te le dira.

– C'est loin, soupira la petite, j'aurai dix ans dans trois mois et demi. Encore dix ans, vous croyez ?

– Peut-être bien. Mais tu verras, le temps passe très vite, tu feras des études, tu auras des amis, tu seras très occupée, crois-moi. Allons ! fais-moi un sourire ! Et nous sommes toujours amis, j'espère ?

– Oui, dit-elle, enfin rassérénée.

– Et à un ami, on peut tout confier, n'oublie pas ! »

Léna hocha la tête, mit sa petite main dans la grande main offerte. Tristan se pencha, l'embrassa sur la joue.

« Va rejoindre ton grand-père, moi je dois parler à ta maman. »

* *
*

Pauline et Tristan marchaient l'un près de l'autre dans la campagne. Installé depuis quelques semaines, le printemps avait investi les haies, les prairies, les sous-bois où le moindre rai de soleil caressait d'innombrables fleurettes aux teintes fraîches et gaies.

Tristan venait de rapporter à la jeune femme sa conversation avec Léna. Pauline découvrait la fable imaginée par la petite avec un réel étonnement.

« Ainsi, elle vous prenait pour son père ! J'étais bien loin de me douter…

– Comment auriez-vous pu ? Léna est à la fois expansive et secrète. Souvent, les enfants sont ainsi. Je l'ai constaté à plusieurs reprises, bien qu'il n'y en ait pas dans mon entourage proche.

– J'ai sans doute eu tort de laisser croire à ma fille que son père travaillait à l'étranger. Quand elle m'a interrogée, elle avait à peine sept ans et je n'ai pas trouvé d'autre explication. Je pensais lui dire la vérité plus tard. Croyez-vous que maintenant…

– Si elle ne demande rien, attendez, le temps viendra. Par contre, si elle vous questionne, n'hésitez plus. À mon avis, la vérité est préférable à toute échappatoire. Léna risquerait fort d'inventer de nouvelles chimères.

– Cette vérité…

– Pauline, je ne vous demande rien !

– Mais moi j'aimerais vous dire. À dix-huit ans, je me suis prise d'une folle passion pour un étudiant étranger. Il était volage et, croyant le garder, au bout d'un an je lui ai cédé, ce qui ne l'a nullement empêché de continuer à multiplier les aventures. Quand je me suis aperçue que j'attendais un enfant, j'ai pensé qu'il ne se déroberait plus. En effet, il a manifesté une joie sans bornes, m'a promis le mariage chez lui, en Italie. Deux mois à peine avant la naissance de Léna, il a disparu sans retour. Il prétendait que ses parents habitaient Turin, mais je n'ai jamais cherché à le revoir. Après cela, je l'ai haï autant que je l'avais aimé. Mais, depuis très longtemps, je n'ai plus pour lui que de l'indifférence. D'ailleurs, je n'y pense jamais. Ma vie se résume à élever ma fille, à soutenir ma sœur, à profiter de mon père, l'être le meilleur qu'il m'ait été donné de connaître. Voilà, vous savez tout.

– Et vous n'avez jamais pensé refaire votre vie, selon l'expression consacrée ?

– Très franchement, non. Alice m'y a incitée à plusieurs reprises, mais elle a fini par comprendre que je n'aurais plus jamais confiance en qui que ce soit. »

Ils restèrent silencieux un moment, tout en continuant à marcher dans une allée forestière qui s'enfonçait dans un bois de hêtres. L'air sentait la verdure fraîche, la menthe poivrée, les feuilles nouvellement nées aussi. Il faisait très doux ; dans les branches qu'elle rebroussait légèrement, la brise, inlassable, chuchotait aux feuillages des confidences sans fin.

« Je suppose que vous vous interrogez à mon sujet, je me trompe ? »

Pauline sourit à cette question qu'elle attendait plus ou moins.

« Non, vous ne vous trompez pas. En premier lieu, je n'ai pas vraiment cru que vous étiez écrivain et journaliste. D'ailleurs, je ne le sais toujours pas. Sur les catalogues des éditeurs, pas de Tristan Maubert. J'ai poussé la curiosité jusqu'à chercher du côté des hebdomadaires les plus connus, là non plus je n'ai rien trouvé. Mais je dois admettre que vous pouvez écrire sous un pseudonyme. Dans ce cas… Ce qui m'intrigue, je l'avoue, c'est votre retraite dans ce coin perdu d'Auvergne. Vos recherches pour des récits, un roman ou autre chose, franchement je n'y crois pas ! J'en suis donc venue à penser que vous étiez détective.

– Détective, moi ?

– Pourquoi pas ? C'est tout à fait plausible. Dans une affaire policière, on doit toujours faire des recherches. Cela s'appelle mener une enquête.

– Faire des recherches, mener une enquête, oui, c'est bien ce que je fais. Mais j'agis pour mon compte personnel et pour… pour des amis. Excusez-moi, mais je ne peux pas vous en dire davantage, enfin… »

Le visage de Tristan s'était assombri et elle n'osa rien demander.

« Quand mon père est décédé accidentellement, reprit-il, j'avais seize ans, mon frère dix-neuf. Ma mère est morte de chagrin un an plus tard. C'est Damien qui m'a aidé, épaulé, aimé. Nous n'avions plus de grands-parents, des oncles et tantes éloignés, indifférents. Il est vrai qu'à notre âge, nous étions censés nous tirer d'affaire seuls. Eh bien ! nous l'avons fait. Damien s'est lancé dans le journalisme et j'ai suivi ses traces. Je l'imitais en tout, il était ma référence.

« Puis il y a eu la guerre. En 1939, j'avais vingt-six ans et lui vingt-neuf. Pour notre travail, nous avions beaucoup voyagé, ensemble ou séparément. Moi, en parallèle, j'étais aussi devenu écrivain. Damien était sur le point de se marier. Mais la guerre déclarée, Fanny et lui ont décidé d'attendre. Qui aurait pu dire que le conflit durerait six ans ? Hélas ! mon frère n'a pas vu la Libération ! Résistant, il a été arrêté en même temps que sa fiancée et son meilleur ami. Fanny et Olivier sont morts dans un camp de déportation, en 1944, d'après des témoins survivants. Damien, lui, n'a pas pris le train fatal, il avait succombé avant, sous la torture. »

Tristan se tut, s'arrêta. Tête basse, la mâchoire crispée, il revivait un passé douloureux, encore très proche. Pauline saisit sa main, la serra très fort. Quand il leva les yeux sur elle, il paraissait revenir de très loin.

« Après tout, je peux bien vous dire… Je recherche celui ou ceux qui les ont dénoncés. Jusqu'en octobre dernier, aucune piste. Fanny n'avait que sa mère, elle vient de mourir. Mais grâce au père d'Olivier qui s'acharne comme moi à découvrir les coupables, j'ai pu venir ici et je cherche, inlassablement. S'il le faut, j'y passerai ma vie mais je les trouverai.

– Le maquis dont ils dépendaient, c'était donc dans notre région ?

– Oui. Et ils ont été pris près de Clermont-Ferrand.

– Mais vous, pendant la guerre ?

– En février 1940, j'étais sur le front, dans l'Est. Un petit éclat d'obus m'a éraflé la jambe avant de se loger dans le fémur. L'os était broyé, on a posé une plaque et des vis pour le maintenir en place. Après cela, j'ai été réformé. Une fois guéri, durant l'été 1941, j'ai rejoint Damien et Fanny dans la Résistance. Mais moi, j'ai eu davantage de chance, je suis encore là. »

Main dans la main, ils firent demi-tour. Arrivé en vue de sa maison, Tristan attira Pauline contre lui pour l'embrasser. Elle ne résista pas. Dans ses yeux, il vit briller des larmes qu'elle ne songeait pas à cacher. Leur baiser, ardent, plein de ferveur, avait quelque chose de douloureux. Tristan sentait la jeune femme trembler légèrement contre lui. Quelle promesse pouvait-il lui faire ? Aucune. Et elle le savait. Un passé atroce, effroyable, les séparait, pour toujours peut-être…

# XXI

## Un écrivain

LES VACANCES DE PÂQUES venaient de commencer ; quand elles s'achèveraient, deux semaines plus tard, mai serait là, apportant l'événement que Léna et son cousin attendaient avec impatience : la Saint-Didier.

Le 23 mai, en effet, on fêterait le patron de la ville. À côté des cérémonies religieuses, la grande fête foraine commencerait dès le vendredi soir pour s'achever à l'aube du lundi matin seulement.

Ici comme partout, la guerre avait interrompu les festivités. Mais, dès 1946, les habitants de Saint-Didier avaient eu à cœur de renouer avec les traditions. Parmi diverses réjouissances, on organisait un défilé de chars fleuris. Chaque quartier préparait le sien. Des semaines à l'avance, toutes les bonnes volontés étaient requises ; aux hommes et aux jeunes gens de fabriquer les décors et de les mettre en place, aux femmes et aux enfants de confectionner costumes, guirlandes et fleurs en papier, à profusion.

La foulure de Léna n'était plus qu'un mauvais souvenir. Avec sa mère, elle assista à une réunion où les bénévoles tenaient conseil. Tout d'abord, pour éviter de retrouver deux chars fleuris identiques, chacun donnait le thème retenu.

Cette année-là, Pauline et les commerçants de son quartier avaient choisi le Moyen Age. Sur une longue remorque tractée par un véhicule à moteur, il faudrait ériger l'armature en bois d'une grande tour ; on l'habillerait d'épais carton peint de façon à simuler les pierres de taille. Un couple d'adolescents figurerait le seigneur et sa dame. Autour d'eux, des soldats en armes, des suivantes, des petits pages, un fou, un poète avec son luth...

Il fut décidé de louer les costumes dans une maison clermontoise spécialisée. Léna serait habillée en chambrière, Pierrot en garde du donjon.

« Maman, il faut penser à Rémy ! Je vais demander à tante Alice de prendre ses mesures, lui aussi sera content d'être habillé en chevalier ! »

Chacun trouva ainsi son rôle de figurant. Les enfants profitèrent des vacances pour confectionner des guirlandes. On découpait d'étroites bandes de papier crépon, puis on les assemblait par deux en donnant un mouvement de torsion ; on obtenait alors des sortes de chaînes bicolores : jaune et bleu, rouge et vert, rose et violet, orange et blanc... Quand le pourtour de la remorque aurait été recouvert de branches de sapin, on installerait les guirlandes tout autour.

Les mamans se réunissaient quatre soirs par semaine et se chargeaient des fleurs. Le papier enroulé sur lui-même pour former une rose, on passait autour un brin de fil de fer souple ; on pourrait ainsi fixer les fleurs ici et là, sur les rameaux verts.

« Quel travail ! s'exclama Pierrot qui aidait sa cousine mais se lassait très vite. Heureusement qu'on est nombreux pour venir à bout de tout ça. C'est bien dommage que Rémy n'ait pas le temps de nous aider ! »

Durant les congés scolaires, Germain ne laissait pas chômer son jeune commis. Le garçon, naturellement, était de toutes les tournées, de toutes les livraisons, quand il n'aidait pas à la mise en place en rayons, la camionnette sitôt déchargée.

Son patron se montrait de plus en plus irritable. Pour un rien, il s'emportait. Cherchait-il à défier son pupille ? C'était probable. Mais Rémy n'oubliait pas qu'il s'était juré une fois pour toutes de ne pas répondre à ses provocations. Il se réjouissait par ailleurs de voir son porte-monnaie se gonfler de manière conséquente, grâce aux pourboires accumulés depuis sa première tournée de livraisons. Il comptait bien, lors de la fête, offrir à Léna et à Pierrot quelques tours de manège dont il profiterait aussi, bien entendu.

* *
*

Pauline avait un peu hésité à rapporter à son père les révélations de Tristan. Mais elle savait bien que Simon, ancien résistant lui-même, ne divulguerait rien des confidences du journaliste, à personne.

Depuis la fugue de Léna, il avait fort bien compris qu'une idylle était en train de naître entre sa fille et Tristan. Il s'en serait réjoui s'il avait pu être certain que celui-ci ne leur mentait pas. La sympathie qui le portait vers cet homme si plein de charme, aussi grande fût-elle, ne pouvait suffire à le mettre en confiance. Saurait-il protéger Pauline ?

Simon avait écouté sa fille avec stupéfaction. S'il soupçonnait quelque secret dans la vie de Tristan, il n'avait jamais imaginé la réalité. Sur ce point, il en était sûr, le journaliste disait la vérité. Lors de l'arrestation des trois jeunes résistants un jour de 1943, Simon avait appris le cruel échec d'un attentat contre un convoi allemand, sous la chaîne des Dômes et, un peu plus tard, les conséquences funestes qui en avaient découlé.

« Je sais tout cela, ma fille, hélas ! Le réseau "Tempête" s'est alors dissous, et ses membres survivants ont rejoint l'un des maquis du Cantal. Ils avaient eu quatre morts et trois d'entre eux avaient été arrêtés. Leur chef, qui avait pris le nom de guerre de Martial, était parmi ceux-là. Etait-il le frère de Tristan ou son ami ?

– Je l'ignore. Pour Tristan, évoquer ce passé est extrêmement douloureux, tu le comprends. Aussi ne s'est-il pas appesanti sur ces détails-là. Mais voilà les faits, il est déterminé à aller jusqu'au bout de sa quête. Martial ? Il n'a pas prononcé ce nom, choisi sans doute en référence à Mars, le dieu de la guerre du peuple romain…

– Ses recherches peuvent le mener très loin. Beaucoup de délateurs ont quitté la région par crainte des représailles. Mais, après trois ans, la plupart des gens veulent oublier. Aussi les traîtres commencent-ils à se croire à l'abri. Il est possible que l'un de ceux-là vive tranquillement dans nos campagnes reculées, peut-être sous un faux nom, d'ailleurs. »

Après un silence, Simon reprit, la mine préoccupée :

« Au fait, as-tu des preuves que Tristan est réellement écrivain et journaliste ? Ce pourrait bien être une couverture…

– Non, je n'en ai aucune, nous n'en avons pas parlé, pas encore. »

Ces preuves, elles les aurait le lendemain même de cette conversation avec son père, mais, pour le moment, elle l'ignorait.

* *
*

Pauline venait de déballer des colis de fournitures scolaires et d'accessoires de bureau quand Tristan se présenta à la librairie. Après un salut suivi d'un instant de gêne réciproque, il se lança.

« Puisque j'ai commencé à vous dévoiler mes secrets, je me suis dit qu'il était préférable que j'aille jusqu'au bout. Vous n'êtes pas certaine de mes occupations professionnelles, m'avez-vous dit, alors là aussi je vais lever le doute.

– Vous n'êtes nullement obligé…

– Je sais, rien ne m'y force si ce n'est moi-même. En temps normal, voyez-vous, je suis quelqu'un de direct. Je n'écris pas sous un pseudonyme mais sous mon nom véritable. J'ai jugé bon d'en changer pour ce que vous appelez mon enquête. Je m'appelle Tristan Pasquier. »

Pauline ouvrit de grands yeux et son regard se dirigea vers les rayonnages où elle rangeait les romans, classés par ordre alphabétique.

« Tristan Pasquier… Ainsi, les chroniques et récits de voyage, les fictions : *On a volé la mer, Passé proche, Un jardin triangulaire, Ombres bleues…* tout cela est donc de vous ?

– Oui. Je vous déçois ?

– Non, oh non ! Bien au contraire ! Dès que je referme le dernier de vos livres, j'attends avec impatience la parution du suivant.

– J'ai un peu contrarié mon éditeur, il trouve mes deux derniers romans beaucoup trop sombres. Il affirme – et il a certainement raison – que les lecteurs ont besoin de récits plus légers. Tout le monde, plus ou moins, vient de vivre des années très noires. De nos jours, il y a donc une recherche parfaitement justifiée d'optimisme et même d'oubli. Pour moi, je ne suis pas prêt, pas du tout, à partager l'insouciance générale. C'est ainsi, vous savez pourquoi.

– Je comprends. Il faut… enfin, votre quête doit aboutir avant que vous ne vous sentiez libéré, n'est-ce pas ?

– Oui. Toutes mes pensées, tous mes actes tendent vers ce seul but : rendre justice à mon frère et à ses amis.

– N'est-ce pas dangereux ?

– Non, je ne crois pas, enfin j'avoue que je n'y ai pas pensé. Et quand bien même ? C'est sans importance, je vous l'assure ! Je suis seul, sans famille, je ne manquerai qu'à mon chien ! Ma démarche m'implique moi, seulement moi. Alors…

– Tout de même, promettez-moi d'être prudent ! »

L'inquiétude, la tendresse aussi, se lisaient dans les yeux de Pauline et il en fut touché, infiniment.

« S'il m'arrivait malheur, quelqu'un me regretterait donc ? demanda-t-il, ému.

– Taisez-vous, il ne vous arrivera rien, il ne faut pas ! Protégez-vous, je vous en prie ! »

Le ton de Pauline, alarmé, poignant était explicite. Elle tenait trop à Tristan pour supporter l'idée qu'il puisse s'exposer à un danger quelconque. Il s'était rapproché, hésitant à lui prendre la main.

« Je ne puis vous offrir que mon amitié… pour le moment. Vous m'en voulez ? »

Elle fit non de la tête, trop bouleversée pour lui répondre.

« Je n'ai pas le droit de m'engager, reprit-il, amer, pas encore mais j'espère bien qu'un jour… »

C'est elle qui fit le premier geste. Avec une grande douceur, elle caressa la joue de cet homme écartelé. Car il l'aimait, elle aurait pu le jurer, et s'il s'en défendait c'était pour lui un déchirement. Pauline, malgré tous ses regrets, aimait aussi sa loyauté envers son frère. Elle aurait fait de même pour Alice, sans hésitation. Eût-il agi autrement, elle aurait été déçue. Et même si cette fidélité fraternelle était un obstacle à leur amour, elle y adhérait entièrement.

Il saisit la main qui glissait lentement sur sa joue, posa ses lèvres sur la paume douce.

« Merci d'être ce que vous êtes. Je reviendrai demain. »

En regagnant sa voiture, Tristan ne put s'empêcher de comparer la jeune libraire à celle qui, certainement, l'attendait toujours à Paris. Oh ! elle ne devait pas se morfondre ! La connaissant, il se doutait bien qu'elle multipliait les flirts, peut-être plus. Et, très franchement, cela ne le gênait pas.

Depuis qu'il s'était attaché à Pauline, il comprenait enfin que la jeune Parisienne, journaliste comme lui, n'était qu'un passe-temps. Et même, il s'étonnait de s'être aussi facilement lié à une personne aussi peu discrète, qui adorait le « tape-à-l'œil », arborant des tenues extravagantes, parlant haut, riant trop fort… dans le seul but de se faire remarquer.

Alors, il la chassa résolument de son esprit pour ne penser qu'à sa mission ; en revanche, l'image de Pauline s'imposait malgré lui, et celle-là lui était douce, infiniment.

* *
*

Pauline referma la porte de la librairie et baissa le rideau de fer. Elle s'apprêtait à reprendre sa voiture pour aller chercher sa fille chez Alice lorsque Tristan l'interpella. Il avait garé son véhicule en face du magasin et traversé la rue en courant.

« Excusez-moi, j'ai dû aller assez loin aujourd'hui et je rentre à l'instant… »

Son agitation inhabituelle intrigua un peu la jeune femme. Avait-il enfin trouvé ceux qu'il recherchait depuis près de cinq mois ?

« On m'avait donné une adresse mais, hélas ! une fois encore je n'ai obtenu aucun renseignement valable. Mais je ne vais pas me décourager pour autant !

– Bien sûr que non ! dit-elle en lui souriant pour le réconforter. Vous aurez davantage de chance une autre fois.

– Je l'espère bien. En attendant, j'ai eu une idée dont je voudrais vous faire part.

– Pouvez-vous me rejoindre au Clos d'ici quinze à vingt minutes ? Je vais chercher Léna chez ma sœur et je remonte aussitôt.

– Oui, évidemment. À tout à l'heure, donc. »

Léna eut un mouvement de joie en apercevant la voiture du voisin devant la maison. Sa grande déception était oubliée, elle considérait à nouveau Tristan comme un grand ami.

« Maman, il y a un visiteur ! »

Le journaliste entra avec elles, échangea quelques phrases avec Simon. Les deux hommes ne s'étaient pas revus depuis le lendemain de la fugue de Léna. Mais le journaliste s'était promis d'interroger bientôt le père de Pauline. Ses activités passées au sein de la Résistance locale l'intéressaient au plus haut point.

« Je ne veux pas retarder votre dîner. Simplement, il m'est venu une idée de promenade avec les enfants, si toutefois cela vous tente. »

Il s'agissait de conduire Pauline, Léna et les garçons dans la petite ville de Besse-en-Chandesse. Après la visite du bourg médiéval, Tristan suggérait de passer l'après-midi sur les bords du lac Pavin, tout proche de là. De Saint-Didier, il fallait compter un peu plus d'une heure de voiture.

« Le temps semble vouloir se maintenir au beau. Nous pourrions donc envisager de faire cette excursion dimanche prochain. »

Enthousiaste, Léna s'empressa naturellement d'applaudir à cette proposition.

« Monsieur Varenne, ajouta Tristan, ne croyez surtout pas que je veuille vous exclure. Simplement, si vous vous joignez à nous, il faudra prévoir deux véhicules.

– Je vous remercie. Mais, avec les travaux de mon potager, j'ai pris un peu de retard pour les soins à donner à mes ruches.

Je n'ai pas fini de changer les cadres et je dois absolument terminer avant le retour de la pluie. »

Simon se tourna vers sa fille qu'il sentait hésitante.

« Accepte donc cette promenade, les enfants seront ravis, toi-même tu apprécieras, j'en suis certain.

– Dis oui, maman, dis oui ! »

Pauline ne pouvait que s'incliner. D'ailleurs, comme sa fille, elle en avait très envie.

« Chic ! dit Léna. On va avoir une journée extraordinaire ! Pour les garçons, tante Alice sera d'accord au moins, maman ?

– Je pense que oui, il n'y a aucune raison pour qu'elle refuse. »

Avant le départ de Tristan, la fillette voulut lui montrer les décorations préparées pour la fête patronale.

« Regardez les belles guirlandes ! On en a déjà deux pleins sacs ! En dernier, il faudra en faire des toutes vertes. On les fixera sur la tour pour imiter des plantes grimpantes, du lierre par exemple. Notre char sera le plus beau !

– Je n'en doute pas un instant.

– Et quand les costumes seront arrivés, je vous montrerai ma belle robe longue. Maman doit m'aider à faire un grand chapeau de carton, très long et très pointu. Cela s'appelle un hennin, vous voyez ?

– Je vois tout à fait. Tu vas être splendide. De quelle couleur est ta robe ?

– Justement, on sait pas encore, alors pour le chapeau il faut attendre, pour assortir les couleurs, évidemment !

– Évidemment, tu as raison !

– Vous viendrez voir le défilé, promis ?

– Absolument, je ne le manquerais pour rien au monde. »

Amusés, Pauline et son père souriaient de voir à quel point Tristan jouait le jeu pour plaire à la petite.

Alice ne put refuser aux garçons la promenade prévue le dimanche suivant. Pauline avait proposé d'emporter un pique-nique ; sa sœur fournirait le goûter et des boissons pour les enfants. Comme sa cousine, Pierrot avait sauté de joie à l'annonce de l'excursion projetée.

« Ce sera sacrément bien, Rémy ! Une journée entière, tu te rends compte ? »

Très attaché à Pauline, Rémy appréciait aussi Tristan ; depuis qu'il avait, avec l'aide de Cyrus, retrouvé Léna saine et sauve, il le considérait comme un sauveur, presque un héros.

« Et papa ? Qu'est-ce qu'il va dire ? demanda soudain Pierrot, l'air inquiet.

– Je ne vois pas pourquoi il refuserait. Que vous passiez le dimanche au Clos ou en promenade, pour lui cela ne changera rien. »

Reconnaissant et rassuré, le gamin se jeta contre sa mère, l'enlaça en frottant sa tête contre sa jupe.

« Merci maman ! Il me tarde d'être à dimanche ! »

Alice sourit à Rémy qui les regardait. Il n'avait pas l'air envieux, seulement un peu triste. Alors, libérée de l'étreinte de son fils, elle s'approcha de lui et le prit aux épaules.

« Cela te fera plaisir à toi aussi, au moins ?

– Oh oui ! » affirma le garçon en lui rendant son sourire.

# XXII

# Le lac des prodiges

CE FAMEUX DIMANCHE, un peu après 8 heures, Pauline descendit en ville chercher Rémy et Pierrot. Au passage, elle s'arrêta à la boulangerie pour acheter le pain du pique-nique.

« Surtout, soyez obéissants, recommanda Alice en embrassant les deux garçons. Tu me promets, Pierrot ?

– Bien sûr maman, à ce soir. Tu as donné le goûter à tata Pauline ?

– Ne t'inquiète pas, dit cette dernière en soulevant un gros sac, il y a là de quoi nourrir la moitié des habitants de Besse ! »

Les deux sœurs s'embrassèrent en riant et l'on partit rejoindre Tristan et Léna qui attendaient au Clos. « Tout de même, se disait Pauline, cette pauvre Alice ne profite jamais des bons moments. Si Germain n'était pas ce qu'il est… » Elle soupira et essaya de penser à la belle journée qui commençait.

Tristan chargea les sacs dans le coffre de sa voiture. Prévoyante, Pauline emportait des imperméables.

« C'est inutile, dit Simon qui assistait au départ, le temps est on ne peut plus clair. Enfin, tes précautions vont certainement conjurer le sort !

– Au revoir, grand-père ! Tu ne vas pas t'ennuyer, au moins ?

– Aucun danger. À raison de trois cadres à changer sur chaque ruche, j'ai de quoi faire !

– Il y a huit ruches, dit Rémy, vous allez donc changer vingt-quatre cadres, quel travail !

– Exactement, tu comptes bien mon garçon. Le métier d'apiculteur n'est pas de tout repos, comme tu vois ! Allez ! on embarque, bonne journée ! »

Les trois enfants installés sur la banquette arrière, Pauline prit place à côté de Tristan. Comme toujours, le sentir si proche la troublait infiniment et elle s'efforça de n'en rien laisser paraître.

« Pauvre Cyrus, dit soudain Léna, il aurait été si content de venir se promener avec nous !

– Pas de regrets Léna, tu sais qu'il ne supporte pas la laisse. Et quand il doit attendre dans la voiture, il gémit si fort qu'il ameute tout le voisinage. Mais rassure-toi, je l'ai laissé au grand air dans l'enclos. »

Durant le trajet, Pierrot et sa cousine posaient quantité de questions alors que Rémy se contentait d'ouvrir tout grand les yeux. Pauline faisait de son mieux pour contenter la curiosité des petits ; parfois, Tristan intervenait pour donner une explication.

Au loin, la chaîne des Monts Dore se précisait. Bientôt, les bois moutonnant à l'infini cédèrent la place à de grands espaces herbeux. Le regard se perdait dans une immense étendue verdoyante. Dans les pacages, des troupeaux de bovins d'une belle couleur brun-rouge s'éparpillaient sur les pentes. De loin en loin, une grande ferme dotée de plusieurs bâtiments mettait une longue tache grise dans la verdure souveraine éclaboussée de soleil.

Au-delà des montagnes régnait le bleu absolu et diaphane d'un ciel si pur qu'il donnait le vertige. À présent, les petits se taisaient, conquis par le paysage qui se déployait sous leurs yeux.

« Vous n'êtes donc jamais venue jusqu'à Besse ? s'étonna Tristan. Ce n'est pourtant pas si loin du Clos !

– Quand nous étions jeunes, Alice et moi, notre père ne pouvait jamais s'accorder une journée entière. Et il ne possédait que sa vieille camionnette. Exceptionnelles, nos sorties de quelques heures nous menaient surtout dans la région d'Issoire où il avait des fournisseurs. Ensuite, pendant la guerre, le manque d'essence et les dangers potentiels sur les routes ne permettaient plus les sorties. Mais j'ai étudié l'histoire de ma région, je sais à peu près à quoi m'attendre. »

Lorsque la voiture s'arrêta à l'entrée de la petite ville, les enfants manifestèrent leur joie de pouvoir enfin se dégourdir les jambes.

« Allons ! dit Tristan, visite guidée, suivez-moi ! »

Derrière lui, on commença à arpenter les rues de la petite cité qui conserve aujourd'hui encore de belles demeures de la Renaissance. Ici ou là, Tristan montrait une façade sculptée, une niche protégeant une statue de la Vierge, une tour d'angle frappée d'un visage grimaçant taillé dans la lave. Les enfants ouvraient de grands yeux sur les fenêtres à meneaux, les soupiraux grillagés, les passages étroits d'une ruelle à l'autre.

Sur les petites places coulaient des fontaines au large bac de schiste. Derrière l'église romane, on s'arrêta devant le manoir du juge-châtelain de jadis. Des restes de remparts disaient l'ancienne ville fortifiée.

Une grande et belle demeure dite « de la reine Margot » amena Pauline à évoquer la célèbre baronnie de La Tour-d'Auvergne dont dépendait Besse au Moyen Âge ; les descendantes des barons de l'endroit n'étaient autres que la reine Catherine de Médicis et sa fille Marguerite de Navarre au bien triste destin.

« Maintenant, remontons cette rue et vous verrez le beffroi. »

Rémy et Léna avaient bien une vague idée de la définition de ce mot, mais ils laissèrent volontiers à Tristan le soin de donner quelques explications.

On passa sous la porte fortifiée, dominée par une tour carrée à mâchicoulis ; au-dessus se dressait une autre tour à trois pans, beaucoup plus petite, rehaussée par un clocheton. De toute l'enceinte entourant la ville, Besse n'avait conservé que cette seule tour. La cité bien à l'abri derrière ses remparts, le guetteur tout là-haut surveillait nuit et jour les campagnes environnantes.

« Mais il y avait aussi des soldats, remarqua Pierrot, ils étaient où ?

– Les hommes du guet se relayaient dans la partie basse de la tour, et aussi là où nous sommes, une fois la porte refermée. Je suppose qu'ils pouvaient s'installer à tour de rôle sur cette sorte de banquette ménagée dans la muraille. La cloche, au sommet, servait à donner l'alarme si une troupe armée menaçait d'assiéger la ville. Alors les défenseurs lançaient des flèches sur les assaillants. Vous devinez comment, je suppose ?

– Oui, dirent en même temps Léna et Rémy, par ces fentes, là dans le mur !

– Exactement, par ces meurtrières, leur nom dit bien ce qu'il veut dire !

– J'aurais drôlement aimé être un soldat du guet, affirma Pierrot.

– Tu es sûr que tu n'aurais pas eu peur ? demanda sa cousine avec une petite moue dubitative.

– Pas du tout ! Avec mon arc et mes flèches, et aussi une épée, j'aurais fait fuir tous les ennemis. »

Lorsque l'on eut exploré tous les recoins de la ville, il n'était pas loin de midi.

« Est-ce qu'on va manger bientôt le pique-nique ? J'ai une faim de loup !

– Léna, voyons, sois un peu patiente. Vous avez faim vous aussi, les garçons ?

– Oh oui ! Rémy aussi, je suis sûr, mais il n'ose pas le dire. »

Le garçon approuva et on rejoignit la voiture.

« Comment se fait-il que vous connaissiez aussi bien Besse ? demanda Pauline à son compagnon. Vous êtes donc déjà venu ici ?

– L'autre jour, oui, c'est pourquoi j'ai eu l'idée de vous y emmener. Je croyais rencontrer quelqu'un qui pourrait m'aider, m'avait-on dit. Hélas ! l'homme en question est décédé depuis peu. Alors, avant de rentrer chez moi, j'ai pris le temps de visiter la ville et je ne l'ai pas regretté. »

Tristan roulait en direction du lac Pavin.

« Nous pourrons sans doute déjeuner sur les bords du lac.

– Ce n'est pas le meilleur endroit. Sur les rives, les sapins sont très resserrés, l'ombre règne partout. Nous ferions mieux de nous installer dans un coin de prairie. »

Il s'arrêta bientôt. On commença par étaler sur l'herbe, sous une haie d'aubépine défleurie, les deux couvertures prévues à cet usage. Les victuailles déballées, Pauline servit tout le monde ; les enfants dévoraient avec un bel appétit.

« Doucement, nous avons tout le temps ! »

Les gourmands engloutirent leur dessert, une énorme tranche de clafoutis. La jeune femme l'avait confectionné la veille et garni de poires au sirop.

« Avec des cerises fraîches, ce serait bien meilleur mais il faut attendre encore avant de les voir mûrir. »

Tout le monde affirma que le gâteau était délicieux.

« Mais tout de même, maman a raison, c'est avec des cerises que le clafoutis est le plus fameux. Elle vous en fera un, vous verrez ! »

Tristan se mit à rire et, se tournant vers Pauline :

« Après cela, vous serez obligée de me faire goûter cette merveille !

– Entendu, dès que les cerises du Clos seront bonnes à cueillir. Généralement, nous goûtons les premiers fruits aux environs de la fête de Saint-Didier. »

Les enfants saisirent cette opportunité pour évoquer les festivités tant attendues, le défilé de chars fleuris tout particulièrement. Puis chacun s'employa à ranger les restes du pique-nique ; on replia les couvertures qui regagnèrent le coffre. Bientôt, la voiture repartait en direction du lac.

* *
*

Délaissant la grand-route, Tristan s'engagea sur le chemin abrupt qui menait au lac, à 1 200 mètres d'altitude. La voiture garée sur l'espace restreint ouvert dans la masse obscure des résineux, les enfants eux-mêmes restèrent muets devant l'immense nappe d'eau vert sombre. Enchâssé dans les arbres, parfaitement rond, le Pavin était saisissant.

Dès le bord, le lac où se reflétaient les hauts sapins impénétrables, vide et silencieux inspirait une crainte confuse. Aucune présence, ni barque ni baigneur, le désert. La buvette installée dans une sorte de grande cabane en planches, au départ d'un sentier, ne s'ouvrait que durant les mois d'été, période où les promeneurs étaient les plus nombreux. Les feuillages demeuraient immobiles ; l'eau sournoise, sans clapotis aucun, semblait à l'affût, tapie dans ce creux gigantesque, secrète et dangereuse.

Soudain, des bruits de voix venus de la gauche dissipèrent l'étonnement muet des visiteurs. Une troupe d'une vingtaine de scouts déboucha bientôt du sentier dissimulé sous les arbres. Après un joyeux bonjour, les adolescents prirent la direction de la petite route ; le bruit de leurs pas diminua peu à peu puis, très vite, le silence retomba, plus pesant encore.

« Voulez-vous faire le tour du lac ? Cela nous prendra environ trois quarts d'heure. »

Le petit groupe s'engagea à droite, sur le sentier quasiment invisible. On s'enfonça sous les sapins démesurés pour une marche d'environ trois kilomètres. Pour Pauline, le silence devenait oppressant. Puis Léna fit quelques commentaires, bientôt imitée par son cousin. Par endroits, il fallait enjamber une branche tombée, contourner une petite flaque de boue. Une forte odeur de résine dominait celle, plus fade, des effluves de l'eau, relents d'herbes croupies à demi putréfiées.

« On devrait entendre des oiseaux, remarqua la fillette. Dans ces grands arbres, il y a sûrement tout plein de nids !

– Et aussi des cachettes d'écureuil, ajouta Pierrot.

– On fait sans doute trop de bruit et on dérange les bêtes », assura Rémy.

Les deux petits se turent quelques minutes avant de reprendre bientôt leur bavardage.

« J'ai pris un peu de documentation à Besse, dit Tristan. Nous lirons ces prospectus tout à l'heure, vous aurez ainsi les réponses à toutes vos questions ou presque. »

Souriant, il se tourna vers Pauline qui fermait la marche. Dans la pénombre verte, elle lui parut très pâle.

« Vous êtes fatiguée ? demanda-t-il à mi-voix.

– Non, non, mais sous cette voûte de branches épaisses il me semble que je respire mal. C'est passager, ne vous inquiétez pas. »

Les petits avaient pris les devants.

« Il ne faut pas qu'ils s'éloignent, rappelez-les, voulez-vous ? »

Dans la voix de Pauline perçait une inquiétude hors de propos.

« Attendez-nous ! » cria Tristan en marchant plus vite pour rejoindre les enfants.

Peu après, on débouchait sur le terre-plein, à l'air libre. Aussitôt, les garçons commencèrent à ramasser des pommes de pin tandis que Léna faisait un bouquet de grandes feuilles rondes.

« Excusez-moi, c'est ridicule, je ne sais pas ce qui m'a pris tout à coup...

– Ce n'est rien, mais c'est bien vrai qu'ici on respire beaucoup mieux. Asseyons-nous là-bas. »

Tristan désignait le talus dégagé, au départ de la route. Les enfants accoururent ; ils avaient soif et Pauline distribua des gobelets d'eau coupée de sirop de cassis. Son compagnon contempla un instant le petit groupe ; malgré lui, il sourit intérieurement. La pensée de son amie parisienne venait de le traverser. Comme elle aurait jeté de hauts cris s'il lui avait proposé cette excursion ! Pour rien au monde elle n'aurait troqué ses hauts talons et ses bas de soie pour des chaussures de marche et une tenue plus sobre. D'ailleurs, elle ne comprenait absolument pas ses collègues femmes volontaires pour des reportages à l'étranger, au fin fond de la brousse ou du désert.

Plus calmes à présent, Léna et les garçons s'étaient assis dans l'herbe près de Pauline.

« Ce lac vous intrigue, il me semble, demanda Tristan, et même il vous impressionne un peu, non ?

– Sûr, fit Léna, je n'aimerais pas m'y baigner !

– Moi non plus ! affirma Pierrot.

– Pas de problème, la baignade est interdite, le canotage aussi.

– Et pourquoi donc ? demanda Rémy. Ce serait trop dangereux ?

– Extrêmement. Le lac a près de cent mètres de profondeur. Dès le bord, ses flancs plongent en à-pic et l'on perdrait pied aussitôt. Maintenant, je vais vous lire quelques passages de ce guide, après vous connaîtrez mieux le Pavin. »

Les enfants apprirent ainsi que cette énorme masse d'eau emplissait le cratère d'un ancien volcan. Au-dessus des bois surplombant le lac, le puy de Montchal possédait lui aussi un cratère, mais égueulé. Dans la région, il se raconte encore qu'une ville est engloutie au fond du Pavin. Quand le soleil au zénith frappe l'eau de ses rayons, on peut voir au fond, paraît-il, des clochers immergés.

« Et les habitants de cette ville, ils sont aussi au fond de l'eau ?

– On ne sait pas. Mais, Pierrot, c'est une légende ! À mon avis, s'il y a quelque chose au fond du lac, ce sont seulement des rochers détachés des flancs du cratère. Qu'en pensez-vous ? »

Tristan se tournait vers les deux grands. Léna, pour une fois, restait muette.

« Moi, dit Rémy, je pense que ces fameux clochers, c'est peut-être le reflet de la cime des sapins.

– Je suis de ton avis. Mais, pour être sûrs, il aurait fallu que nous arrivions ici à midi pile. Après, les rayons du soleil sont obliques et l'eau beaucoup trop sombre pour y voir un reflet quelconque. »

Après un silence, Tristan reprit ses explications :

« La légende veut aussi que, si l'on jette un caillou dans le lac, on déclenche, même par temps clair, un terrible ouragan. L'eau furieuse se soulève en vagues noires écumantes, le tonnerre gronde, des éclairs aveuglants frappent l'eau et illuminent les sapins pliés sous les rafales.

– C'est vrai, vous croyez ? demanda Pierrot, les yeux agrandis de frayeur.

– Va donc jeter un caillou dans l'eau, tu verras bien ! répartit Léna avec un air de défi.

– Ah non alors ! Fais-le si tu as le courage, moi je m'y risquerai pas ! »

Bien entendu, aucun des deux petits ne voulut vérifier la légende, le danger était beaucoup trop grand. Dans le doute, mieux valait s'abstenir.

« D'après le récit d'un voyageur, reprit Tristan, il a été le témoin d'un tel fait, et l'orage s'est bien déclenché après un jet de pierre dans le lac.

– Vraiment ? dit Rémy, un peu incrédule.

– En tout cas, il l'affirme. Des savants qui ont étudié ce phénomène pour le moins surprenant supposent que le lac, immense cône d'eau, émet des ondes capables d'agir sur les nuées et de déclencher l'orage. Mais certains scientifiques ne sont pas d'accord avec cette hypothèse, alors qui faut-il croire, finalement ?

– Oh ! c'est compliqué ! dit Léna, aussitôt approuvée par son cousin qui n'avait pas vraiment compris ce discours.

– Bon, les enfants, restons sur ce mystère, voulez-vous ? Il est temps de repartir et de rentrer chez nous.

– Déjà ! »

Tristan sourit à ce cri unanime ; il se tourna vers Pauline pour avoir son approbation.

« Soyez raisonnables, dit-elle, les meilleures choses ont une fin. Pensez un peu à grand-père, il doit être impatient de nous voir arriver. »

* *
*

La voiture reprit la direction de Saint-Didier. Fatigués par cette journée au grand air et leur longue marche, les enfants étaient beaucoup plus calmes. La tête sur l'épaule de Léna, Pierrot, par instants, somnolait un peu. Pauline gardait le silence. Tristan lui jeta un bref coup d'œil ; elle semblait absente, préoccupée par des pensées secrètes et il s'en étonna sans oser rien lui demander.

De retour au Clos, les enfants se précipitèrent pour raconter leur journée à Simon. Tristan proposa ensuite de raccompagner les deux garçons en ville. Quand il revint, il trouva Pauline seule, en train de préparer le dîner.

« Léna est dans la remise avec son grand-père. Il finit de ranger son matériel et je suppose qu'elle a encore beaucoup de choses à lui dire. »

Elle souriait à nouveau, son teint était beaucoup moins pâle. Au regard dont il l'enveloppait, elle sut que, sans en connaître la raison, il avait deviné son trouble de l'après-midi.

« C'était une très belle journée, affirma-t-elle, merci de nous l'avoir consacrée. Excusez-moi, j'ai dû vous paraître étrange, à présent je m'en rends compte... Quand j'étais petite, la maison forestière où nous habitions, en pleins bois, était bâtie tout près d'un lac. Oh ! beaucoup plus modeste que le Pavin ! Mais, comme lui, d'immenses sapins le cernaient et je me suis revue là-bas, sur ses bords, avec Alice, mon père, ma mère partie si jeune... C'est un souvenir encore douloureux, malgré les années...

– Je comprends, ne vous excusez pas. Bon, à présent je vais rentrer.

– Voulez-vous dîner ici, en toute simplicité ? Léna sera contente.

– Je veux bien. Le temps d'aller nourrir Cyrus et je reviens. »

Il hésita, s'approcha tout près, l'embrassa rapidement sur la tempe et disparut très vite.

« Lui aussi est étrange, pensa la jeune femme. Nous avons chacun nos raisons, tellement différentes... Sa quête terminée, viendra-t-il à moi, enfin ? »

# XXIII

## Réminiscences

Le sommeil s'emparait de Pauline quand l'image de la nappe d'eau noire menaçante s'imposa soudain. En vain, elle voulut la repousser ; puis elle plongea dans un rêve obsédant d'où, à demi consciente, elle tenta d'émerger sans jamais y parvenir.

Bientôt, elle comprit que le lac de son rêve n'était pas le Pavin, mais celui qui jouxtait la maison de son enfance, au cœur des bois sous la chaîne des Dômes. L'eau sombre s'enflait démesurément, jusqu'à frôler la cime des sapins touffus énigmatiques. Affolée, Pauline voyait cette masse liquide d'un noir d'encre approcher inexorablement de la petite maison pour l'engloutir. Elle hurla pour appeler à l'aide et son cri l'éveilla en sursaut.

Après un long moment, alors qu'elle était sur le point de se rendormir, le passé brusquement refit surface. Elle n'était pas au Clos des Églantiers avec son père et sa fille, elle avait huit ans et se retrouvait dans la maison forestière, ce matin terrible où sa mère avait disparu.

C'était un lundi. Très tôt le matin, Simon était parti marquer des arbres à abattre. Clouée au lit depuis deux jours par la fièvre et un violent mal de gorge, Pauline devait encore garder la chambre. Avant de rejoindre le carrefour où elle prendrait le car pour Royat, Alice était venue lui donner ses médicaments.

« Chut ! avait-elle dit, maman dort encore ! Tâche de te rendormir, toi aussi. Léonie ne tardera pas. À bientôt, ma petite Pauline, guéris vite ! »

Sa grande sœur l'avait embrassée tendrement et elle avait quitté la chambre sur la pointe des pieds.

Pauline avait trop chaud, elle ne trouvait plus le sommeil. Il faisait sombre encore et le silence de la maison l'oppressait. Sa pauvre maman n'était qu'une ombre égarée parmi les siens. Depuis un peu plus de deux ans, sa mélancolie s'était aggravée, malgré un nouveau traitement médical soi-disant efficace mais à très long terme, avait dit le médecin.

Noëllie, parfois, semblait ne plus reconnaître ni son mari ni ses filles ; elle réclamait son frère jumeau mort depuis onze ans. Puis, brusquement, elle reprenait pied dans la vie réelle, s'intéressait aux études d'Alice, accompagnait Pauline à l'école, visitait Marie, la femme du facteur chez qui la petite déjeunait les jours de classe. Ces répits, hélas ! ne duraient guère.

Pauline se tournait et se retournait dans son lit. Pourvu que Léonie arrive bientôt !... La femme de ménage venait de Fontclair à bicyclette, chaque matin, pour prendre soin de Noëllie. Énergique, enjouée, elle était toute dévouée à la femme de Simon. Pauline lui était très attachée. En l'absence d'Alice et de son père, Léonie, bien plus qu'une employée, était une compagne dont l'allant égayait la petite maison solitaire.

Anouk, son compagnon de jeux, manquait beaucoup à la fillette. Le brave chien était mort de vieillesse quelques semaines plus tôt. Alice et Pauline l'avaient beaucoup pleuré. Simon leur avait promis de se procurer un chiot le plus rapidement possible, mais celui-ci tardait à venir.

Pauline soupira, rejeta son édredon ; depuis le départ d'Alice, elle s'agitait, mal à l'aise. Enfin, au bout d'un moment qui lui sembla avoir duré de longues heures, elle sortit de son lit. Soulevant les lourds rideaux qui masquaient le jour naissant, elle eut un mouvement de surprise : une infime couche de neige poudrait le sentier et les grands sapins, là-bas au bord du lac.

Couleur d'acier, l'eau frissonnait de milliers de rides ; sombre et bas, le ciel frôlait de ses nuages tristes, effilochés en bourre grise floconneuse, la pointe des arbres figés sous les frimas.

Soudain, la petite sursauta : elle venait d'entendre la porte du bas se refermer. Soucieuse d'être surprise par Léonie qui la gronderait, elle se blottit en hâte sous ses couvertures. Pourtant, aucun pas ne fit gémir l'escalier. Le silence était retombé sur la petite maison. Alors Pauline chaussa ses pantoufles, enfila un gilet de laine par-dessus son pyjama et reprit son poste derrière la fenêtre.

Une mince silhouette s'éloignait irrémédiablement, là-bas, sur les bords du lac : Noëllie ! Affolée, Pauline ouvrit la fenêtre, cria plusieurs fois : « Maman, reviens ! »

Celle qui fuyait lentement sous les arbres immobiles ne se retourna pas. Au contraire, elle continua à avancer un moment puis, soudain, bifurqua vers l'eau noire. Les yeux écarquillés, Pauline mit une main sur sa bouche. Non, oh non ! Elle n'allait pas… Pourtant, la forme fragile qu'elle voyait au loin entrait maintenant, imperturbable, dans le lac complice, s'enfonçait pas à pas avec une lenteur déterminée, inexorable, dans l'eau qui s'ouvrait sous ses pas.

Pauline alors se rua dans l'escalier, ouvrit la porte en coup de vent, courut follement sur le sentier boueux. Ses pantoufles de feutre glissaient dans la terre mêlée de neige fondue, son cœur tapait dans sa poitrine, le sang battait à ses oreilles, elle ne voyait plus rien. Elle trébucha, tomba, perdit conscience.

Quand elle revint à elle, dans son lit tiède, Léonie était près d'elle et lui tenait la main. Ses yeux étaient rouges. La brave femme reniflait à petits coups.

« Qu'est-ce que… J'ai fait un mauvais rêve, gémit Pauline, maman, l'eau… Où est maman ? »

Et soudain Alice fut là qui l'étreignit sauvagement, secouée de sanglots.

« Pauline, ma petite sœur chérie, maman est morte ! »

Quand, un peu plus tard, la fillette revit sa mère allongée sur son lit, son beau visage lisse aux yeux clos calme et serein, ses mains fines jointes sur un chapelet de nacre, elle ne douta plus qu'elle avait fait un mauvais rêve. La fièvre, sans doute…

« Ta maman n'a pas souffert, ma chérie, pas du tout… »

Simon la pressait contre lui, Alice accrochée à son autre bras. Longtemps, ils restèrent soudés tous les trois dans leur malheur.

Peu de temps après, un gros camion emmenait les meubles. Le père avait fermé la porte de la maison forestière à double tour et remis la clé à un collègue. Puis, sans un regard en arrière, il était monté dans le taxi avec ses filles. L'après-midi même, on emménageait à Saint-Didier-les Bois.

* *
*

Le lendemain, après une nuit d'insomnie longue et éprouvante, Pauline fit de son mieux pour cacher son trouble à sa fille et, surtout, à son père.

Ce jour-là, comme chaque lundi matin, après avoir déposé Léna à l'école, elle remonta au Clos. Pourtant, après le déjeuner, n'y tenant plus elle annonça qu'elle avait des colis urgents à déballer.

« Je passerai l'après-midi à la boutique, ne t'étonne pas de me voir rentrer un peu tard. »

Simon ne fit aucun commentaire, même s'il ne croyait pas un instant à cette mauvaise excuse. Il connaissait trop bien sa fille pour ne pas avoir décelé son mensonge. Alors il supposa qu'un différend opposait Pauline et leur voisin, ce qui contrariait la jeune femme. Pourtant, la veille au soir pendant le dîner, ils paraissaient très amis ... Avaient-ils un rendez-vous ? Pourquoi pas.

Le soir venu, sitôt Léna couchée, Pauline entreprit d'avancer le repassage hebdomadaire.

« Tu as une petite mine, remarqua Simon, cela ne peut donc pas attendre un jour ou deux ? »

Sur une réponse évasive, la jeune femme continua sa tâche. En même temps, elle réfléchissait. Si d'autres cauchemars la visitaient cette nuit, et aussi les nuits suivantes sans doute, il faudrait qu'elle sache, qu'elle questionne son père. Dans ce cas, pourquoi ne pas le faire aujourd'hui, crever l'abcès une fois pour toutes ?

Après avoir longtemps hésité, elle vint s'asseoir près de Simon ; installé dans son fauteuil, il lisait, Ramsès roulé en boule sur ses genoux et ronronnant.

« Papa, je voulais te demander... »

Elle craignait encore de réveiller ce passé si douloureux, de faire du mal à son père, cet homme généreux qui ne lui avait jamais fait aucun reproche et pourtant...

Il ferma son livre pour la dévisager. Elle allait se livrer, enfin. Il était à cent lieues d'imaginer la véritable raison de son angoisse, mais il soupçonnait quelque chose de grave. Car Pauline, bien plus que désemparée, semblait à la torture.

« Oui ?

– Cette promenade autour du lac, hier… Enfin, je suppose qu'elle a déclenché quelque chose en moi, quelque chose de très ancien, de très profondément enfoui que j'avais oublié, complètement oublié !

– De quoi parles-tu ? » jeta Simon, en alerte.

Il avait tressailli, son livre lui avait échappé, et le matou avait sauté précipitamment de ses genoux pour aller se réfugier sous la table.

« Cette nuit, j'ai fait un rêve horrible ! J'étais chez nous, dans la maison forestière, je voyais le lac. Il était noir, effrayant, il débordait jusqu'à la cime des sapins. Une fois réveillée, tout m'est revenu : Alice, Léonie, maman… Dis-moi, je t'en prie, dis-moi : j'aurais pu la sauver et je ne l'ai pas fait, c'est ça ? »

Pauline s'exaltait en parlant. Elle avait pris les mains de son père, les serrait avec force. Elle tremblait.

Simon, soudain, lui parut très las, très vieux aussi.

« Tu avais à peine huit ans, tu étais malade…

– Mais je n'avais pas rêvé, n'est-ce pas ? C'est bien vrai qu'elle… Qui l'a retrouvée ?

– Léonie. »

Tête basse, Simon accusait son âge. Ses cheveux gris fer accentuaient la dureté des rides sur son visage hâlé par le grand air.

« Papa, tu m'en veux beaucoup ? J'aurais dû la rattraper, l'empêcher, au lieu de ça…

– Tu as couru, tu as voulu la rejoindre. Et puis tu es tombée, tu t'es évanouie. »

Simon releva la tête, dégagea une de ses mains que Pauline pressait toujours convulsivement pour lui caresser les cheveux, comme à la fillette qu'elle était alors.

« Tu as fait ce que tu pouvais, je ne t'en ai jamais voulu. De loin, Léonie t'entendait hurler, elle ne comprenait pas. En arrivant, elle t'a d'abord cherchée dans les chambres, autour de la maison. Puis elle t'a vue sur le sentier, elle t'a relevée, emportée sur ton lit. Après seulement elle a suivi les traces de pas sur la rive du lac. C'était trop tard, tu comprends ? Personne n'est coupable, seule la fatalité... Si quelqu'un doit se faire des reproches, c'est moi, seulement moi !

– Papa, voyons !

– Depuis plusieurs mois, le médecin m'avait conseillé de faire soigner ta mère dans un hôpital de Clermont. J'avais toujours refusé, Alice aussi. Nous étions persuadés que ta pauvre maman, enfermée loin de nous tous, n'aurait plus aucune chance de guérir définitivement. Tu vois, si j'avais dit oui nous l'aurions gardée.

– Tais-toi ! Tu as bien fait ! Nous voir quelques heures par semaine, le dimanche, et le reste du temps se retrouver seule, absolument seule, soignée par des inconnus... Non, papa, elle n'aurait pas résisté. Loin de son petit monde, c'est de chagrin qu'elle serait morte ! »

Pauline se leva, prit la tête de son père dans ses mains, le pressa contre elle, le berça comme elle eut fait d'un tout petit enfant. Il pleurait. Les larmes de son père lui arrachaient le cœur, et pourtant elle ne pouvait pas pleurer avec lui.

Simon se reprit ; elle s'agenouilla près de son fauteuil, posa sa joue sur les vieilles mains croisées.

« Alice savait que je n'avais pas compris alors, ni jamais jusqu'à cette nuit ?

– Bien sûr. Comme moi, elle a voulu te protéger. T'expliquer, à ton âge, quelque chose d'aussi affreux... Cela n'aurait servi à rien.

– Qu'est-ce que j'ai cru ?

– Que, tout comme toi, ta maman avait glissé dans la boue mais que, pour elle, la chute avait été fatale. Un accident. »

Le père et la fille se turent un long moment, perdus dans leurs souvenirs. Puis Simon dit, d'une voix infiniment triste :

« Parfois, Noëllie me demandait pardon. Elle avait des remords, elle se sentait coupable de ne pas nous aimer assez, vous et moi. Mon frère, disait-elle, je ne l'aimais pas davantage, je te le jure. Mais il était mon jumeau, bien plus que mon double, une partie de moi. Quand il est mort, je suis morte aussi. Adrien a emporté la moitié de mon cœur ; celle qui me reste ne me suffit pas pour vivre… Et pourtant je vous aime, les petites et toi, autant qu'il m'est possible. Il ne faut pas m'en vouloir.

– Et tu lui en voulais, tu étais jaloux d'Adrien ?

– Non, pas du tout. Je l'aimais beaucoup trop pour cela. Et puis, je n'avais plus aucune famille, Adrien était un peu devenu mon frère, à moi aussi. Tu ne l'as pas connu, c'était un garçon merveilleux… »

# XXIV

## Préparatifs

La Saint-Didier approchait ; en proie à une excitation grandissante, les enfants ne parlaient de rien d'autre. Les costumes qu'ils endosseraient pour le défilé étaient enfin arrivés de Clermont.

De son côté, Pauline appréciait de devoir s'affairer, avec quelques voisines, aux essayages et aux finitions. Malgré les affirmations de son père, depuis les révélations nées de son mauvais rêve, son malaise persistait. Pour elle, le souvenir des heures terribles entourant le décès de Noëllie n'était pas près de s'estomper.

La jeune femme avait, dans un premier temps, décidé de s'épancher auprès d'Alice. Sans doute désirait-elle, après celle de son père, obtenir l'absolution de son aînée. Elle se sentait coupable encore, éprouvait le désir impérieux, nécessaire, d'être définitivement disculpée.

Pourtant, au fil des jours, elle constatait que les rapports d'Alice et de son mari paraissaient se dégrader d'une manière de plus en plus évidente. À chacune de ses visites, la jeune femme trouvait sa sœur triste, abattue. En présence des enfants, elle faisait de réels efforts pour paraître égale à elle-même ; mais, si les petits étaient dupes, Pauline ne se laissait pas abuser par un entrain de commande.

Un soir, alors qu'elle était venue chercher Léna, elle trouva Alice seule dans la cuisine, en train de préparer le dîner. Leurs devoirs finis, les trois enfants jouaient au ballon dans la cour, derrière le magasin. Germain semblait ne pas être rentré de tournée.

« Tu es bien pâle, dis-moi, remarqua Pauline en embrassant sa sœur. Des soucis ? Tu n'es pas malade, au moins ?

– Malade, non, un peu fatiguée seulement. Quant aux soucis...

– Eh bien ! dis-moi ! »

Pauline l'avait prise affectueusement par le cou. Elle se doutait que son beau-frère, une fois encore, était responsable du tourment de la jeune femme.

« Oh ! rien de nouveau, tu sais bien !

– Mais encore ?

– Germain devient de plus en plus querelleur. Remarque, je pense savoir pourquoi. En plus des soirées passées dans les bars, voilà qu'il s'y arrête presque chaque jour avant le dîner. Certains soirs, le repas des garçons est déjà fini quand il daigne rentrer enfin. Et il trouve toujours un bon prétexte pour me chercher noise.

– Je croyais qu'il était plutôt du genre à se taire.

– Avant, oui. Mais ces dernières semaines, il devient presque agressif. Je préférais son ancienne attitude, crois-moi. Depuis le temps, je me suis habituée à ses silences bourrus et m'en accommode fort bien. Mais ses griefs incessants, à mon avis, sont certainement la conséquence d'un abus d'alcool. Enfin, tant qu'il ne s'en prend pas aux deux petits... »

Pauline restait sans voix. Qu'aurait-elle pu dire ? Elle ne voulait plus se risquer à suggérer une séparation du couple ; Alice, plusieurs fois, avait rejeté cette éventualité avec véhémence. Il faudrait sans doute que son mari se rende coupable de violence pour qu'elle envisage enfin de le quitter. Dieu merci, on n'en était pas encore là.

Elle se contenta donc d'embrasser affectueusement sa sœur.

« Tout de même, ne le laisse pas aller trop loin. Il y a des situations que tu ne devras jamais accepter, tu me comprends. Mais que te reproche-t-il au juste ?

– Tout et rien ! Il cherche chicane à propos des clients trop exigeants, des fournisseurs soi-disant malhonnêtes, de la façon honteuse, paraît-il, dont je gâte les enfants. Nous gagnons trop peu, je dépense trop, et tout à l'avenant. Pourtant, je fais très attention, je te l'assure. L'allocation que nous verse l'Assistance pour l'entretien de Rémy est plutôt chiche, c'est vrai, mais je n'ai pas du tout l'impression de dépasser un budget raisonnable.

– Et ses dépenses à lui, dans les bars du quartier et certainement ailleurs, il n'en tient aucun compte, évidemment !

– Nous n'en parlons jamais, tu t'en doutes bien. Mais restons-en là, veux-tu. Pour le moment, c'est très supportable, je t'assure. Et surtout, pas un mot à papa !

– Bien sûr que non. Allez ! ma grande sœur chérie, il faut que je parte. Courage ! Demain, nous ne nous verrons pas. Appelle-moi si tu veux, nous bavarderons quelques minutes. D'accord ? »

Alice s'était bien gardée de répéter à Pauline les médisances de Germain à son propos. Depuis quelques jours, les agissements de la jeune femme paraissaient devenir pour lui une idée fixe.

La première fois, les enfants déjà couchés, ils dînaient seuls très tardivement. Alice avait compris aussitôt que son mari, très éméché, allait une fois de plus ressasser quelque grief, réel ou imaginaire. Mais elle était bien loin de s'attendre aux réflexions qu'il jeta, d'un ton méprisant :

« Voilà que ta sœur fait parler d'elle dans toute la ville, maintenant ! Il ne lui a pas suffi de ramener sa bâtarde au pays, elle s'affiche partout avec ce... ce je ne sais qui ! »

Le plus souvent Germain soliloquait ; mais là, visiblement, il attendait une réponse. La fourchette en suspens, il fixait sa femme, le regard plein d'un défi moqueur et même de méchanceté. Et comme Alice ne répondait pas :

« Et ne viens pas me dire que tu n'es au courant de rien. Depuis quelques mois, ce grand monsieur, oui oui, il fait son bourgeois, a ses entrées au Clos. Facile, il loge chez les Verdier ! Ton père voit sans doute là l'occasion de caser à la fois sa fille et la gamine. D'une pierre deux coups, comme on dit ! Si l'étranger prend le lot, c'est pas plus mal, après tout !

– Tais-toi, répliqua froidement Alice, tu es vulgaire, c'est insupportable ! Cela ne te regarde pas, ni moi non plus d'ailleurs. Pauline est tout à fait libre de fréquenter qui elle veut !

– D'accord, d'accord... Ce que j'en dis... Mais il me semble qu'à trente ans, elle n'est pas plus prudente qu'elle ne l'était à vingt. Un inconnu, qui sort on ne sait d'où, qui fait on ne sait quoi... Après tout, c'est son problème.

– Exactement. »

Pourtant, Germain était revenu à la charge, plusieurs fois. À l'en croire, le locataire des Verdier était un fouineur, toujours à poser des questions, toujours à fureter partout.

« Qu'est-ce qu'il cherche, à la fin ? Le patron du café de l'Auto dit que ce bonhomme-là n'est pas clair. Et il n'est pas le seul. Au bar de la Providence, on a la même opinion de lui, ailleurs aussi, tu peux me croire. »

Alice s'abstint de faire remarquer que bars et cafés n'avaient apparemment aucun secret pour son mari. Une telle réflexion n'aurait fait qu'accentuer sa hargne. À la longue, pourtant, il avait cessé de dénigrer la sœur de sa femme et trouvé d'autres sujets de débats.

De son côté, Pauline avait renoncé à questionner Alice sur les circonstances du décès de leur mère. Elle ne voulait pas rajouter à ses préoccupations. Plus tard, peut-être... En attendant, elle tâchait d'oublier.

* *
*

Le 13 mai, dix jours exactement avant la Saint-Didier, Pauline terminait les essayages. Elle s'était inspirée d'une planche de costumes moyenâgeux trouvée dans un vieux dictionnaire pour parfaire le costume de sa fille et celui des garçons.

Léna revêtit la robe longue de location à manches resserrées, d'un beau jaune paille ; par-dessus, elle passa une tunique de velours bleu beaucoup plus courte, sans manches, la cotte. Sa mère l'avait bordée d'une bande étroite de peluche blanche imitant la fourrure. Le hennin de carton avait été recouvert de tissu également bleu. À son sommet, très pointu, Pauline avait cousu un petit voile très fin du jaune de la robe ; deux rubans noués sous le menton retenaient cette coiffure imposante et fragile.

Ravie, la fillette tournait et virevoltait sous les regards admiratifs de son grand-père et des garçons.

« Doucement, tu vas perdre ta coiffe ! À vous deux maintenant ! »

Pauline tendit les tuniques de soldat en épais tissu couleur de rouille. Avec des gestes un peu empruntés, Rémy et Pierrot les enfilèrent ; Pauline les aida à fermer un large ceinturon de faux cuir. Le casque à collerette imitant une cotte de maille, les longues manchettes et les jambières de carton peint en gris brillant simulaient tout à fait une armure de métal. Pour compléter cette tenue d'archer, une épée de bois pendait à la ceinture. Munis du carquois rempli de baguettes en guise de flèches et d'un arc qu'ils portaient fièrement, les garçons avaient belle allure.

« Sus à l'ennemi ! » cria Pierrot en brandissant sa courte épée recouverte de papier aluminium.

Heureux de la joie des enfants, Simon riait de bon cœur.

« Allons ! dit Pauline, il ne s'agit pas d'abîmer vos déguisements. Changez-vous et surtout ne déchirez rien !

– Mais maman, tu as oublié, on devait dire à Tristan de venir voir nos costumes !

– Notre voisin est absent depuis avant-hier, dit Simon, j'ai vu ses volets fermés.

– Oh ! il va manquer la fête, tu crois ? Pourtant, il m'avait promis...

– Le défilé aura lieu le 23 seulement, d'ici là il sera revenu. »

Pauline n'était pas du tout certaine de ce qu'elle avançait ; pour un peu, elle aurait été aussi déçue que sa fille mais elle se gardait bien de le montrer.

Ainsi, Tristan était parti à nouveau et il ne lui avait rien dit. Elle espéra intensément qu'il reviendrait vite. Cet homme lui était devenu tellement nécessaire. Un peu stupidement sans doute, le savoir tout près suffisait à la rendre heureuse ; l'idée seule de respirer le même air que lui était une forme de bonheur, certes bien puérile, mais c'était ainsi. Impuissante à envisager pour eux un quelconque avenir, elle refusait farouchement d'y penser. Il ne lui avait jamais rien promis, et elle savait pourquoi. Parfois, cette attente lui devenait insupportable. Mais Tristan n'avait pas de comptes à lui rendre... Peut-être, un jour prochain, disparaîtrait-il définitivement ? Subitement, elle eut envie de pleurer.

* *
*

« Ils sont là ! Ils sont là ! On a compté au moins dix ou douze camions !

– Non, sept !

– Beaucoup plus, enfin ! »

Excités et volubiles, Pierrot et sa cousine ce jour-là avaient couru à la librairie dès la sortie des classes, sans traînailler dans le square comme ils le faisaient souvent. Pauline s'efforçait de les calmer quand Rémy arriva.

« Tu as vu passer les camions ? demanda Pierrot. Tu en as compté combien ?

– Je sais pas, six ou sept peut-être.

– Ah ! tu vois bien, fit Léna triomphante, j'avais raison !

– Ne vous disputez pas, allez plutôt prendre votre goûter dans l'arrière-boutique.

– Après, on pourra aller sur la place du champ de foire ? J'aimerais tant voir les manèges s'installer !

– Je ne pense pas que le montage commence aujourd'hui, il est déjà tard. C'est un très long travail, les forains s'en occuperont plutôt demain. Et puis, vous ferez vos devoirs comme d'habitude, après nous verrons. »

Léna lança un regard noir à sa mère sans oser répliquer. Ce n'était pas le moment de se voir privée de sortie pendant les jours de réjouissances, maintenant tout proches. Comme le faisaient Rémy et Pierrot, elle s'empressa donc d'obéir.

Le champ de foire où se déroulaient les fêtes foraines était loin de leur quartier. Pour contenter les enfants, Pauline accepta de faire un détour avant de déposer les deux garçons chez sa sœur. D'énormes camions et leurs remorques étaient rangés tout autour de l'espace gravillonné.

Le lendemain soir, les petits découvriraient là un carrousel de chevaux de bois, des autotamponneuses, un manège d'avions qu'un levier permettait de soulever dans les airs, un train fantôme ; on trouverait aussi un tir à la carabine et des baraques proposant de multiples friandises : barbe à papa, pralines, nougats, sucres d'orge et autres bonbons aux couleurs vives.

Pour le moment, les manèges restaient fermés. À l'arrière, les forains avaient disposé les caravanes où ils logeaient lors de leurs nombreux périples d'une ville à l'autre, au gré des fêtes et manifestations en tout genre.

En rentrant au Clos, Léna eut tout à coup une exclamation de joie :

« Maman, regarde ! Tristan et Cyrus ! »

Leur voisin était là en effet ; il s'apprêtait à ouvrir sa porte. Impatient, le setter bondissait autour de lui.

Pauline arrêta sa voiture sur le bas-côté de la route ; en hâte, Léna baissa la vitre en appelant :

« Tristan ! Coucou ! »

Le journaliste s'était retourné. Il s'approcha avec un grand sourire.

« Bonsoir ! Vous allez bien ?

– Oui. Vous êtes rentré, enfin ! J'avais tellement peur que vous manquiez la fête !

– Aucun danger, j'avais bien retenu la date. »

Malgré son sourire, Pauline remarqua le regard préoccupé de Tristan. Il dut calmer Cyrus qui passait la tête à la portière pour réclamer des caresses.

« Je me suis absenté quelques jours, une fois de plus, mais à présent je pense que cela ne sera plus nécessaire... Au fait, ce costume ?

– Il est magnifique, grâce à maman ! Vous viendrez le voir demain, après l'école ?

– Oh ! ce n'est pas utile je crois ! Finalement, je préfère avoir la surprise dimanche après-midi.

– Les manèges sont arrivés. Maman dit qu'ils seront installés demain dans la journée. Alors après le dîner, on aura peut-être droit à un tour de manège. Sinon, il faudra attendre samedi soir, il me tarde tant, si vous saviez ! »

Pauline et Tristan échangèrent un sourire.

« À demain soir, alors ! »

Arrivée au Clos, Léna courut faire un rapport détaillé des derniers événements à son grand-père. Pauline sortit du coffre les provisions achetées chez Alice. Elle réfléchissait : à en croire Tristan, il n'aurait plus à s'absenter. Avait-il enfin trouvé ceux qu'il recherchait depuis si longtemps ?

Sa mission terminée, quitterait-il Saint-Didier-les Bois ? Mais, elle en était certaine, il lui confierait bientôt le résultat de son enquête.

# XXV

## La fête patronale

SUR LE TROTTOIR, devant la quincaillerie, Léna, Rémy et Pierrot attendaient le passage de la procession. La veille, accompagnés d'Alice et de Pauline, ils avaient fait quelques tours d'autotamponneuses. Tous les trois comptaient bien, après le défilé des chars fleuris, retourner sur le champ de foire pour finir en amusements divers ce beau dimanche de printemps.

Soudain, un carillon de cloches fit vibrer l'air au-dessus des maisons. La procession en l'honneur de saint Didier sortait de l'église.

Le long cortège allait traverser la ville pour gagner une petite chapelle très ancienne, bâtie à l'orée d'un bois de hêtres. Déjà, les enfants entendaient la voix de la foule entonnant des cantiques, parfois couverte par les notes plus aiguës des carillons.

« Les voilà ! » souffla Pierrot.

Alice et sa sœur avaient rejoint les enfants à la porte du magasin. Les trottoirs étaient noirs de monde. Beaucoup suivraient le parcours de la procession ; ainsi, d'une rue à l'autre, la file grossissait, ralentissait dans les passages étroits, coulait, interminable, toute bruissante de prières entrecoupées de chants religieux.

En tête du cortège marchaient les enfants de chœur, en surplis blanc et robe rouge. Puis venait la statue du patron de la ville, enfermée dans une châsse vitrée fixée sur quatre brancards ; du haut des épaules des porteurs, elle dominait la foule qui se signait sur son passage.

Derrière, une dizaine de prêtres, missel en mains ; leur chasuble brodée d'or brillait intensément sous le soleil. Ils avançaient d'un pas lent, solennel, qui impressionna les deux garçons et la fillette. Le plus longtemps possible, ils suivirent des yeux la petite statue vêtue de vert et de rouge qui tanguait imperceptiblement au rythme de la marche des porteurs.

Parfois, ceux-ci se relayaient, non que leur charge fût trop lourde, mais c'était un honneur que beaucoup d'hommes se disputaient, des années à l'avance. La marche pourtant ne s'arrêtait pas. Les nouveaux porteurs se glissaient à la place des précédents, empoignaient le brancard, l'assuraient dans le creux de leur épaule. Alors seulement les premiers cédaient la place à regret, avant d'aller se ranger derrière les prêtres imperturbables.

La foule des pèlerins défilait toujours, des volées de cloches continuaient à tinter joyeusement, imprégnant l'air bleu encore un peu frais.

« Qu'est-ce qu'ils vont faire, une fois arrivés à la chapelle ? chuchota Rémy.

– Écouter la messe, répondit Léna sur le même ton. Mais les gens seront obligés de rester dehors, la chapelle est minuscule.

– L'année dernière, tata Pauline nous y a emmenés, mais c'était long, ça ne finissait jamais, en plus on ne voyait rien du tout ! ajouta Pierrot.

– Si tu étais enfant de chœur, remarqua sa cousine, tu rentrerais à l'intérieur avec les prêtres mais tu serais bien obligé de rester jusqu'au bout !

– C'est pour ça que je ne veux pas aller avec eux aux cérémonies. Mon copain Louis Amadon dit que je devrais, le curé leur donne des bonbons chaque dimanche. Et pour les noces et les baptêmes, les gens leur distribuent plein de dragées. »

Un réel regret perçait dans la voix de Pierrot. Les contraintes ou les bonbons ? C'était pour lui un véritable dilemme...

On regagna le Clos de bonne heure. Le déjeuner fini, il serait temps de revêtir les costumes et de rejoindre le rassemblement de chars fleuris. Simon et Tristan avaient promis de gagner la place de l'Hôtel-de-Ville pour admirer le défilé.

Les enfants en place au pied de la haute tour de carton, on leur distribua des petits sacs de confettis dont ils bombarderaient la foule. Assez intimidé, Rémy se contenta d'abord de rester bien droit au côté des autres soldats de fiction. Pour la première fois, il avait l'occasion de participer à une telle fête ; aussi restait-il un peu guindé dans son armure trop rigide. Puis il s'enhardit sous les bravos et les rires des spectateurs qui admiraient les chars au long des rues. Des réflexions fusaient :

« Regarde ces tout-petits en poussins et en papillons, ils sont adorables !

– Blanche-Neige n'est pas très souriante, on dirait qu'elle a peur de tomber du char.

– Ces trois clowns sont impayables ! Tu crois qu'ils arrivent à marcher avec des chaussures aussi longues ?

– Denise ! Thierry ! Faites-moi vite un sourire pour la photo ! »

Et ainsi de suite sur tout le trajet. En tête du défilé, la fanfare municipale avec ses trompettes, ses cymbales, ses tambours assourdissait Rémy. De temps à autre, une voiture-sono ajoutait au vacarme ; on annonçait le grand bal, en soirée, sous un parquet-salon, et le grand feu d'artifice.

« Regardez, fit soudain Pierrot, là, Tristan et grand-père ! »

Les deux hommes applaudirent en leur faisant signe de loin, et les trois enfants se sentirent pleins d'orgueil. Ils étaient les vedettes du jour ; dans leur déguisement, ils devenaient tout autres, des personnages importants et admirés.

« Il y a aussi ton père », dit Rémy à l'oreille de Pierrot.

Germain Souleyre était là, en effet, mais il ne regardait pas les chars fleuris. Adossé à un tronc d'arbre, il tournait la tête du côté de Tristan et de son beau-père. Dans cette foule compacte, Simon et le journaliste ne semblaient pas avoir remarqué le mari d'Alice ; ils continuaient à suivre des yeux le char d'où Léna leur envoyait des baisers du bout des doigts.

« Papa ! » cria en vain Pierrot.

Le char avançait. Déçu, le gamin jeta à sa cousine :

« Il nous a même pas vus !

– Mais si, voyons, tu n'as pas regardé au bon moment. Moi je suis sûre qu'il t'a vu et qu'il a trouvé ton déguisement très chouette. »

Léna n'était sûre de rien, mais son cousin lui faisait un peu de peine. Son père ne s'occupait pas de lui, ne s'intéressait jamais à rien de ce qu'il faisait sauf pour le gronder, un peu trop souvent et parfois sans raison.

La fillette se disait que, finalement, Pierrot n'avait pas plus de chance qu'elle-même. Certes, il avait un père, il vivait avec lui, mais c'était presque comme s'il n'en avait pas.

« Lui et moi, on est pareils... pensait la petite. Un père comme celui-là... Non, je préfère ne pas en avoir du tout ! »

* *
*

Un peu plus tard, Tristan ramenait son voisin au Clos des Églantiers. Simon l'invita à entrer un moment.

« Venez, nous prendrons un rafraîchissement ou un café, à votre goût.

– Avec plaisir, mais j'ai promis aux enfants de les accompagner à la fête foraine.

– Oh ! vous avez le temps, le défilé va bien durer une petite heure encore. De toute manière, ils vont revenir se changer, attendez-les donc ici.

– Volontiers, d'autant que, si vous me le permettez, j'aimerais vous demander quelque chose. »

Simon s'expliquait mal pourquoi le journaliste paraissait aussi hésitant. Voulait-il lui parler de Pauline ? Certainement pas. De la suite de son enquête sur l'élevage des abeilles ? Il n'aurait pas eu cette mine grave et soucieuse...

« Voilà. C'est un sujet assez délicat et je comprendrai parfaitement votre éventuel refus de répondre à mes questions. Il y a quelque temps, j'ai confié à la maman de Léna les véritables raisons de ma présence ici. Je suppose qu'elle vous en a parlé ?

– Oui. Elle n'aurait pas dû ?

– Mais si, au contraire. D'autant que vous-même avez été résistant, m'a-t-elle dit.

– J'ai fait ce que je considérais comme mon devoir. Mes filles ne l'ont appris qu'après l'armistice. J'avais jugé inutile de les alarmer, de les mettre en danger, elles et les deux petits. À la Libération, je m'attendais un peu à être inquiété, mais non. Il faut croire que j'avais bien donné le change. Hélas ! il n'en a pas été de même pour votre frère et ses amis, ils ont payé de leur vie leur engagement...

– Alors, vous ne me blâmez pas de vouloir à tout prix retrouver leurs délateurs ?

– Non, bien sûr que non !

– Vous savez, il ne s'agit pas de vengeance mais de justice, seulement de justice. Je n'ai aucunement l'intention de les châtier moi-même, je ne suis pas sanguinaire. Quand je les aurai enfin démasqués, je ne réclamerai pas leur tête mais un procès équitable. Ils méritent la honte et la prison ! Je me le suis promis, et je l'ai promis aux parents d'Olivier. Ils n'avaient qu'un seul enfant, à présent ils n'ont plus rien, plus personne, ils sont âgés et pitoyables. »

Tristan se tut. Simon l'avait seulement approuvé d'un hochement de tête ; lui aussi avait perdu quelques camarades résistants non loin de Saint-Didier, au cours de l'attaque d'un convoi allemand. Pendant quelques minutes, les deux hommes restèrent plongés dans d'amers souvenirs.

« Récemment, reprit enfin le journaliste, j'ai appris que ceux que je cherche aux alentours vivent tranquillement à Saint-Didier même. Ainsi, je l'espère, ma quête n'est pas loin d'aboutir. Mais je dois prendre beaucoup de précautions. J'ai eu le tort de poser des questions ici ou là, dans les cafés plus particulièrement. Il faut que je fasse très attention ; même si je dois perdre du temps, je ne veux pas que ces traîtres aient des soupçons et qu'ils s'enfuient ailleurs. Si c'était le cas, tout serait à recommencer.

– Vous avez raison, soyez extrêmement prudent. J'aurais aimé pouvoir vous aider, hélas ! je n'ai aucun nom à avancer. Dans notre petite ville, comme partout, il y a eu quelques problèmes de marché noir, mais pas de collaboration affichée, encore moins de délation. Tout comme moi, mes quelques amis résistants n'ont pas été inquiétés, la Libération venue. »

Cette conversation s'achevait tout juste quand la voiture de Pauline s'arrêta devant le portail. Les enfants en jaillirent, leur costume quelque peu malmené, mais follement heureux du succès de l'annuel défilé de chars fleuris.

Après un goûter pris sur le pouce, on repartit vers la ville où la fête foraine battait son plein. Depuis le Clos, on entendait la cacophonie de la musique des manèges. Sans se faire prier, les enfants avaient pris place dans la voiture de leur voisin, devancés par Pauline et Alice. Auparavant, Simon avait glissé un billet dans la main de chacun des petits ; il avait eu droit à des mercis et à des baisers sonores.

« À bientôt, grand-père ! dit Pierrot.
– Je te rapporterai des pralines, promit Léna.
– Au revoir, amusez-vous bien ! »

* *
*

Après plus de deux heures de jeux et de tours de manège, épuisé, Pierrot refusait d'avouer à sa mère que ses jambes ne le portaient plus.

« Encore un petit moment, s'il te plaît ! Demain, la fête sera finie, il faudra attendre un an ! Tu te rends compte maman, ça va être terriblement long ! »

Si Rémy n'osait rien demander, Léna faisait chorus avec son cousin pour profiter encore un peu des diverses attractions.

Alice céda pour un ultime tour d'autotamponneuses. Elle et Pauline avaient les bras chargés de peluches et autres babioles. Les unes avaient été gagnées par Tristan et Rémy au tir à la carabine ; les autres provenaient du jeu de la grande loterie où Léna et Pierrot avaient tenté leur chance à plusieurs reprises.

« Allons ! les enfants, soyez raisonnables, dit fermement Pauline, sinon il va falloir supprimer le feu d'artifice… »

Paroles magiques. Aussitôt, tout le monde se dirigea vers les voitures garées à quelque distance. Tristan déposa Alice et les garçons à la quincaillerie avant de rentrer chez lui. Léna lui avait arraché la promesse de venir admirer le feu d'artifice depuis le portail. Tiré au sommet d'une colline assez proche du Clos, il serait visible de toute la ville.

« Toi, tu as mangé de la barbe à papa ! » remarqua Simon en riant.

La bouche encore barbouillée de sucre rose, Léna lui remit un sachet de grosses pralines caramélisées.

« Tu vois grand-père, je tiens ma promesse ! C'est vrai que j'ai mangé de la barbe à papa, ça colle mais c'est rudement bon. Et Tristan nous a acheté des pommes d'amour et du nougat, et tante Alice une gaufre. Après, avec tout ce sucre, on avait soif, alors maman nous a offert une menthe à l'eau. »

Un long moment, Léna continua à raconter cette soirée qu'elle qualifiait d'extraordinaire. Elle dit les parties mouvementées d'autotamponneuses, l'excitation de voir tourner la roue de la loterie, les yeux fixés sur le numéro joué, les surprises effrayantes du train fantôme qui arrachaient aux plus petits des cris d'épouvante…

« Va te laver maintenant, l'interrompit sa mère, après nous passerons à table. »

Comme on pouvait s'en douter, Léna n'avait guère d'appétit et chipotait dans son assiette.

« Laisse, dit Simon indulgent, avec toutes les sucreries qu'elle a ingurgitées, n'insiste pas. Une fois n'est pas coutume. »

Alors que la petite attendait avec impatience la nuit noire et le crépitement de la première fusée, à la quincaillerie l'atmosphère était beaucoup moins détendue.

Les deux garçons faisaient leur toilette quand le père de Pierrot rentra dîner. Au bruit de ses éclats de voix, les enfants restèrent prudemment dans leur chambre.

« Eh bien ! criait Germain d'un ton où perçait l'exaspération et la colère, le locataire des Verdier a décidément beaucoup de charme ! Toi aussi, tu as l'air de l'apprécier. Mais attention, je vais pas supporter ça !

– Qu'est-ce que tu veux dire ?

– Tu me prends pour un demeuré ou quoi ? Tu viens de passer la soirée avec lui, je vous ai vus, figure-toi !

– J'étais avec Pauline et les enfants, tu le sais très bien. Cet homme a parcouru la fête foraine avec nous en effet, où est le mal ?

– Oh ! quand les gamins sont là, il y a sûrement pas de mal, vous êtes bien trop malignes ! Mais quand ils sont à l'école, supposons, il se peut bien que les deux sœurs, chacune à son tour…

– Arrête, je t'interdis ! » cria Alice, hors d'elle.

Elle sortit en claquant violemment la porte, entraîna les garçons stupéfaits au-dehors.

« Venez, allons voir le feu d'artifice depuis la place de la Libération ! »

L'espace d'un instant, elle avait songé prendre la camionnette et gagner le Clos avant de se raviser. Germain, une fois encore, avait bu plus que de raison. Il aurait fort bien pu trouver un moyen pour se rendre chez Simon, lui aussi, et faire un scandale devant tous.

Pour la première fois, Alice se sentait des vélléités de révolte. Germain allait beaucoup trop loin, elle ne pouvait ni ne devait tout supporter, même au nom de son fils.

L'un près de l'autre, accoudés à la barrière, les habitants du Clos et Tristan attendaient dans la nuit calme. Il faisait un peu frais et l'on avait revêtu des lainages. Tout près d'eux, Cyrus furetait dans l'herbe.

« J'ai dû l'emmener, expliqua Tristan. Comme tous les chiens, les bruits brusques et violents lui font peur. L'orage le terrorise. Alors je préfère le garder près de moi, le moment venu je pourrai le rassurer. »

Tout à coup, un bruit sec claqua, suivi d'un long trait de lumière ; il s'épanouit en gerbe rouge éclatée d'une extrême brillance, aussitôt suivi d'un autre, puis un autre, pendant de longues minutes.

Le setter gémissant s'était réfugié contre les jambes de son maître. Léna applaudissait chaque pluie d'étoiles lumineuses, bleues, vertes, rouges, blanches. Durant un quart de seconde apparaissaient des arbres fantômes, aussitôt engloutis dans le noir profond du ciel invisible, pour être soudain ravivés puis gommés à nouveau. Les fusées continuaient à chuinter dans des brasillements d'or, des bouquets d'étincelles multicolores se déployaient, s'éteignaient, encore et encore.

Pauline sentait, tout contre la sienne, l'épaule de Tristan. Ils se touchaient à peine et c'était merveilleux. Le savoir là, si près, dans l'obscurité complice la transportait ; et se levait en elle quelque chose d'enivrant, tellement explicite, qui la comblait merveilleusement.

Tristan, de son côté, songeait à ce qui pourrait être. Cette femme admirée, désirée serait son âme sœur, si seulement... Il se sentit à la fois heureux et infiniment triste.

## XXVI

## Le traître démasqué

JUIN ÉTAIT BIEN ENTAMÉ, Simon s'apprêtait à poser les hausses de ses ruches ; c'est là que sont disposés les cadres où les butineuses accumulent la cire et le miel au cours de la belle saison. Comme il l'avait promis à Tristan, il l'invita à assister à l'opération. Le moment venu, les deux hommes revêtirent l'équipement de protection, comme ils l'avaient fait quelques semaines plus tôt.

« Contentez-vous d'abord, conseilla l'apiculteur, de voir comment je procède. Le travail terminé, nous rentrerons et vous aurez tout loisir de prendre des notes.

– Entendu. Je vous promets d'être un élève très attentif », plaisanta Tristan.

Le toit de la ruche et le couvre-cadres délicatement enlevés, Simon vérifia tout d'abord le bon développement de la petite colonie dans le corps de la ruche. C'est là que vivent les abeilles, leur appartement en somme, dirait-il un peu plus tard au journaliste. La reine y pond ses œufs, les butineuses stockent le pollen et la réserve de miel, à proximité du couvain. Dès l'apparition des larves, les nourrices trouvent ainsi sur place de quoi les alimenter.

Tristan, alors, n'avait pas caché son admiration pour des insectes si bien organisés. Aussi Simon avait-il beaucoup insisté :

« Ces réserves doivent absolument être maintenues, il en va de la survie de la ruche. Mais, avec les beaux jours et la floraison de plus en plus abondante, la place manque assez vite. C'est pourquoi on installe la hausse, grenier de la ruche en quelque sorte, juste sous le cadre protecteur.

Les abeilles y emmagasineront le surplus de miel ; en temps voulu, l'apiculteur prélèvera sa part sans nuire à ses pensionnaires. »

Avec des gestes lents et précautionneux, Simon enfuma le corps de la ruche avant de poser une grille à reine. En raison de sa taille, celle-ci ne risquerait pas d'aller pondre dans les cadres de hausse tandis que les ouvrières continueraient à circuler librement.

La hausse posée, il vérifia que l'ensemble était bien stable et bien étanche, évitant ainsi des risques de pillage par des insectes étrangers. Enfin, il remit en place le couvre-cadres et le toit avant de passer à la ruche suivante.

Après un long moment, les hausses installées sur la moitié des ruches, Simon décida d'interrompre son travail. Les deux hommes se débarrassèrent de leur équipement.

« Je finirai demain. Venez ! »

La maison était déserte, Pauline à la librairie, Léna encore à l'école. Tristan tira de sa poche carnet et crayon, puis il commença à noter les explications de l'apiculteur.

« La hausse, vous vous en doutez, ne doit pas être posée prématurément. Parfois, une seule ne suffit pas, il faut en mettre deux l'une au-dessus de l'autre. Je surveille régulièrement l'évolution de la récolte ; si nécessaire, j'ajoute un second grenier pour les réserves. Autour du Clos, les fleurs sont nombreuses et la récolte de nectar très abondante. Mais, si ce travail est effectué trop tôt, la fraîcheur du temps risque de refroidir le couvain, entraînant la mort des larves. En revanche, si l'on attend trop, on favorise l'essaimage. Alors, trente à quarante mille abeilles déserteront la ruche, et l'on perdra une grande partie de la récolte.

– Mais comment savoir le bon moment ?

– Affaire d'habitude ! Les abeilles, pourtant, laissent un signe révélateur. Si le corps de la ruche ne suffit plus au stockage, on constate au-dessus des cadres une sorte de blanchiment. Cette fine pellicule de cire indique que les abeilles cherchent à bâtir de nouveaux rayons, par manque de place dans leur logis.

– Et la première récolte ? Comment savez-vous que le moment est venu d'y procéder ?

– Pour protéger le miel emmagasiné dans les alvéoles, les ouvrières les obstruent avec une pellicule de cire appelée l'opercule. L'apiculteur saura qu'il peut récolter le miel quand la majorité des cadres seront operculés. Ici, généralement, on attend la fin juillet. Dans les régions chaudes, on peut agir un bon mois plus tôt. Mais cela dépend du degré de chaleur de la saison ; si elle n'a pas été suffisante, si l'été s'est révélé particulièrement pluvieux, on récoltera plus tard. Il faut s'adapter.

– J'espère bien être encore là pour assister à votre collecte.

– Vous pensez donc nous quitter bientôt ?

– Je ne sais pas encore, j'attends des nouvelles du père d'Olivier. Il semble qu'à Clermont, où il habite, il ait eu de nouveaux renseignements. »

Les deux hommes se turent un instant. Puis le journaliste voulut faire diversion.

« Je suis très heureux de m'être penché avec vous sur la vie des abeilles, c'est vrai qu'elles sont très attachantes. À présent, je m'explique tout à fait votre passion pour cette société d'insectes extraordinaire.

– Merci. J'ai beau me dire qu'elles agissent par instinct, que seule la nature leur dicte les lois qui régissent la colonie, je les admire sans réserve, je l'avoue. Si vous avez un moment encore, j'aimerais vous montrer mes petites ouvrières à l'œuvre. »

Simon se leva, prit dans un tiroir une loupe pliante qu'il glissa dans sa poche. Derrière lui, Tristan traversa le verger avant de franchir la clôture donnant sur la prairie.

Bien plus qu'un espace herbeux, c'était un tapis de fleurs. Une foule d'insectes crissait dans l'air bleu et chaud ; dans la lumière éblouissante de l'été, guêpes, bourdons et abeilles bruissaient longuement avant de se poser sur la corolle choisie. Des papillons aux ailes délicatement bariolées voletaient çà et là, fantasques, enivrés de soleil. Toute la gent ailée visitait les fleurs diversement colorées, aux mille nuances diaprées tellement alléchantes.

« Que de fleurs différentes ! C'est magnifique ! Et, bien sûr, vous les connaissez une par une ?

– À peu près, oui. Mais je n'ai aucun mérite, cela fait partie du travail de l'apiculteur. Quand on installe les ruches, il faut s'assurer que les abeilles trouveront assez de nourriture à proximité. Le verger défleuri dès la fin du printemps, les plantes des prairies et des jardins prennent le relais. Protéger le garde-manger de mes butineuses est primordial. »

Sans bouger pour ne pas abîmer les plantes et faire fuir les insectes, Simon désigna en les nommant quelques fleurs proches. En cette saison, la renoncule côtoyait la scabieuse, la marguerite, le millepertuis et les clochettes bleues des campanules. Le trèfle à pompons roses, la cirse dont le chardon porte une couronne mauve, le lamier pourpre et des dizaines d'autres espèces émaillaient l'herbe haute, d'un vert cru laqué de lumière.

Un instant, Simon observa le manège de quelques abeilles avant de tirer la loupe de sa poche.

« Penchez-vous lentement, recommanda-t-il, regardez bien, là, sur cette hampe de fleurettes bleues. »

Tristan obéit, découvrit l'insecte affairé, les fines ailes frémissantes, la tête plongée au cœur des pétales offerts. Sur tout le corps de l'abeille, une infime poudre d'or parsemait les poils bruns ; au-dessus des deux dernières pattes, des petites boules jaunes, comme une grosse tête d'épingle.

« Ce sont les pelotes de pollen qu'elle rapportera à la ruche. Avec le bout des pattes antérieures, elle rassemble celui qui adhère à ses poils, exactement comme avec un peigne. Elle le fixe ensuite dans la corbeille ménagée sur le haut de la dernière paire de pattes. Alors, qu'en dites-vous ?

– C'est tout simplement merveilleux ! Et la danse des abeilles, est-ce une réalité ou une légende ?

– Je vais vous prêter un livre comportant plusieurs croquis. Vous verrez que c'est un moyen de communiquer puisque les abeilles sont dépourvues de voix. Par diverses arabesques, assez compliquées parfois, elles indiquent à leurs sœurs dans quelle direction trouver du nectar en abondance.

– Justement, ce nectar, je suppose qu'elles possèdent une poche spéciale pour l'engranger ?

– Oui, c'est le jabot. Et ce que le profane ignore le plus souvent, c'est qu'elles l'utilisent aussi pour rapporter de l'eau à la ruche. Le jabot comporte un petit clapet qui s'ouvre et se ferme pour nourrir ou abreuver l'abeille en plein travail. Le surplus du nectar servira à l'élaboration du miel.

– Oh ! il me reste des quantités de choses à apprendre ! Au retour, vous voudrez bien me confier quelques livres ?

– Avec grand plaisir. Vous ne pouvez savoir comme je suis heureux lorsque je rencontre quelqu'un qui montre autant d'intérêt pour ces insectes exceptionnels. »

* *

*

Les jours suivants, les habitants du Clos s'étonnèrent de ne pas revoir leur voisin.

« Tristan est encore reparti, dit Léna, mécontente. Pourtant, il doit rentrer chaque soir, ses volets sont ouverts tout le jour !

– Il va à ses affaires, répondit Simon. Tu dois comprendre qu'il ne peut et ne désire sûrement pas être chez nous sans arrêt. Il a des occupations, c'est bien normal. »

La petite ne cachait pas sa déception. Tristan était son ami, il l'écoutait toujours avec beaucoup de patience. Souvent, à sa demande, il lui rapportait quelques anecdotes glanées au cours de ses voyages. Et puis, Léna adorait gambader avec Cyrus dans le petit bois. Le setter suivait-il son maître ou restait-il enfermé quand il était absent ?

Pauline, une fois de plus, vivait dans l'attente. De jour en jour, un étrange pressentiment lui faisait craindre de perdre Tristan à jamais. Elle ne s'habituait pas à ses disparitions subites, même s'il lui en avait confié la raison.

Le samedi suivant, après neuf jours sans la moindre nouvelle de Tristan – oui, elle comptait les jours, comme sa fille mais pour d'autres raisons… –, elle le revit enfin. Et cette ultime rencontre, elle devait la regretter longtemps, très longtemps.

En début d'après-midi, quatre clients faisaient leur choix parmi les rayonnages couverts de livres. Pauline attendait une éventuelle demande de conseils, comme c'était souvent le cas.

Elle présentait justement à une jeune femme un recueil de nouvelles traduit de l'anglais, récemment paru, lorsque Tristan franchit le seuil de la librairie. Il jeta un coup d'œil dans la boutique, parut très contrarié de ne pas trouver Pauline seule. Les sourcils froncés, il fit mine de s'intéresser à des ouvrages disposés sur une table, mais il les regardait à peine.

Les clients ne semblaient pas pressés et le journaliste montrait de plus en plus de signes d'impatience. À la fin, il interrompit la conversation entre Pauline et la jeune femme toujours hésitante.

« Excusez-moi, dit-il d'un ton abrupt, je suis assez pressé, je reviendrai plus tard. »

Sur un bref salut, il tourna les talons et quitta rapidement la librairie.

Prise au dépourvu, impuissante à le retenir, Pauline s'efforça de continuer à sourire, en bonne commerçante, mais l'attitude de Tristan la déconcertait.

Environ une heure plus tard, elle se retrouva seule, et son anxiété ne fit que croître. À l'évidence, il était très pressé de lui parler. Une question lancinante l'obsédait : quelle révélation aurait-il pu lui faire, sinon lui donner le résultat de son incessante recherche de la vérité ? Tristan, elle en était certaine, était parvenu au bout de sa longue quête. Nul doute que le traître qui avait envoyé son frère et ses amis à une mort atroce avait enfin pour lui un nom et un visage.

Fébrile, la jeune femme entreprit quelques rangements pour s'occuper, détourner le cours de son angoisse grandissante. Pourquoi ne revenait-il pas ?

Soudain, il entra précipitamment dans la librairie, parut soulagé de trouver Pauline seule.

« Bonjour. Je peux vous parler ? »

Ce ton hâtif, cette brusquerie ne lui ressemblaient pas. Il était pâle, les yeux fiévreux, les traits tirés. Sans doute n'avait-il pas dormi depuis longtemps.

« Attendez, je vais fermer le magasin… »

Elle donna deux tours de clé, accrocha la pancarte annonçant la fermeture.

« Venez », dit-elle.

Tristan la suivit dans l'arrière-boutique encombrée de cartons. Une table minuscule, une chaise, deux tabourets occupaient le peu d'espace libre. Le journaliste continuait à se taire, hésitant et visiblement très mal à l'aise.

« Asseyons-nous », proposa-t-elle, gagnée par la gêne de Tristan.

Il fit non de la tête, se décida enfin à parler.

« Pauline, vous allez me haïr ! Non, s'il vous plaît, ne m'interrompez pas ! J'aurais tellement voulu, je ne m'attendais pas...

– Avez-vous trouvé les coupables à la fin ? »

Le désarroi de Tristan, sa réticence l'exaspéraient soudain. Qu'attendait-il pour s'expliquer ?

« Je n'aurais jamais cru... » reprit-il avec effort.

Et levant vers elle un regard désolé, il ajouta :

« Je comprendrai que vous ne vouliez plus me voir, je comprendrai ! Je vais vous faire beaucoup de mal, à vous et aux vôtres, pardonnez-moi ! »

Alors une atroce pensée s'imposa soudain à Pauline : son père ! Le délateur, c'était lui !

« Non, cria-t-elle avec force, non, c'est impossible, pas mon père ! Il n'aurait jamais fait une telle chose, jamais ! »

Tristan lui prit les mains et elle tenta vainement de se dégager de son étreinte. Sa mine affolée, ses efforts pour lui échapper le bouleversaient au-delà de tout.

« Mais non, Pauline, non, pas votre père bien sûr ! »

Et puisqu'il fallait en finir, il dit très vite :

« Il n'y a qu'un seul traître et c'est Germain Souleyre !

– Germain ? Vous êtes sûr ? »

Incrédule, les yeux agrandis d'horreur, elle le regardait sans paraître comprendre.

« Oui, hélas ! je suis sûr ! Demandez à Alice, à son fils aussi de me pardonner mais il faut... je dois... vous comprenez, n'est-ce pas ? Dites-moi que vous comprenez ! »

Et comme elle ne répondait rien, consciente soudain de l'affreuse réalité et de ses conséquences pour toute sa famille, il ajouta avec une infinie tristesse :

« Je pars ce soir, je ne reviendrai plus. Adieu Pauline, je vous aimais, je vous aime ! »

Lâchant les mains glacées de la jeune femme, il s'enfuit à travers le magasin. Elle entendit la porte se refermer. Alors elle s'appuya aux rayonnages qui couvraient le mur, derrière elle. Sa tête tournait, tout se brouillait. Un mot, un nom brûlant la taraudait : Tristan, son amour…

Germain avait tout détruit : la vie de sa sœur d'abord, leur vie à tous à présent. Alice, Pierrot, son père, sa fille… La honte retomberait sur eux tous, quand on saurait.

Comme un automate, elle mit le volet de fer, traversa la rue, reprit sa voiture pour se réfugier chez elle, au Clos.

# XXVII

## Le piège déjoué

En milieu d'après-midi le lendemain, une grosse voiture noire s'arrêta devant la quincaillerie. Deux hommes en sortirent pour pousser aussitôt la porte du magasin ; un troisième resta debout sur le trottoir, près du véhicule.

« Messieurs, vous désirez ? »

Malgré leurs vêtements civils, les arrivants n'avaient pas du tout l'allure des clients habituels de ce genre de commerce.

« Bonjour madame. Police ! dit l'un des deux hommes en montrant à Alice une carte tirée de sa poche. Nous voudrions parler à M. Germain Souleyre.

– C'est mon mari, mais il est en tournée et ne rentrera guère avant 18 h 30 environ. Mais pourquoi voulez-vous le voir ? Il a quelque chose à se reprocher ?

– Nous voulons simplement lui poser quelques questions, rassurez-vous. Nous pouvons l'attendre ici ?

– Naturellement. Je vais vous chercher des chaises…

– Inutile. Nous attendrons M. Souleyre dans la voiture. S'il est en tournée, je suppose qu'il se trouve au volant d'un véhicule utilitaire ?

– Oui, sa camionnette.

– Et il la gare loin d'ici ?

– Non, la remise est juste là, elle donne sur l'arrière-cour.

– Merci madame. »

Le policier fit signe à son collègue, et ils sortirent aussitôt. Postée derrière la vitrine, Alice les vit parler à l'homme resté dehors, puis ils s'installèrent tous les trois dans leur voiture.

Pierrot fit alors irruption dans le magasin.

« C'était qui ces hommes, maman ? Qu'est-ce qu'ils veulent à papa ?

– Rien, juste lui demander quelques renseignements.

– Des renseignements sur quoi ?

– Ils ne l'ont pas dit. Vous avez fini de goûter ? »

Quand les policiers s'étaient présentés, Pierrot, Rémy et Léna arrivaient tout juste de l'école ; installés à la cuisine, ils prenaient leur goûter. La porte sur le magasin restait généralement ouverte, aussi avaient-ils tout entendu. S'efforçant de rester naturelle, Alice réussit à leur cacher son inquiétude.

« Allons ! il faut vous mettre aux devoirs maintenant ! »

Une petite heure plus tard, les trois enfants sortaient jouer dans l'arrière-cour. Alice, alors, se laissa aller à ses interrogations. Lors des soirées, fort nombreuses, où Germain ne rentrait pas chez lui, qu'avait-il bien pu arriver ? Il était souvent ivre. Était-il impliqué dans une empoignade, dans l'un des bars de la ville, une discussion qui aurait mal tourné ? Son mari avait-il blessé quelqu'un, ou pire peut-être ?... Elle ne savait que penser. Anxieuse, elle commença à préparer le dîner en s'interdisant d'imaginer le pire. Après tout, Germain n'était peut-être qu'un témoin, et c'était seulement à ce titre que la police désirait l'interroger.

L'heure tournait et il n'arrivait toujours pas. Chaque bruit de moteur dans la rue mettait Alice en alerte, mais les véhicules ne faisaient que passer, sans s'arrêter ni même ralentir.

La sonnette du magasin fit soudain sursauter la jeune femme. Ce n'était qu'une petite voisine d'une douzaine d'années.

« Bonsoir madame Souleyre. Maman m'envoie chercher un kilo de sucre en morceaux, on n'en a plus pour déjeuner demain matin. Et aussi une grosse boîte de sardines, des "Belle Armorique" elle a dit, s'il vous plaît. »

La gamine partie, l'attente reprit, interminable. De minute en minute, l'angoisse d'Alice augmentait. Il était plus de 19 heures et Germain n'arrivait toujours pas. Pauline allait venir bientôt chercher sa fille pour rentrer au Clos des Églantiers, mais que pourrait-elle dire ? Pas plus qu'elle-même, sa sœur n'avait aucune idée des agissements de Germain.

Alice ne savait pas que, la veille, Pauline avait eu la visite de Tristan et, surtout, elle ignorait encore quelle terrible révélation il lui avait faite.

Arrivée en trombe au Clos, Pauline s'était effondrée dans les bras de son père qu'elle avait rejoint dans le potager.

« Mais que se passe-t-il, ma petite fille ? Parle, parle, enfin ! » répétait Simon, alarmé.

La jeune femme réussit à retrouver un peu son sang-froid pour dire seulement :

« Rentrons, s'il te plaît papa, je vais te dire... »

À l'abri dans la salle à manger dont elle avait précipitamment refermé les deux fenêtres, comme si l'on avait pu l'entendre du verger, Pauline s'assit près de son père et lui prit les mains.

« Tout à l'heure, Tristan est entré dans la librairie, il vient seulement de repartir. Il voulait me dire... Oh ! c'est épouvantable ! Qu'allons-nous devenir, papa ? »

Et elle entreprit de rapporter à Simon les paroles du journaliste, des mots atroces qui allaient jeter l'opprobre sur toute leur famille.

Aussitôt, le vieil homme se figea. Son visage fermé, sévère, son silence impressionnaient sa fille bien davantage que s'il avait jeté de hauts cris. Convulsivement, elle serrait ses doigts, contenant avec peine des sanglots de désespoir. Enfin, Simon parut reprendre vie.

« Le monstre ! s'exclama-t-il. J'avais bien raison de m'en méfier ! Hélas ! ta sœur n'a pas voulu m'entendre. Sans son insistance, je ne l'aurais pas embauché, et ce misérable ne serait jamais entré dans notre famille !

– Si elle avait pu savoir, alors... Même si elle n'en parle pas, sa vie auprès de lui est un enfer, tu le sais comme moi. Sans son fils... »

Pauline n'acheva pas. À quoi bon ? Les choses étaient ce qu'elles étaient. Alice et Pierrot, eux aussi, à leur façon, étaient des victimes de cet homme abject.

« Que va-t-il arriver maintenant ?

– Si Tristan le dénonce, ce qu'il va certainement faire sans tarder, on va l'arrêter, l'interroger.

– Et ce sera la prison, tu crois ?

– Je ne sais pas, je pense que oui. Le connaissant, je suppose qu'il va nier les faits. Mais si Tristan apporte des preuves suffisantes, il y aura un procès. »

La mine navrée de sa fille rappela soudain à Simon qu'une idylle était née entre elle et le journaliste. Si elle ne s'était jamais confiée, son père avait compris depuis longtemps leur attirance réciproque.

« Tristan... qu'est-ce qu'il t'a dit au juste ?

– Très peu de choses, papa, seulement ce que je t'ai rapporté. »

En réalité, elle n'avait pas répété les derniers mots de cet homme qui lui était si cher, des mots qui lui donnaient tellement d'amers regrets : « Adieu, je vous aimais, je vous aime ! »

« Il t'a dit qu'il ne reviendrait pas, tu comprends bien qu'à présent, il ne pourra plus rester à Saint-Didier, mais peut-être... enfin je peux me tromper, tu ne penses pas qu'il aimerait te revoir ailleurs ? Il est rentré à Paris ? »

Pour seule réponse, Pauline se contenta d'un haussement d'épaules en signe d'ignorance. Elle refoulait des larmes. La revoir ailleurs ? Il n'en avait rien dit ; son départ, hélas ! était définitif et elle devrait l'oublier.

« Il faudrait que je redescende en ville ouvrir la librairie, mais je ne m'en sens pas le courage. Il me semble que chaque client va maintenant me dévisager avec réprobation, comme si j'avais fait quelque chose de mal...

– Où vont les enfants après l'école ?

– Les enfants, mon Dieu ! Vite, je repars, il ne faut pas qu'ils trouvent la porte du magasin fermée ! Crois-tu que je doive avertir Alice ?

– Non, ne dis rien encore. À mon avis, Germain ne sera pas appréhendé avant quelques jours. »

* *
*

Alice avait fait dîner les garçons en s'efforçant de minimiser l'absence de Germain. D'habitude, il rentrait toujours aux heures de repas, pour ressortir aussitôt après.

Au retour des tournées, il fallait vider la camionnette et ranger les invendus. De plus en plus souvent, c'était Alice qui s'en chargeait, aidée de Rémy. Depuis peu, Pierrot, lui aussi, tenait à faire sa part de travail ; s'il ne pouvait encore soulever les caisses, il se montrait fort capable de remettre en rayons les denrées d'épicerie. Rémy était son modèle, il l'imitait en tout comme il l'eût fait d'un frère aîné admiré sans réserve.

Pour ne pas alarmer son fils, Alice évoqua une probable panne de la camionnette.

« Au moins, papa n'a pas eu un accident ?

– Non, rassure-toi. Si c'était le cas, on serait venu nous avertir, tu peux en être certain. D'ailleurs, tu le sais, la tournée de ton père ne l'éloigne pas tant que ça de Saint-Didier. Tranquillise-toi, c'est un simple retard. »

Rémy n'osait pas intervenir, mais il percevait fort bien l'angoisse de sa tutrice. Depuis longtemps, le garçon se rendait bien compte que les rapports du couple se dégradaient de jour en jour. Naturellement, il n'en disait rien à personne.

Les deux enfants couchés, Alice s'assura que la voiture des policiers était toujours là. L'heure de la fermeture était largement dépassée mais elle hésitait à baisser le volet roulant de la devanture. Soudain, l'homme qui lui avait parlé et qui semblait être le chef sortit de la voiture ; il entrebâilla la porte du magasin.

« Excusez-moi, votre mari n'est toujours pas rentré ?

– Non, et je ne m'explique pas ce qui a pu le retenir aussi longtemps. Une panne peut-être…

– Bien. Nous reviendrons demain en fin de matinée. Demandez à M. Souleyre de se tenir ici à disposition, je compte sur vous. Nous devons lui poser des questions à propos d'une histoire assez ancienne, mais d'une très grande importance. Bonsoir madame. »

La voiture repartie, Alice ferma le magasin avant de se diriger vers l'arrière-cour ; comme elle s'y attendait, la remise était vide, aucune trace de Germain. De retour à la cuisine, elle décida de se plonger dans les comptes pour ne penser à rien d'autre. Mais, très vite, elle referma ses livres, incapable de se concentrer sur les colonnes de chiffres.

En soupirant, elle prit son tricot. Il lui fallait rallonger les manches de l'un des gilets de son fils, bien trop courtes à présent ; ces derniers temps, Pierrot avait beaucoup grandi.

Machinal, ce travail laissait l'esprit libre, aussi la jeune femme recommença-t-elle à se poser des questions. Le policier avait parlé d'une histoire assez ancienne… Connaissait-elle déjà Germain à l'époque, ou bien les faits dataient-ils d'avant son arrivée à Saint-Didier ? Comment savoir ? Du passé de son mari, elle ignorait tout ou presque. Et, s'ils vivaient maintenant sous le même toit, ils n'en étaient pas moins deux étrangers l'un pour l'autre.

Devait-elle ou non avertir son père, lui demander de partir à la recherche de Germain sur le trajet de la tournée ? Non, il ne fallait pas alerter Simon. Et, surtout, connaissant l'inimitié des deux hommes, Alice pensait à juste titre que mieux valait éviter une confrontation. Après tout, son mari pouvait fort bien être rentré en ville. S'il avait voulu la rassurer, il aurait utilisé le téléphone… Où le trouver ? Elle ne pouvait décemment pas visiter tous les bars des environs pour s'assurer que Germain avait été vu ou non ce soir-là.

Il était près de 23 heures quand elle entendit la porte de la cour s'ouvrir et se refermer. Presque aussitôt, son mari entra dans la cuisine, l'air furieux.

« C'est à moi qu'ils en voulaient, je suppose ? »

Alice n'osa pas lui demander de parler plus bas pour ne pas réveiller les enfants.

« Oui, mais… comment tu as su ?

– Qu'est-ce qu'ils t'ont dit ? fit Germain sans daigner répondre à cette question.

– Qu'ils reviendraient t'interroger demain en fin de matinée.

– M'interroger, m'interroger ! À quel propos ?

– À propos d'une histoire assez ancienne, je ne sais pas laquelle. Mais toi… Où est la camionnette ?

– Là où elle doit être, ne t'occupe pas ! Je vais me coucher, mais je repartirai demain avant le jour.

– Pour aller où ? Qu'est-ce que je vais leur dire ?

– Que tu ne m'as pas vu, je suis pas rentré et tu sais pas où je suis. D'ailleurs, ajouta Germain avec un mauvais ricanement, ce ne sera pas un mensonge, je me garderai bien de te dire où je vais me planquer ! Tu veux savoir pourquoi ? J'ai pas confiance en toi, pas du tout ! Et encore moins confiance en ton père. Je sais qu'il n'attend qu'une occasion pour me nuire, celui-là ! »

Alice jugea préférable de ne pas relever ces derniers propos ; il était inutile d'envenimer une situation déjà assez tendue.

« Enfin, tu seras bien obligé de rentrer un jour ou l'autre ! La police va te rechercher ! Cette histoire, qu'est-ce que c'est ?

– J'en sais rien, et si je le savais, je te le dirais pas ! »

Là-dessus, Germain gagna l'étage. L'inquiétude de sa femme n'était pas dissipée, bien au contraire. Pierrot... qu'allait-elle lui dire ?

Elle reprit son tricot. Ses doigts tremblaient. Elle aurait dû se coucher, essayer de dormir. Mais, elle le savait bien, le sommeil la fuirait des heures durant, toute la nuit peut-être.

Soudain, la tête ébouriffée de Rémy se montra par la porte entrebâillée. Aussitôt, Alice mit un doigt sur sa bouche en lui faisant signe d'entrer.

« Tu ne dors pas ? Il est très tard, il faut vite aller te recoucher ! chuchota-t-elle.

– M. Souleyre est rentré, je l'ai entendu vous parler, répondit le gamin sur le même ton. Alors, il n'était pas en panne ? »

Alice réfléchissait très vite. Rémy avait tout entendu et, très certainement, tout compris. Que faire ? Si les policiers, le lendemain, se trouvaient là à l'heure où les garçons rentraient déjeuner, Rémy ne devait rien dire. Il ne parlerait pas de lui-même, mais on allait les questionner, Pierrot et lui, leur demander s'ils avaient revu Germain depuis la veille...

Elle se leva, prit l'enfant par les épaules, se pencha pour lui parler, toujours à voix basse :

« Rémy, tu ne dis à personne que mon mari était là ce soir, tu entends bien, à personne, ni aux policiers ni à quiconque ! Promets-moi ! »

Inquiet de la pâleur et de l'exaltation tellement inhabituelle de sa tutrice, Rémy fit ce qu'elle lui demandait.

« Je dirai rien à personne, même pas à Pierrot, rien, je vous le promets.

– C'est bien, je t'expliquerai plus tard, d'accord ? Pierrot… il n'est pas réveillé au moins ?

– Non, j'ai entrouvert sa porte tout doucement, il dort, c'est sûr. »

Alice réussit à lui sourire. Elle l'embrassa et il regagna sa chambre. Dieu que les adultes étaient compliqués ! Pas Alice, bien sûr, mais son mari, compliqué et méchant. Mais cette opinion, Rémy naturellement la garderait pour lui.

* *
*

Quand Alice avait demandé à son mari comment il avait su que des policiers étaient là pour lui, il avait éludé la question. En réalité, le hasard, ou la chance, avait voulu que, de loin, il aperçoive leur voiture devant son magasin. Il était au volant de sa camionnette et n'avait pas hésité à faire demi-tour, en espérant qu'aucun de ces hommes ne l'avait remarqué alors qu'il arrivait au bout de la rue, derrière eux. Il avait reculé, pris la première rue sur sa droite et fui la ville en toute hâte.

Pourtant banalisé, le véhicule des policiers était fort reconnaissable pour quelqu'un comme Germain ; durant la guerre, lors de ses séjours inexpliqués à Clermont, il avait eu maintes fois l'occasion d'en croiser de semblables. Et il n'ignorait pas que, malgré les trois années écoulées depuis la fin du conflit, certains s'acharnaient toujours à retrouver miliciens et collaborateurs encore impunis ; on continuait à leur réserver un châtiment exemplaire et cela pour longtemps encore, sans nul doute.

Apparemment, son tour était venu. Mais il était bien décidé à ne pas se laisser faire. En premier lieu, il se cacherait quelque temps. Ensuite, s'il était arrêté – et cela arriverait fatalement un jour –, il nierait tout. On ne torturait plus les gens pour les faire parler ; s'il tenait bon, il faudrait bien qu'à la fin on le laisse tranquille. Ici, à Saint-Didier, personne ne savait rien, personne ne pourrait témoigner contre lui. Mais, sans raison précise, il se méfiait de son beau-père. Simon ne l'avait jamais apprécié ; s'il s'était présenté une occasion de lui nuire, il l'avait certainement saisie aussitôt.

Germain se dit que le mieux aurait été de fuir à l'étranger, mais ce satané Simon Varenne avait insisté pour que le commerce reste au nom de sa fille. Malgré l'argent qu'il détournait le plus souvent possible, il jugeait son pécule bien trop insuffisant. Serait-il obligé d'en venir au chantage pour que sa femme lui cède la moitié de ses biens ? Après tout, c'était possible. Il lui laisserait volontiers le gamin, pour elle, cela seul comptait. Mais il fallait d'abord attendre que les choses se calment quelque peu.

Rageur, Germain réunit tout l'argent caché dans sa chambre, mit quelques vêtements dans un sac et quitta la maison. Il allait retrouver sa camionnette cachée dans un bosquet, tout près de la ville. Après, on verrait bien.

# XXVIII

## Révélations

Après ses adieux à Pauline, en toute hâte Tristan avait réuni livres, papiers, machine à écrire, vêtements et quitté la maison des Verdier. Il était trop tard pour avertir le propriétaire de son départ et dénoncer le bail, il le ferait ultérieurement.

En regagnant Paris, il ferait halte à Clermont, chez les parents d'Olivier ; il devait leur rendre compte de l'issue de sa mission. Le délateur identifié, la police prévenue, sa longue quête était achevée.

S'il éprouvait un réel soulagement, Tristan était bien loin de ressentir la satisfaction, le sentiment de triomphe attendus. Sa victoire avait un goût trop amer, il en avait même vaguement honte. Damien, Fanny, Olivier... certes il était parvenu à leur rendre justice, mais à quel prix !

Sans cesse s'imposait le visage bouleversé de Pauline après ses révélations ; et ce n'est qu'au prix de constants efforts qu'il parvenait à se concentrer sur la conduite. Par instants, de manière fugitive, la route et ses probables obstacles disparaissaient presque. Avant d'entrer en ville, il arrêta sa voiture sur le bas-côté. Il lui fallait absolument se reprendre avant de sonner à la porte des parents d'Olivier.

Persuadé que Pauline le haïssait à présent, qu'elle le vouait aux gémonies en le promettant aux flammes de l'enfer, Tristan était en proie à une indicible souffrance. Elle l'aimait, il en avait l'absolue certitude, et voilà qu'il avait tout détruit de ce qui aurait pu être… Mais il n'avait pas eu le choix.

En découvrant le visiteur tardif, Jérôme Galien, le père d'Olivier, s'empressa de le faire entrer.

« Alors, demanda-t-il anxieusement, la porte sitôt refermée, avez-vous cette fois… ?

– Oui », se contenta de répondre Tristan.

Le visage du vieil homme s'éclaira. Saisissant les mains du journaliste, il les pressa avec force.

« Geneviève, appela-t-il, viens vite ! C'est notre ami Tristan, il a réussi ! »

Au fond du couloir apparut une petite femme fluette aux cheveux tout blancs. Elle levait vers le jeune homme un regard bleu pâle, un peu délavé, dans lequel il vit briller des larmes. S'approchant tout près, elle l'étreignit en murmurant :

« Enfin, mon Dieu ! enfin ! Merci du fond du cœur, Tristan, merci d'avoir rendu justice à mon petit ! »

Terriblement ému, il n'osait pas bouger, ne trouvait aucun mot.

« Venez, dit M. Galien, vous nous raconterez.

– Nous allions nous mettre à table, vous dînerez bien avec nous ? Ne dites pas non, vous me ferez tellement plaisir en acceptant ! »

Tristan n'osa pas refuser. Comme ses hôtes, il mangea fort peu. Les parents d'Olivier ne cessaient de lui réclamer des détails ; aussi dut-il raconter par le menu comment il avait enfin localisé avec certitude l'homme recherché depuis près de dix mois.

« À cette heure, normalement, la police a dû l'appréhender. D'après ce que je sais, il va être incarcéré ici, à Clermont. Mais ensuite il y aura une longue enquête, après seulement un procès.

– Il est probable que nous serons convoqués, vous et moi, dit le père d'Olivier.

– Sans aucun doute. Et nous devrons fournir tous les renseignements en notre possession.

– Comment est cet homme ? demanda soudain madame Galien. Je veux dire, savez-vous s'il a une famille ? »

Cette question inopinée laissa Tristan confondu. Il mit quelques instants à répondre. Devant lui venaient soudain de surgir le petit Jean-Pierre, la douce et mélancolique Alice, toujours si effacée ; à l'arrière-plan, Léna en larmes, Pauline, si belle, la mine ravagée, Simon enfin, digne et triste, réprobateur. Tous, il les revoyait tous. Et leur regard plein de reproches l'accablait.

Tristan ferma les yeux, respira profondément.

« Oui, dit-il enfin, il a un fils de huit ans et une épouse exemplaire qui, j'en jurerai, n'a jamais rien soupçonné des forfaitures de son mari. »

Un silence tomba alors. Chacun mesurait les conséquences de cette arrestation dans l'existence d'une famille à présent brisée.

« Fallait-il détruire la vie de deux innocents ? demanda enfin la mère d'Olivier. La femme et le fils de cet homme ne sont pas responsables, n'est-ce pas ? L'avenir de cet enfant restera entaché à jamais de l'infamie de son père. À cause de nous, de notre acharnement. Et cela, hélas ! ne nous rendra pas notre fils unique, ni votre frère et sa fiancée...

– Geneviève, voyons ! reprocha doucement Jérôme Galien. Les coupables doivent être punis, c'est la loi ! Cet homme a mille fois mérité la mort et il sera seulement emprisonné, tu le sais bien !

– Je le sais, oui, dit tristement la vieille femme. La loi... Olivier aurait-il voulu qu'un enfant innocent soit couvert de honte sa vie durant à cause de lui ? Je voudrais en être certaine, maintenant je ne sais plus. »

Son regard fixait le vide. « Certes, pensait-elle, justice sera bientôt rendue à mon fils, à Fanny, à Damien et à tous les autres que ce scélérat a dénoncés, mais je ne me doutais pas à quel prix... »

« Excusez-moi, dit alors Tristan qui avait hâte d'échapper à une discussion stérile, d'autant plus vaine qu'il était bien trop tard pour changer quoi que ce soit aux événements. Je dois prendre congé, une très longue route m'attend.

– Vous ne songez pas à regagner Paris ce soir, j'espère ! s'exclama monsieur Galien. Ce ne serait pas raisonnable, voyez, il fait nuit. Vous allez dormir ici et vous partirez tôt demain matin, voilà tout !

– Mon mari a entièrement raison, renchérit la mère d'Olivier en se levant. Je vais mettre des draps dans la chambre d'amis.

– C'est que... mon chien m'attend dans la voiture et je dois le sortir un moment.

– Qu'à cela ne tienne ! Allez vite chercher ce pauvre animal, nous lui donnerons à manger, il y a bien assez de restes. Après, vous l'emmènerez faire une promenade et il pourra très bien dormir dans l'entrée. »

Tristan se rendit aux raisons de ses hôtes en les remerciant. Le trajet jusqu'à la capitale, de nuit qui plus est, ne le tentait pas du tout tellement il se sentait épuisé. N'osant pas avouer qu'il pensait dormir dans sa voiture – que faire de Cyrus, sinon ? –, il partit chercher son chien.

Le lendemain, dès 6 h 30, il prenait la route de Paris. Il reverrait les parents d'Olivier lors du procès, dans quelques semaines, quelques mois peut-être. À présent, il avait hâte de reprendre son travail au journal et d'oublier son séjour à Saint-Didier-les-Bois. D'oublier... était-ce bien certain ? Le souhaitait-il vraiment ? Il en doutait.

Quelques jours auparavant, il avait envisagé, lorsqu'il serait à Clermont, d'aller voir, pour s'y recueillir, la maison où son frère avait été détenu et où il était mort. À sa demande, M. Galien lui en avait donné l'adresse.

« Dans l'avenue de Royat, c'est une belle villa aux murs de pierres blanches ornés de briques rouges. Elle est restée fermée depuis la fin de la guerre. Les Clermontois l'appellent “la maison de la torture” et l'évitent soigneusement. Elle est à vendre, paraît-il, mais je ne pense pas qu'un acquéreur se présente avant longtemps. Le temps d'oublier… À mon avis ce sera long, très long. »

Maintenant, le jeune homme n'avait plus le courage d'affronter ces lieux, d'imaginer ce qui s'était passé là quelques années plus tôt et dont, certainement, les murs gardaient encore l'horrible souvenir. Se reprochant sa lâcheté, Tristan quitta donc la ville qui s'éveillait ; plutôt qu'un départ, c'était une fuite, un désir profond d'oubli total. Dès que possible, il partirait en reportage à l'étranger.

* *
*

Ce même jour, un peu avant 11 heures, la police se présentait à nouveau chez Germain Souleyre. Alice affirma que son mari n'était toujours pas rentré. En son for intérieur, elle espérait que les policiers ne s'attarderaient pas ; ainsi, ils ne rencontreraient ni Pierrot ni Rémy et ne pourraient pas les questionner.

« Madame Souleyre, dit le chef de police, je vous crois, naturellement, mais nous allons devoir procéder à une perquisition, c'est la loi. »

Après la visite du magasin, de la réserve et de l'appartement, les hommes montèrent à l'étage. La chambre de Germain, fouillée de fond en comble, ne livra rien de répréhensible. Pour finir, les policiers inspectèrent soigneusement la remise vide et la petite cour.

« Il me faut l'itinéraire de la tournée effectuée hier. Les gendarmes vont refaire le parcours et quêter des renseignements. Votre mari et son véhicule ne se sont tout de même pas volatilisés ! Sur un trajet aussi court, un accident aurait déjà été signalé, en début de matinée au moins. »

Alice remit au chef la liste des villages et lieux-dits où s'arrêtait habituellement son mari.

« Pensez-vous que M. Souleyre aurait pu, exceptionnellement, changer cet itinéraire ?

– Je ne crois pas, il n'y avait aucune raison. Mais j'ignore s'il a brusquement décidé de rentrer par une autre route, après tout ce n'est pas impossible. »

Le policier la regarda droit dans les yeux avant de dire, d'un ton presque solennel :

« Madame Souleyre, votre mari est accusé d'avoir dénoncé un groupe de résistants, en 1943, provoquant leur déportation et leur mort. Vous saviez qu'il s'était engagé dans la Milice ?

– Absolument pas ! répondit Alice, à la fois incrédule et profondément consternée.

– Il agissait à Clermont. Vous aviez remarqué ses absences, tout de même ?

– Ses absences ? Oui, bien sûr, de temps à autre... Mon mari disait que ses voyages avaient trait au ravitaillement du magasin, les produits d'épicerie plus particulièrement.

– Et vous l'avez cru ?

– Je n'avais aucune raison de ne pas le croire.

– Si je comprends bien ce que vous dites, votre mari, en somme, se livrait au marché noir ? »

Alice baissa la tête sans répondre.

« Rassurez-vous, de tels faits sont prescrits depuis longtemps. Mais pour le reste… Vous comprenez que si quelqu'un apporte des preuves suffisantes, votre mari sera considéré comme collaborateur et jugé comme tel ? »

Alice se contenta de hocher affirmativement la tête. Elle s'attendait si peu à de telles accusations…

« Je voudrais… dit-elle enfin d'une voix tremblante, pourriez-vous me dire qui affirme une chose aussi grave à propos de mon mari ?

– Non madame, c'est impossible. Mais vous l'apprendrez lors du procès, s'il y en a un. Si vous avez des nouvelles de M. Souleyre, je vous prie instamment d'en informer aussitôt la gendarmerie de Saint-Didier. Au revoir madame. »

La voiture de police repartie, Alice dut s'asseoir, ses jambes ne la portaient plus. Germain, un traître, un dénonciateur responsable de la mort de ceux qui, en temps de guerre, défendaient leur pays… Brusquement, elle se sentit remplie de haine à l'égard de cet homme infâme dont le déshonneur rejaillirait sur elle, sur leur fils. Car on allait le retrouver, elle en était certaine. Le retrouver, le juger, l'emprisonner.

Demain, dans quelques jours, quelques semaines au plus, tôt ou tard il n'échapperait plus à la police. Les clients, sur la tournée de la veille, donneraient son signalement et celui de la camionnette. Les gendarmes barreraient les routes, feraient des battues dans la campagne. Oui, bientôt Germain paierait ses crimes. Alors, qu'adviendrait-il de son fils, de son petit Jean-Pierre innocent ?

À présent, Alice regrettait de ne pas avoir révélé à la police la présence de son mari, ici, la nuit dernière.

Soudain, elle jeta un regard affolé à la pendule de la cuisine. Midi moins le quart, les garçons rentreraient bientôt. Elle ôta précipitamment sa blouse de travail, enfila une veste. Enfin, elle ferma le magasin à double tour pour se précipiter à la librairie et se jeter, bouleversée, dans les bras de Pauline.

Sa sœur ne put faire autrement que de lui rapporter les révélations de Tristan, la veille, avant son départ définitif.

« Son frère, sa fiancée et son meilleur ami, dis-tu ? C'est affreux, Pauline, affreux ! Que faire, que dire à Pierrot ? »

Toujours si calme et maîtresse d'elle-même, Alice aux abois se tordait les mains de désespoir. Pauline la serrait dans ses bras comme une enfant, lui caressait doucement les cheveux.

« Pourquoi faut-il qu'un tel monstre ait croisé ma route ? Comment expier, Pauline, comment ?

– Tu n'as rien à te reprocher, ma chérie. Toi aussi tu es sa victime, différemment bien sûr, mais sa victime tout de même. Remets-toi, allons ! je t'en prie. Attends-moi ici, je cours au-devant des petits, nous remonterons au Clos tous ensemble. »

Devant la porte de l'école, Pauline préparait ce qu'elle allait dire aux enfants : le père de Pierrot serait absent quelques jours pour témoigner au procès d'une très vieille affaire, au tribunal de Clermont. Elle espérait que les petits se contenteraient de ce mensonge, pour le moment. Après… elle ne savait pas. Germain avait tout détruit, tout, et elle n'aurait pas assez de sa vie entière pour le maudire.

# XXIX

## La vengeance des abeilles

POUR MIEUX DISSIMULER SA CAMIONNETTE, Germain l'avait entièrement recouverte de branches feuillues. Malgré ce camouflage, au cœur des bois qui l'abritaient, il était inquiet, en alerte au moindre craquement. Il regrettait de n'avoir pu pénétrer, avec son véhicule, dans une sapinière proche beaucoup plus touffue, quasi impénétrable.

La seconde nuit de sa fuite commençait. Il devait prendre une décision rapidement. Les recherches avaient sûrement commencé, il ne pouvait vivre ainsi indéfiniment ; d'ailleurs, les provisions contenues dans la camionnette seraient vite épuisées, d'autant que, par prudence, il ne pouvait se risquer à allumer du feu.

Il lui fallait de l'argent pour fuir à l'étranger, il en avait trop peu ; il serait obligé, hélas ! d'abandonner son véhicule qui attirerait trop l'attention sur lui. S'il devait prendre un bateau comme le faisaient les clandestins pendant la guerre, ses économies suffiraient à peine et, par la suite, il se retrouverait complètement démuni. Maintenant, il regrettait d'avoir dépensé dans les bars la plus grande partie des rémunérations accordées par les dirigeants de la Milice, en contrepartie de son « aide », à l'époque où les résistants étaient activement recherchés.

Alice, il le savait, ne conservait pas ou très peu d'argent liquide au magasin. Au fur et à mesure des rentrées, elle effectuait des versements à la banque. Germain réfléchit longuement avant de prendre la seule décision possible : se rendre au Clos des Églantiers, menacer Simon et l'obliger à lui remettre une somme suffisante.

Naturellement, ce vieux malin prétendrait que tout son argent était en banque, mais Germain avait pensé à tout : il lui donnerait la journée du lendemain pour faire un retrait et reviendrait chercher l'argent le soir même.

Il faudrait aussi dissuader Simon de le dénoncer. Pour cela, un seul moyen. Il menacerait de s'en prendre à sa chère fille et au gamin, ce serait un argument de poids. Ainsi, son beau-père n'oserait pas le livrer aux gendarmes.

On arrivait à la mi-juillet, le jour n'en finissait pas de disparaître. À bout de patience, Germain ne se risquait pas à fumer une cigarette dont le bout rougeoyant dans la pénombre l'aurait dénoncé. La nuit, enfin, engloutit peu à peu la campagne. Dans les fermes, au loin, les bruits avaient cessé. Des bois épais cachaient à Germain, de plus en plus nerveux, les lumières de la ville, un peu en contrebas.

Alors, muni d'une lampe électrique, il sortit du couvert des arbres, se glissa à travers prés en direction du Clos. Après une longue marche, il fut enfin en vue de la maison. Le verger le séparait de la bâtisse sombre aux volets fermés sur la nuit. Apparemment, les habitants dormaient.

En arrêt, Germain guetta un moment, hésita sur la conduite à tenir. Frapper à la porte, c'était alerter Pauline, sa fille aussi peut-être ; or, il ne voulait avoir à faire qu'à Simon. Une bouffée de rage le submergea à la pensée que ce vieux grippe-sou avait tout donné à Alice, le commerce, la maison, et à lui absolument rien.

Ce n'était pas la première fois qu'il rôdait dans les parages ; depuis longtemps, il avait repéré la fenêtre de la chambre de Simon. Il allait jeter quelques cailloux contre les volets de bois, ce serait sans doute suffisant ; généralement, les vieux n'ont pas le sommeil très profond.

Germain ralluma sa lampe, jeta vainement des regards autour de lui à la recherche d'une ou deux pierres. Dans l'herbe du verger, rien, mais le faisceau de la lampe éclaira brusquement la première rangée de ruches.

Alors il eut un ricanement silencieux : les chères abeilles de son beau-père ! Comme si leur miel, c'était de l'or... Pauvre vieux fou ! Une idée perfide tout à fait impulsive le traversa soudain. Il allait fracasser une ruche ; ensuite, il menacerait Simon de détruire toutes les autres s'il n'accédait pas à sa demande.

Satisfait de ce projet qu'il estimait fort judicieux, Germain s'employa aussitôt à arracher un énorme caillou au mur de pierres sèches séparant le verger de la prairie. Donnant libre cours à sa rage, il oublia tout à fait son désir de ne pas éveiller le voisinage et commença à marteler furieusement le toit de planches. Il frappait, frappait, fracassant à grands coups la hausse, les cadres, l'assise de la ruche enfin. Les abeilles engourdies s'affolèrent rapidement, décrivirent quelques cercles en bourdonnant, attaquèrent très vite l'intrus au front inondé de sueur.

Harcelé, piqué de toutes parts, il tenta par de grands moulinets de bras de chasser les insectes. Peine perdue. Innombrables, les abeilles se glissaient sous ses vêtements, enfonçaient leur dard à qui mieux mieux. La douleur, très vite insupportable, fit prendre la fuite à l'infâme prédateur.

Abandonnant la pierre, sa lampe, Germain courut dans le noir à travers les prairies, essayant en vain de protéger sa tête de ses bras repliés. L'eau, il devait trouver de l'eau, vite ! Déjà, sa vue se troublait sous l'enflure de ses paupières. Où se diriger pour atteindre un ruisseau ? Loin de lâcher prise, les abeilles s'acharnaient sur le vandale. Déjà, son visage, ses mains se boursouflaient, se mettaient à enfler et à durcir sous l'effet du venin. Il cria de douleur et quelques insectes pénétrèrent dans sa gorge. Il courut encore au hasard, chancelant, affolé. Tout suffocant, pour aspirer de l'air il ouvrait la bouche et les insectes vengeurs s'y engouffraient par dizaines. Enfin il s'effondra, à demi étouffé.

* *
*

Germain ne pouvait savoir que sa femme, son fils et Rémy dormaient cette nuit-là au Clos des Églantiers. Simon, en effet, avait refusé de les laisser seuls en ville. Il s'était toujours méfié de son gendre ; aujourd'hui, les événements, hélas ! lui donnaient raison. Aussi avait-il décidé de passer les nuits auprès d'Alice, malgré ses protestations.

« La nuit dernière, il n'est pas revenu. Et quand bien même, quel mal pourrait-il nous faire ? Par chance, malgré tous ses défauts, il n'a jamais été violent, ni envers moi ni envers les garçons.

– Il n'empêche, on ne sait jamais. Peut-être est-il déjà très loin d'ici, peut-être se cache-t-il encore tout près. Dans ce cas, il reviendra sans doute chercher du ravitaillement. Non, je t'assure, vous sachant seuls je ne dormirai pas tranquille. »

Germain pouvait être tapi dans les environs proches de la ville, cernée de toutes parts par les bois. C'était l'été, vivre dehors se révélait assez facile. Avait-il conservé la camionnette pour s'enfuir plus loin ? Voilà qui était probable.

Finalement, le père d'Alice prit une autre décision. Réflexion faite, il pouvait être aussi dangereux de laisser Pauline et Léna seules au Clos. Aussi, jusqu'à ce que son gendre soit retrouvé, Simon préféra-t-il installer sa fille aînée et les enfants chez lui.

Il était un peu plus de minuit lorsque des coups sourds et répétés le tirèrent de son sommeil. Un instant il écouta, assis sur son lit ; le bruit semblait provenir du verger. Alors il se leva, revêtit sa robe de chambre, descendit sans bruit l'escalier en se gardant d'allumer aucune lampe. Posté derrière l'une des fenêtres de la salle à manger, malgré les volets fermés il comprit que quelqu'un se tenait près des ruches ; sans doute possible, on s'acharnait à les détruire avec un objet lourd. Mais quand Simon se décida à entrouvrir précautionneusement la porte d'entrée du Clos, le bruit des coups venait de cesser.

À une quinzaine de mètres de la maison, une nuée d'abeilles bourdonnait, menaçante. Alors Simon eut la certitude qu'on les avait bien attaquées. Il referma la porte en toute hâte et tourna la clé dans l'énorme serrure. Il s'apprêtait à gagner la remise par la porte intérieure pour s'équiper contre les insectes lorsque sa fille aînée se glissa auprès de lui.

« Ces coups, qu'est-ce que c'était ? chuchota-t-elle.

– On a tenté de détruire les ruches et, apparemment, on a réussi. Des centaines d'abeilles en furie tournent là-bas, sous les arbres. Surtout, n'ouvre aucune fenêtre et garde-toi bien de sortir. Je vais m'équiper et m'approcher pour constater les dégâts.

– Mais tu n'y penses pas ! C'est beaucoup trop dangereux !

– Avec mon équipement complet, je ne risque absolument rien, rassure-toi.

– Il n'y a pas que les abeilles, voyons ! Ceux qui s'acharnaient à frapper les ruches sont certainement là encore. Non, n'y va pas, je t'en prie ! »

À cet instant, Pauline apparut dans la pénombre, au pied de l'escalier. Comme en rêve, elle aussi avait entendu les coups et avait fini par se réveiller. Elle se joignit aussitôt à sa sœur pour supplier Simon d'être prudent.

« Attends, papa, tu n'envisages tout de même pas de courir après ces vandales ! Et, pour tes ruches, tu ne peux rien faire avant le jour. Allons nous recoucher, c'est la seule chose à faire. »

Simon finit par se rendre aux raisons de ses filles. Chacun gardait pour lui les mêmes questions : qui venait de s'attaquer aux ruches ? Germain ? Mais pourquoi, si ce n'était par vengeance ? Et quel profit pensait-il retirer d'un tel acte, aussi lâche qu'insensé ?

Ni le père ni ses filles ne parvenaient à s'expliquer ses motivations. S'il s'agissait bien du mari d'Alice, seule une cruauté toute gratuite pouvait lui avoir dicté un tel geste. Mais, depuis peu, on savait Germain capable de bien pire.

« Après tout, se disait Alice, il se peut que mon père ait eu avec lui des démêlés qu'il a jugé bon de me taire, pour m'épargner… »

De son côté, Pauline restait perplexe. Si Germain avait proféré à l'égard de son père des menaces plus ou moins précises, celui-ci ne lui en aurait rien dit bien sûr, et encore moins à Alice. Ses filles, puis ses petits-enfants, il les avait toujours protégés et il ne changerait pas d'attitude.

De longues heures durant, aucun ne réussit à retrouver le sommeil. À l'aube, n'y tenant plus, Simon descendit revêtir ses vêtements protecteurs ; il s'équipa avec soin, n'oubliant pas même les bottes hautes que d'ordinaire il négligeait d'enfiler.

Au comble de l'excitation, les abeilles continuaient à s'affoler autour de la ruche éventrée. En un instant, Simon en fut recouvert. La mort dans l'âme, il contempla tristement les centaines de petits cadavres écrasés, parmi les brisures de bois et les coulées de cire et de miel répandu. À travers le voile qui protégeait sa bouche, il voulut, un peu dérisoirement sans doute, rassurer les survivantes en leur parlant d'une voix égale, monotone, pour ne pas les effrayer davantage :

« Je vais arranger ça, ne craignez plus rien, je suis là pour m'occuper de vous, je suis là, tout va rentrer dans l'ordre... »

Ses abeilles, il les aimait ainsi que des amies fidèles ; elles dépendaient de lui comme un très petit enfant dépend de sa mère. Il leur devait aide et protection et ne les décevrait pas.

Simon s'était attendu à ne trouver que des ruines ; par chance, les autres maisonnettes étaient intactes. Assailli et cruellement piqué de toutes parts, l'intrus, sans doute, n'avait pu aller au bout de son forfait. Chassé par la douleur, il avait abandonné là le gros caillou dont il avait frappé la ruche à coups redoublés.

Il s'était probablement enfui par la prairie pour éviter les abords de la maison. Simon traversa l'herbe magnifiquement fleurie, toute humide de rosée, chercha au-delà dans le pré fauché depuis peu une forme étendue peut-être. Il ne vit rien. À cette heure, bien certainement, l'homme était très loin du Clos.

Bientôt, Simon fit demi-tour en espérant que les insectes se calmeraient peu à peu. Se penchant davantage sur les débris de la ruche, il vit que la reine était morte. Ainsi, il n'y avait aucun espoir de voir les abeilles former un nouvel essaim. La reine, leur mère à toutes, n'était plus là pour les y inciter.

Le plus urgent était donc de se rendre chez un collègue pour acheter une nouvelle reine fécondée. Avec un peu de chance, les rescapées se grouperaient autour d'elle pour s'agglutiner en essaim, réfugiées dans un arbre proche.

Simon ne pouvait pas prendre le temps de réparer la ruche, beaucoup trop endommagée ; aussi achèterait-il un nouveau logis avant de récupérer l'essaim espéré. Il devrait l'acquérir déjà garni de rayons bâtis et de cire gaufrée. Alors, il disposerait la nouvelle ruche ouverte sous l'essaim et le ferait tomber à l'intérieur. Le toit remis en place, il suffirait de nourrir quelque temps la colonie. Puis, en cette saison où les fleurs abondaient, les butineuses repartiraient en quête de nectar et la vie des ouvrières reprendrait comme avant.

Alors Simon s'empressa d'avertir ses filles de son projet ; il se prépara rapidement et partit là où il savait trouver le nécessaire à la survie des malheureuses abeilles totalement désemparées.

* *
*

Pauline conduisait les enfants à l'école pour leur dernier jour de classe. Elle venait de déposer sa sœur chez elle où, apparemment, tout était tranquille. Ni au rez-de-chaussée ni à l'étage, aucune trace de Germain.

Les deux sœurs avaient décidé de s'en tenir, pour les enfants, à une explication sommaire : durant la nuit, un animal sauvage, sans doute un sanglier, avait endommagé l'entrée d'une ruche. Les abeilles, en grand nombre, tournoyaient sous les arbres et il aurait été très dangereux d'en approcher. Aussi leur grand-père était-il parti en hâte acheter de quoi réparer le logis des insectes.

Léna et Pierrot s'étonnèrent à peine ; depuis leur plus jeune âge, Simon leur avait appris à ne jamais se promener dans le voisinage des ruches hors de sa présence. Seul Rémy remarqua le manque de naturel d'Alice et de Pauline, mais il n'en dit rien. De même, il s'était bien gardé de demander à la mère de Pierrot ce qu'il advenait de son mari ; au gré du gamin, celui-ci réapparaîtrait bien assez tôt.

En réalité, les préoccupations des trois enfants étaient d'un tout autre ordre ce matin-là. Au soir de ce 13 juillet débuteraient les grandes vacances. Deux mois et demi de liberté les attendaient et cette perspective était assez grisante pour effacer tout le reste.

Pour Rémy, ces congés supposeraient bien sûr un grand nombre d'heures de travail aux côtés de son tuteur. Pourtant, il espérait bien qu'Alice lui obtiendrait de longs moments de liberté pour jouer aux environs du Clos. Il avait promis à Pierrot de construire avec lui une cabane de branches dans le petit bois. Naturellement, Léna se joindrait à eux et ce serait merveilleux de jouer les « Robinson » dans leur cachette.

Et puis, Simon avait projeté avec eux de futures parties de pêche aux alentours.

« Tu verras, maman, affirmait Pierrot, on ramènera tellement de truites et d'écrevisses que tu en auras tout plein à vendre au magasin ! »

En attendant ces prises miraculeuses dans les ruisseaux avoisinants, chacun allait rendre ses livres à son maître respectif et oublier pour un temps devoirs et leçons.

De son côté, Alice attendait anxieusement la visite des gendarmes, mais la matinée s'acheva sans qu'elle n'ait vu aucun représentant des forces de l'ordre.

Elle supposa que son mari ne serait pas rentré le lendemain pour assurer les livraisons hebdomadaires à domicile. Aussi décida-t-elle de téléphoner aux clients pour excuser Germain ; celui-ci, affirmait-elle, ne pourrait livrer les marchandises déjà réglées au magasin, par suite d'un empêchement imprévu. Elle proposait donc une annulation avec remboursement ou bien elle offrait, si l'on venait prendre les produits au magasin, de consentir un rabais important.

Sans ces livraisons, sans les tournées dans les villages, le chiffre d'affaires allait s'en ressentir, mais que faire d'autre ? Privée de la camionnette, elle n'avait pas d'autre solution. Mais là ne résidait pas l'essentiel des préoccupations d'Alice.

Dans le quartier, elle ne l'ignorait pas, on s'interrogeait, forcément. La venue des policiers, par deux fois, n'avait échappé à personne dans le voisinage. À présent, l'absence de Germain devenait assez explicite, d'autant que les gendarmes devaient, en ce moment même, interroger nombre de commerçants, les patrons de bars en particulier.

Quelques clientes lui avaient déjà posé des questions embarrassantes auxquelles, parfois, elle ne savait que répondre. Ses mensonges forcés la mettaient mal à l'aise. Mais sa plus grande crainte, c'était que son fils apprenne la vérité de la bouche d'un voisin. L'arrivée des grandes vacances était bienvenue ; au moins, des gamins malveillants ne risqueraient pas d'ennuyer Pierrot dans la cour de l'école avec cette lamentable histoire.

À l'heure du déjeuner, comme de juste Pierrot s'enquit de son père ; Alice lui mentit, mensonge aussitôt décelé par Rémy, aux aguets.

« Ton père a téléphoné ce matin, il est encore retenu et ne rentrera pas avant... enfin pas aujourd'hui.

– Demain alors ?

– Sans doute, mais il n'en était pas sûr, il a dit qu'il rappellerait. »

Alice mentait mal, et Rémy se demandait comment Pierrot pouvait être assez naïf pour la croire. Pour lui, la gêne évidente de sa tutrice était à elle seule un aveu.

« Il est trop jeune, pensa le garçon. Les petits croient toujours tout ce qu'on leur raconte : le Père Noël, les contes de fées... Pauvre Pierrot ! »

En même temps, Rémy était vaguement déçu en découvrant que celle qu'il plaçait si haut pouvait être capable de dissimuler à ce point. Cette affaire lui devenait incompréhensible. Mais il trouvait des excuses à Alice.

« Comme tout ce qui va mal, c'est sa faute à lui ! Pourquoi le protége-t-elle ? Elle ne devrait pas. À sa place, je l'aurais dénoncé tout de suite ! »

Naturellement, il n'en ferait rien. Certes, il n'avait que onze ans et demi, mais, bizarrement, il se sentait tenu de défendre, à sa façon bien modeste, Pierrot et sa mère. En se taisant, cette dernière savait ce qu'elle faisait.

Depuis longtemps déjà, Rémy s'était juré d'avertir aussitôt Simon Varenne, au cas où il jugerait que Germain devenait dangereux pour sa famille.

## XXX

## Départs

LORSQUE TRISTAN SE PRÉSENTA au siège de son journal, on s'étonna d'un retour aussi rapide.

« Ton année sabbatique ne devait se terminer qu'en octobre, non ? demanda Serge Cellier, l'un des collègues dont Tristan était le plus proche.

– C'est vrai, mais je m'ennuyais tellement de vous tous ! plaisanta le jeune homme, soucieux de donner le change.

– Tes chroniques paysannes sont terminées, ou bien tu regagnes Paris par manque d'inspiration ? »

Pris de court, Tristan préféra rester évasif. Il s'empressa d'éluder ces questions par trop gênantes.

« J'étouffe un peu… et pas seulement en raison de la chaleur. Si le patron est disponible, je vais le voir de ce pas et lui proposer de partir en reportage… le plus loin possible.

– Qui veux-tu donc fuir ? Un amour déçu ? » reprit Serge d'un ton amusé.

Et comme Tristan ne répondait pas :

« La belle Marjorie est venue plusieurs fois aux nouvelles. Apparemment, tu lui manques beaucoup ! Tout de même, avoue que ce n'était pas sympa de la laisser dans l'ignorance de ton exil provincial. Et moi qui croyais que vous deux… »

Le visage fermé de Tristan arrêta soudain ce verbiage pourtant dépourvu de méchanceté.

« Pardon vieux, je voulais seulement plaisanter. Tu as l'air si sombre… Excuse-moi.

– Ce n'est rien, ne fais pas attention. Je me sens un peu fatigué ces derniers jours, mais c'est sans importance. Bon, à bientôt Serge. Au fait, si tu veux on déjeune ensemble, oui ?

– Avec plaisir. Tu me raconteras la campagne.

– Et toi tu me donneras des nouvelles de ta petite famille. 13 heures, chez Maurice, comme avant. »

Lorsque, un peu moins d'un an plus tôt, le père d'Olivier Galien avait contacté Tristan, celui-ci n'avait soufflé mot à personne de la mission qu'il allait tenter de mener à bien en Auvergne.

Au journal, personne n'ignorait la triste fin de son frère, lui aussi avait travaillé là plusieurs années durant. Mais, depuis sa disparition et celle de ses amis, personne n'en parlait jamais. Il y avait eu la Libération, l'armistice ; plus de deux ans avaient passé, la vie reprenait enfin. Peu à peu, on oubliait les années noires, quitte parfois à faire semblant. Tant de choses restaient à reconstruire, dans tous les domaines, pour remettre le pays exsangue sur les rails. Toutes les énergies, alors, se trouvaient mobilisées.

Au regard de ses collègues, Tristan paraissait avoir recouvré assez de sérénité pour reprendre enfin une vie normale. Son frère, sa seule famille, lui manquait terriblement, tout le monde en avait conscience. Mais Tristan était jeune, il allait « faire sa vie », fonder un foyer, mener l'existence de tout un chacun en temps de paix. Son métier, il s'y consacrait passionnément et, nul n'en doutait, il en tirait de réelles satisfactions. Et puis, il y avait Marjorie.

Tristan et la jeune femme s'étaient rencontrés ici même, dès que le jeune homme avait réintégré le siège du journal, une fois la Résistance dissoute. Son frère disparu, il se retrouvait absolument seul ; aussi n'avait-il pas hésité à reprendre sur-le-champ ses activités professionnelles.

La presse, à l'époque, comme la plupart des secteurs d'activité, n'était guère florissante. Pourtant, il fallait effacer au plus vite cinq années d'Occupation et l'on faisait preuve d'enthousiasme. Les Parisiens se remettaient à l'ouvrage avec ardeur. Au journal, de jeunes recrues remplaçaient ceux que la guerre avait emportés.

Marjorie, de son véritable nom Marguerite Tourneur, fut employée là comme stagiaire durant huit mois. Très vite, elle jeta son dévolu sur Tristan. Il était beau, élégant, paré de l'aura du combattant de l'ombre et reporter déjà assez connu ; sa mèche blonde, son allure romantique – ainsi disait la jeune fille à ses amies admiratives – faisaient de lui le compagnon de sorties idéal. Sauf que, les sorties, il les refusait toutes, au grand dépit de celle qui n'aimait rien tant que les lieux où l'on se distrait parmi la foule des personnes « à fréquenter absolument ».

À ses yeux, elle-même bénéficiait, grâce à son futur métier de journaliste, d'une gloire balbutiante que lui enviait son entourage. Elle devait donc se montrer dans les endroits les plus courus de la capitale pour se faire connaître. Tristan, bien au contraire, fuyait ce genre de lieux si recherchés, cafés ou brasseries à la mode fréquentés par les « intellectuels » où il était de bon ton d'être vu.

Marjorie, qui n'aurait pour rien au monde avoué à quiconque ses origines berrichonnes, incarnait le chic parisien du moment. Après la période dite « existentialiste » où il était de bon goût de passer des nuits blanches dans les caves de Saint-Germain-des-Prés, cheveux longs, chemise flottante ou pull noir sur un pantalon étroit, elle avait adopté le style américain.

Après le débarquement et la libération des provinces normandes, les jeunes soldats d'outre-Atlantique avaient envahi la capitale. Aussitôt, tout ce qui était anglais et surtout américain fit fureur : le chewing-gum, le Coca-Cola, les cigarettes de tabac blond au goût miellé, les danses que l'apprentie-journaliste adorait par-dessus tout. Dans les dancings de la capitale, on swinguait la nuit entière et l'on s'exhibait pour un rock'n'roll endiablé aux figures acrobatiques.

Marguerite Tourneur détestait son prénom, vieillot, beaucoup trop rural et absolument démodé ; aussi l'avait-elle rapidement transformé en Marjorie. Cela, en partie, pour plaire à un certain Mike, son danseur attitré. La froideur de Tristan l'ayant découragée, elle était tombée follement amoureuse de l'Américain à l'éclatant sourire. Assez vite cependant, le jeune homme s'ennuya de la vie trépidante de New-York .

Paris, c'était très bien mais ce n'était pas chez lui. Bientôt, il rentrait au pays. Il n'avait pas proposé à la belle de le suivre, ce qui lui avait évité de décider si elle était prête ou non à quitter la capitale et ses plaisirs.

Après avoir pleuré deux nuits entières, Marjorie s'était traitée de sotte. Et, bien qu'elle ait été embauchée dans l'équipe d'un autre journal, elle avait sans tarder repris des travaux d'approche auprès de Tristan. Lui, au moins, ne l'abandonnerait pas pour prendre le large définitivement ; même si, parfois, il s'absentait quelque temps pour un reportage, jusqu'à présent il était toujours rentré. Et elle avait assez d'amis et de collègues qui ne demanderaient pas mieux que de l'accompagner dans les dancings où se distrayait la jeunesse parisienne.

Malgré les aspects plutôt irritants du caractère de Marjorie, Tristan, peu à peu, s'était attaché à elle. Élégante, enjouée, la jeune fille croquait la vie à belles dents ; son charme un peu trop tapageur pourtant, son appétit de vivre avaient enfin séduit son compagnon. Lui aussi, inconsciemment sans doute, recherchait enfin sa part de bonheur. Mais il gardait assez d'indépendance pour refuser la vie commune ; c'était « chacun chez soi », et Marjorie avait dû s'incliner.

Les premiers temps de son séjour à Saint-Didier-les-Bois, Tristan avait donné de ses nouvelles, quelquefois. La jeune fille réclamait en vain une adresse où le joindre ; alors il restait évasif, prétextait, sans mentir vraiment, qu'il se déplaçait sans cesse pour son travail.

Et puis il avait fait la connaissance de la plus jeune fille de Simon Varenne. De plus en plus souvent, il s'était surpris à comparer Pauline et Marjorie. Cette dernière, trop maquillée, sûre d'elle et habillée à la dernière mode, aurait certainement éclipsé de très loin la jeune libraire.

En pensée, depuis son retour, Tristan revoyait ses chemisiers fleuris, ses jupes sages, son manteau d'hiver en lainage épais, ses gants tricotés de petite fille, ses pulls sobres, ses rares et très discrets bijoux. Pourtant, le souvenir des cheveux bruns si légers auréolant un visage aux traits fins, du sourire lumineux et franc, de la silhouette mince debout devant le Clos des Églantiers continuait à faire battre le cœur du jeune homme. Aussi, dès leur première rencontre après son séjour en Auvergne, il sut que Marjorie n'avait été rien d'autre qu'un passe-temps, une façon d'oublier sa solitude et la cruauté de la vie.

C'est Pauline qu'il voulait à ses côtés. Son regard brun et chaleureux le poursuivait sans cesse ; son parfum, si discret pourtant, il croyait le respirer encore. En fermant les yeux, il percevait sous ses lèvres, avec une acuité troublante, le doux palpitement du poignet où il avait un instant posé sa bouche.

Lorsque Marjorie avait sonné à sa porte, le lendemain de son retour, Tristan n'avait pas hésité. Tenter de l'éviter était inutile, elle le relancerait sans cesse. Il fallait l'éconduire aussitôt, lui expliquer fermement que leur relation s'arrêterait là.

Elle l'avait regardé, de la haine dans les yeux. Puis, peu soucieuse de lui montrer qu'elle souffrait malgré tout, elle avait eu un petit rire dépité.

« Je ne te demande pas tes raisons, je te connais trop bien ! Mon pauvre ami, tu es tellement naïf, je lis en toi comme dans un livre. Tu as rencontré la femme idéale, c'est ça ? »

Le silence de Tristan était un aveu. Alors elle se rapprocha, tenta de nouer ses bras autour de son cou ; elle ne doutait pas qu'elle allait le reconquérir aussitôt, elle connaissait si bien ses faiblesses…

Posément, il la repoussa, s'éloigna un peu, la regarda fixement.

« Évite-nous une scène pénible, veux-tu ? Ma décision est définitive, je n'y peux rien si je ne t'aime pas… vraiment. Mais je connais très bien tes sentiments pour moi, tu ne seras pas inconsolable. Je le sais et je m'en réjouis. »

Enfin, pour couper court il annonça :

« Je vais partir en reportage pour de longs mois. Tu m'oublieras vite. Dans ton entourage, j'en suis certain, il ne manque pas d'hommes beaucoup plus aptes que moi à faire ton bonheur. D'ailleurs, j'ai appris que ces derniers mois tu m'avais remplacé sans peine, tu continueras, voilà tout.

– Eh bien ! si tu le veux ainsi, je ne vais pas m'abaisser à te supplier à genoux, n'y compte pas ! Mais souviens-toi, je suis rancunière. Je vais m'employer à freiner ta carrière de journaliste, et même d'écrivain ! Je connais beaucoup de monde, bien plus que tu ne l'imagines, des gens très hauts placés, très influents. Va donc retrouver ta bergère et grand bien te fasse ! Je pensais que tu avais davantage d'ambition, tant pis pour toi ! »

La porte refermée sur la jeune femme furibonde, ses mots blessants le poursuivirent de longues minutes. Non pas ses menaces, il n'en avait cure, mais cette allusion si pleine de mépris à « sa bergère ». Hélas ! il n'irait pas la retrouver, jamais. Les circonstances les avaient éloignés pour toujours, Pauline et lui.

* *
*

Trois jours plus tard, alors qu'il faisait ses bagages, Tristan reçut un courrier de Jérôme Galien. Désemparé à la lecture de cette lettre tellement inattendue, il resta debout longtemps, figé de stupeur, le papier à la main.

Germain Souleyre était mort accidentellement. Le père d'Olivier avait appris la nouvelle en lisant la presse locale ; d'abord incrédule, il s'était rendu au bureau de la police et on lui avait confirmé les faits. Dans le quotidien, le mari d'Alice était seulement désigné par ses initiales, mais le nom de la petite ville mentionnée ne laissait aucun doute, il s'agissait bien de leur homme.

*Ainsi, mon ami,* écrivait M. Galien, *il n'y aura pas de procès, pas d'aveux, pas de prison, rien. Devons-nous le regretter ? Je l'ignore. Mon épouse prétend que c'est sans doute mieux ainsi, pour la famille de ce traître. A-t-elle raison ? Mais, quoi que l'on pense, la fatalité l'a voulu ainsi, ni vous ni moi n'y pouvons rien...*

Suivaient des détails sur « l'accident ». Son sang-froid enfin retrouvé, Tristan entreprit d'accuser réception de cette lettre. Dans sa réponse fort brève – quel commentaire ajouter ? –, il ne livrait pas ses sentiments ; il en aurait été bien incapable, ne discernant pas lui-même, tant il était sous le choc, ce qu'il éprouvait réellement. Il demandait au vieil homme de bien vouloir écrire au siège de son journal s'il avait d'autres renseignements à lui communiquer ; son courrier le suivrait, où qu'il aille.

Lorsque, le lendemain à l'aube, il prit l'avion pour le Québec, Tristan était toujours dans la même incertitude. La nouvelle de la mort de Germain était trop soudaine, il ne l'avait jamais envisagée, surtout pas de cette manière. Aussi avait-il l'impression une fois de plus que le sort s'était moqué de lui, que sa famille avait toujours été le jouet d'une fatalité pernicieuse, destructrice, infâme. Cette pensée récurrente l'obséderait longtemps, très longtemps, même si, pour de longs mois, il s'apprêtait à mettre le vaste océan Atlantique entre lui et ses problèmes.

* *
*

De retour au Clos au milieu de la matinée, Simon Varenne avait aussitôt entrepris de sauver ses précieuses abeilles rescapées du massacre de la nuit. Comme il l'espérait, les survivantes se regroupèrent peu à peu autour de la nouvelle reine qu'il venait d'acheter.

Réfugié à la fourche de deux branches de cerisier, l'essaim grossissait à vue d'œil. Enfin, Simon réussit à le faire tomber délicatement dans la ruche neuve aménagée. Le toit remis en place, il ne fut totalement rassuré que lorsqu'il vit les butineuses sortir enfin et prendre leur envol : elles partaient en quête de nectar et de pollen et, sans aucun doute, rapporteraient bientôt une abondante récolte. Peu à peu, la colonie allait se reconstituer. Restait une énigme : qui s'en était pris au rucher et pourquoi ?

À l'heure du déjeuner, lorsque Pauline et Léna rentrèrent de Saint-Didier, la jeune femme était passée voir sa sœur. Alice n'avait toujours aucune nouvelle de Germain, ni d'ailleurs des gendarmes annoncés.

Vers 17 heures seulement, ces derniers se présentèrent au magasin.

« Il y a environ une heure, un fermier a découvert un homme inanimé dans l'un de ses pacages assez isolé. D'après son signalement, il pourrait s'agir de votre mari. Le médecin aussitôt appelé par ce brave homme a fait conduire l'étranger à l'hôpital d'Issoire. D'après lui, il a été victime de très nombreuses piqûres d'abeilles et passé plusieurs heures en plein soleil. Malgré les soins du docteur, il ne reprenait pas connaissance, c'est pourquoi une ambulance l'a évacué vers l'hôpital. »

Alice restait muette. L'attaque de la ruche de son père... Se pouvait-il que son mari en soit l'auteur ? Mais dans quel but ? L'atteindre, elle, à travers le bien précieux de Simon ? Elle comprenait mal, mais les faits étaient là.

« De notre côté, reprit le gendarme, nous avons découvert une camionnette dans un bois, à quatre kilomètres de la ville environ. D'après les plaques minéralogiques, il s'agit bien de celle de votre mari.

– Et lui ? Il n'était pas à l'intérieur ?

– Non, le véhicule était vide, caché à demi par des branchages. Madame Souleyre, vous devriez... il faut vous rendre à l'hôpital pour nous confirmer que l'homme blessé est bien votre mari. Croyez que nous sommes désolés, mon collègue et moi-même.

– Je comprends. Je vais confier les enfants à ma sœur. Comme je n'ai pas de voiture, je téléphonerai à mon père et il me conduira à Issoire.

– Près de celui qui est sans doute M. Souleyre, il y a deux policiers. Il faudra vous adresser à eux pour qu'ils prennent votre déposition. Au revoir madame. »

Lorsque, une heure plus tard, Alice et Simon se présentèrent à l'hôpital, un infirmier les conduisit dans le bureau du médecin-chef.

« Madame… je regrette, je n'ai rien pu faire. Plus encore que les multiples piqûres sur tout le corps, celles de l'intérieur de la gorge ont été fatales, il y a eu étouffement. Le blessé nous a été amené beaucoup trop tard, comprenez-vous, l'enflure du pharynx ne pardonne pas. Les abeilles sont vraiment très dangereuses. Bref, votre mari est décédé peu après son arrivée ici. Vous m'en voyez consterné.

– Nous devons le voir, dit Simon qui avait pris le bras d'Alice, interdite et chancelante. D'après ce que les gendarmes ont dit à ma fille, ils n'étaient pas absolument certains qu'il s'agit bien de mon gendre. »

Deux policiers gardaient la porte du local où l'on avait déposé le corps de Germain. Pour tout autre sans doute, son visage horriblement boursouflé aurait pu être méconnaissable. Mais Alice puis son père furent formels : cet homme, c'était bien Germain Souleyre.

Leur déclaration enregistrée par les policiers, on libéra Simon et sa fille. Resterait à organiser des obsèques. Le plus délicat serait d'avertir les enfants.

« Pierrot, mon Dieu ! que va-t-on lui dire, comment lui expliquer ?

– Ne t'inquiète pas, ma fille, je m'en chargerai si tu veux. Mais crois-moi, ne parlons pas des abeilles, seulement d'une mauvaise chute, tu es d'accord ? »

Alice inclina la tête et pressa affectueusement la main de son père. Comme toujours, aux pires moments il était là. Alors, elle laissa couler des larmes trop longtemps contenues. Elle pleurait sur Germain, sur ses forfaitures, sur leur vie gâchée, sur son fils privé de père… Plus jamais il ne serait là pour la faire souffrir et pourtant elle avait le cœur déchiré.

## XXXI

## Une vie nouvelle

Les grandes vacances étaient données depuis une semaine mais, au Clos des Églantiers, une ombre planait toujours sur la joie des enfants. Pierrot, surtout, souffrait de l'attitude de sa mère ; bien involontairement, Alice tardait à surmonter l'épreuve des jours précédents.

Pour elle, le pire restait la découverte des exactions commises par son mari durant la guerre. Son père, sa sœur aussi, tentaient de la persuader d'oublier. Les conséquences de la responsabilité de Germain dans la mort atroce des maquisards étaient terribles, mais Alice n'avait aucune raison de culpabiliser.

« Je te l'ai déjà dit maintes fois, insistait Pauline, tu ne savais rien ! Comment aurais-tu été en mesure d'empêcher quoi que ce soit ?

– Tout de même, je n'aurais pas dû être aveugle à ce point. Il fallait chercher à savoir la raison de ces voyages à Clermont, or je ne l'ai pas fait. Pourtant, je me rendais bien compte qu'il ne rapportait pas de ravitaillement lorsqu'il partait par le train. Pourquoi ne pas avoir cherché davantage ? Je ne me le pardonnerai jamais !

– Réfléchis, Alice, tu n'y pouvais rien. Germain ne t'aurait pas confié le but réel de ses allers et venues. Au contraire, devant ton insistance il t'aurait accablée de réflexions désagréables et c'est tout ! D'ailleurs, même si tu refuses de te l'avouer, tu le sais aussi bien que moi. Ton mari n'a jamais accepté que tu te mêles de sa vie et, crois-moi, cela valait bien mieux. »

Pas vraiment convaincue, Alice se contentait de soupirer ; au cours de ses constantes insomnies, elle ressassait ses torts, persuadée d'avoir été négligente malgré le démenti apporté par sa sœur. Pauline faisait de son mieux pour la distraire. Au lendemain des obsèques de son mari, Alice avait fermé le magasin pour se réfugier au Clos avec les garçons. Son avenir, celui de son fils surtout, lui faisaient peur ; heureusement, son père était là, elle savait pouvoir compter sur lui, c'était là son seul réconfort.

Un soir, les enfants couchés, Simon aborda la question essentielle : de quoi Alice et Pierrot allaient-ils vivre dorénavant ?

« Écoute-moi, veux-tu ? dit-il en posant sur sa fille aînée un regard affectueux. Tu ne peux continuer seule le commerce, n'est-ce pas ? Chercher un employé n'est pas la bonne solution. D'abord, il faudrait quelqu'un de confiance, d'expérimenté. Et, surtout, prélever un salaire sur tes bénéfices ne te laisserait pas de quoi vivre. Il faut donc vendre. Tu es de cet avis, n'est-ce pas ?

– Oui, bien sûr, répondit lentement Alice. Chaque nuit, je cherche une solution. Celle-là est de loin la meilleure, je le sais. Pourtant, s'il est urgent de mettre le magasin en vente, il l'est tout autant de trouver un autre travail.

– C'est bien pourquoi j'ai pris les devants, ne m'en veux surtout pas. Voilà, je me suis renseigné ici et là. Il se trouve que l'une des secrétaires de mairie va prendre sa retraite dans un peu plus de trois mois. À mon avis, tu devrais sans plus attendre poser ta candidature.

– Tu as raison, papa, merci une fois encore. J'aurais déjà dû me mettre en quête d'un emploi, c'est vrai. J'irai me présenter dès demain. »

Tout comme sa fille, Simon espérait bien voir cette demande aboutir. En ville, les places de secrétaire n'étaient pas légion, du moins dans l'immédiat.

« Mais, reprit Alice, même si l'on m'offre cette place, je ne gagnerai rien avant le mois de novembre, c'est loin. Le magasin ne va peut-être pas se vendre rapidement. Crois-tu pouvoir nous loger jusqu'à ce que…

– Mais naturellement voyons ! Nous nous serrons un peu, mais ce n'est pas grave. Et les trois petits sont si heureux d'être continuellement ensemble. »

Il allait de soi que la maison serait mise en vente en même temps que le magasin. Ensuite, Alice aurait un pécule suffisant pour louer ou peut-être acheter un logement. Mais une autre question l'inquiétait passablement : celle de l'avenir de Rémy.

Consulté, Simon assura qu'il se porterait garant, au besoin. Mais il était à craindre, lorsque Alice quitterait le Clos avec son fils, que l'Administration fasse des difficultés. Une femme seule, modeste salariée avec déjà un petit garçon à charge, pourrait-elle assumer en plus l'éducation d'un enfant qui n'était pas le sien ? Rémy grandissait, à l'automne il aurait douze ans. La responsabilité de sa tutrice ne serait-elle pas trop importante au regard du délégué visiteur de l'Assistance publique ? Alice n'avait pu faire autrement que de l'avertir du décès de son époux et, elle n'en doutait pas, il allait bientôt venir sur place pour décider du sort de Rémy.

En présence des enfants, les trois adultes ne laissaient rien transparaître de leurs multiples préoccupations ; mais les petits se souciaient de moins en moins de la nouvelle situation d'Alice et de Pierrot. Ils n'y trouvaient que des avantages, aussi ne s'en plaignaient-ils pas, bien au contraire.

Après sa démarche auprès des bureaux de la mairie de Saint-Didier, Alice s'empressa de contacter le notaire pour la mise en vente de tous ses biens.

* *
*

La cabane de branches achevée, Rémy et Pierrot avaient fabriqué des arcs avec une tige d'osier et de la ficelle. Aidés de Simon, ils avaient également réussi des lance-pierres, plutôt rudimentaires mais très suffisants. Une petite fourche de bois dur, un élastique : l'arme était prête pour un simulacre de chasse en forêt. Une provision de petits cailloux ferait des projectiles fort acceptables.

Malgré les protestations des deux garçons, Léna exigea, elle aussi, un arc et une provision de flèches, en l'occurrence des bâtons au bout effilé.

« Normalement, affirma Rémy, chez les Indiens la chasse est réservée aux hommes. Toi, tu devrais t'occuper de consolider les murs de la hutte, de cueillir des fruits sauvages, de préparer les repas et d'aller chercher de l'eau au ruisseau… »

Mais, devant les sourcils froncés de la fillette mécontente, il s'empressa d'ajouter :

« Pourtant, comme on n'a pas le droit de faire un vrai feu ni de vraie cuisine, tu pourras venir chasser avec nous. Le chef fait ce qu'il veut, c'est lui qui décide. Pierrot, tu es d'accord ?

– Oui, s'empressa d'acquiescer le gamin qui ne voulait surtout mécontenter personne.

– Bien. Dans ce cas, je décide que Léna peut chasser avec les hommes de la tribu. »

Naturellement, le rôle de chef revenait de droit à Rémy, le plus âgé du trio. Il avait pris le nom d'Aigle Noir, Léna était Louve Agile et Pierrot Castor Audacieux. En plus de la chasse, ces Indiens intrépides partaient souvent en guerre contre leurs ennemis, en l'occurrence des rondins de bois disposés çà et là dans une petite clairière.

On scalpait le crâne des adversaires, toujours vaincus, en enlevant un morceau d'écorce au sommet de chaque bûche. Puis, avec des cris perçants, on exhibait les trophées devant la cabane. Enfin, on exécutait autour une danse guerrière scandée de « You, you ! » retentissants.

Le soir, les enfants quittaient le petit bois épuisés mais tellement heureux, les cheveux collés de résine, les vêtements semés d'aiguilles de sapin. Ils laissaient le gibier dans la cabane : pommes de pin simulant lièvres et écureuils, rameaux feuillus et plumes de pie ou de geai récoltées çà et là en guise d'oiseaux tués à la chasse. Mais ils emportaient leurs armes si précieuses pour les cacher dans la remise de Simon : les tribus ennemies, ou simplement quelque rôdeur, ne risqueraient donc pas de s'en emparer pendant la nuit.

Alice et Pauline grondaient un peu avant d'exiger une grande toilette. Le grand-père, lui, riait au récit des exploits imaginaires des trois Indiens d'occasion. De vieux vêtements étaient réservés à ces jeux passionnants, aussi les deux sœurs souriaient-elles en aparté de l'état de la tenue du trio. Quelques coups de brosse étaient suffisants. Le lendemain, tout recommençait.

Comme l'aurait fait la plupart des enfants de son âge, Pierrot ne semblait plus se préoccuper de l'accident de son père. Alice s'efforçait de prendre un air serein, aussi son fils était-il rassuré. On avait donné aux trois enfants une version toute différente de la réalité.

Au Clos, ils étaient isolés, personne n'évoquerait la mort de Germain devant eux. Des bruits avaient bien circulé en ville, particulièrement dans le quartier de la quincaillerie. C'était inévitable mais, heureusement, Alice et les garçons n'y vivaient plus et les enfants n'y étaient jamais retournés.

Par ailleurs, l'école avait fermé ses portes jusqu'au 1er octobre ; les camarades mal intentionnés ne risquaient pas de provoquer Pierrot, ni de lui apprendre plus ou moins ce qu'il ne devait pas savoir. Par chance, le pire n'était absolument pas connu dans le voisinage.

Ainsi que l'avait recommandé Simon, les abeilles n'avaient pas été mises en cause. Pour Pierrot, le soir où son père n'était pas rentré de tournée, il avait eu un malaise ; transporté à l'hôpital, il y était malheureusement décédé.

« Mais maman, l'accident c'était deux jours plus tôt, non ?

– Oui, avait répondu Alice, prise au dépourvu. Mais je n'osais pas te le dire, mon chéri, c'est pourquoi tu l'apprends seulement aujourd'hui... »

Pierrot s'était contenté de cette réponse et jeté en pleurant dans les bras de sa mère. Les sentiments qu'il éprouvait pour Germain étaient assez confus. Dans sa candeur d'enfant de huit ans, il l'aimait, c'était son père. Un père, se disait-il, ne peut pas être gentil et tendre comme une maman. Un père gronde facilement, il ne prend pas ses enfants dans ses bras, il ne les gâte pas... Pierrot n'avait aucune référence, sa cousine n'avait pas de père, ni Rémy. Simon, lui, était extraordinaire, mais un grand-père est toujours très indulgent, tout le monde le sait.

Rémy, en revanche, comprenait fort bien que les adultes ne disaient pas toute la vérité, et de loin. Germain, il l'avait vu la nuit suivant sa disparition, il l'avait entendu affirmer à sa femme qu'il allait repartir le lendemain matin. Pourquoi ? Les enfants ne s'étaient jamais trouvés là lors des visites de la police et des gendarmes. Pourtant, Rémy en était certain, le père de Pierrot avait quelque chose de grave à se reprocher. Sinon, il ne se serait pas enfui.

Le garçon, cependant, n'avait pas tellement approfondi la chose. Son soulagement de ne plus se trouver sous la coupe de son tuteur lui suffisait. Que ce soit pour une raison ou pour une autre, il ne serait plus jamais là, et c'était bien ainsi.

* *
*

Comme elle aimait à le faire lorsque son père prenait soin de ses abeilles, Pauline l'observait de loin. Le temps de récolter le miel était enfin venu. Aux aguets depuis quelques jours, Simon s'était aperçu que les insectes avaient operculé la majorité des alvéoles de cire.

C'était là le signe que le miel, longuement élaboré, se conserverait des mois durant ; les ouvrières en avaient retiré l'humidité superflue avant d'obstruer les alvéoles d'une fine pellicule de cire. Ainsi protégées, les réserves de miel se trouveraient à leur disposition quand le besoin s'en ferait sentir ; à condition de le faire raisonnablement, l'apiculteur pouvait prélever sa part.

Pour le père de Pauline, c'était la récompense d'une année de travail. Comme toujours quand il s'agissait d'ouvrir les ruches, il avait attendu une journée ensoleillée, sans le moindre souffle de vent. La fin de la matinée était toujours le moment le plus opportun, lorsque les butineuses parcouraient la campagne en quête de nectar et de pollen ; la ruche, alors, se trouvait vide d'un grand nombre de ses occupantes.

Postée derrière l'une des fenêtres de la salle à manger, Pauline suivait du regard la haute silhouette blanche encapuchonnée, près de la dernière rangée d'arbres, au fond du verger. Soudain, elle sursauta : sa fille venait de se glisser sans bruit auprès d'elle.

« Tu crois que grand-père fera une bonne récolte ?

– Je l'espère bien.

– Il nous a dit qu'il y aurait un peu moins de miel cette année, à cause de la nouvelle ruche. Dans celle-là, les pauvres abeilles n'ont guère eu le temps de travailler, il faut bien leur laisser de quoi nourrir les larves.

– Évidemment. Mais toutes les autres ruches, autant que grand-père ait pu en juger, sont très bien garnies. »

Léna poussa un gros soupir et se serra contre sa mère.

« Maman, dit-elle d'une petite voix dolente, Tristan et Cyrus me manquent beaucoup… À toi aussi, n'est-ce pas ? »

Pauline rougit avant de répondre, un peu confuse :

« Oui, bien sûr, mais le journal a rappelé Tristan, tu sais bien.

– Je sais, et il est parti en reportage très loin et pour longtemps. Je suis triste, c'était mon grand ami, le tien aussi, maman ?

– Tu sais ma chérie, très souvent il arrive que les amis… enfin qu'ils soient seulement de passage, alors un jour on les perd, c'est ainsi. »

La voix de Pauline s'était brisée. Vite, elle se reprit, continua d'un ton plus naturel :

« Tristan était ici pour son travail, tu l'avais bien compris. Dans son métier, on se déplace beaucoup. Ses recherches terminées pour les chroniques qu'il devait écrire, il n'avait plus de raison de rester. »

En même temps, la jeune femme pensait : sans doute en avait-il une, mais le destin ne l'a pas voulu… Le destin, Germain en avait été l'instrument maudit et leur histoire, à elle et à Tristan, s'était brusquement arrêtée là… sans avoir commencé vraiment du reste.

« Non, tu te trompes, protesta la petite, il n'avait pas terminé ! Aujourd'hui surtout, il devrait être là. Tu as oublié, mais pas moi ! Il voulait raconter ce qu'est le travail de l'apiculteur sur une année et il manquait justement la période de la récolte. Grand-père lui avait dit : l'été prochain, vous pourrez voir comment je récolte le miel et la cire. Alors tu vois, maman, il devrait être là !

– Léna, écoute, bien souvent les amis, je viens de te le dire, ont leur travail, leurs occupations ailleurs, il faut l'accepter !

– Je comprends, mais c'est difficile. Quand je pense à un ami que j'ai perdu, ça me fait mal. Tu n'as pas mal, toi ? »

Pauline préféra ne pas répondre de crainte de se trahir. Les paroles si justes de sa fille la troublaient tellement... Par chance, la petite continuait :

« C'est comme l'année dernière, tu te souviens, quand les parents de Sylviane Renaud ont déménagé. Elle est partie habiter Clermont et on ne s'est jamais revus. J'ai été très malheureuse de perdre ma meilleure amie d'école. Eh bien ! là, c'est pareil !

– Je comprends, ma chérie, mais depuis tu t'es fait d'autres amies, même si tu n'as pas oublié Sylviane. Lorsque tu penses à elle, tu n'es plus triste comme au début, n'est-ce pas ?

– C'est vrai. Pour Tristan, ce sera la même chose, alors ?

– J'en suis certaine. Allons ! va jouer maintenant, les garçons t'attendent sûrement, peut-être même te cherchent-ils partout. »

Pauline embrassa la joue tiède de la petite qui partit en courant retrouver ses compagnons de jeu. Elle se disait que sa peine à elle aussi s'estomperait au fil du temps ; elle aurait aimé en être certaine, mais, d'un autre côté, rêver de Tristan était si doux. Que lui resterait-il quand elle l'aurait oublié... si elle l'oubliait jamais ?

* *
*

Après avoir légèrement enfumé l'entrée de la ruche choisie, Simon retira le toit et le couvre-cadres. L'un après l'autre, il brossa chacun des cadres pour en faire tomber les abeilles, les déposa au fur et à mesure dans une hausse vide. Il fallait agir doucement mais vite ; plus la ruche resterait longtemps ouverte et plus les insectes deviendraient agressifs.

Le travail fini, la ruche refermée, restait à récolter miel et cire. Dans la partie de la remise aménagée à cet effet, Simon avait au préalable regroupé et nettoyé tous les instruments nécessaires.

Le cadre placé verticalement au-dessus d'un grand seau, il s'agissait maintenant, à l'aide du couteau spécial à large lame, de désoperculer les alvéoles. D'un mouvement très précis, de bas en haut, Simon enlevait la fine pellicule de cire et une petite partie du miel s'écoulait dans le récipient. L'opération renouvelée sur l'autre face, il retirait enfin les dépôts de cire et de propolis sur le bois du cadre, puis il passait au suivant.

La masse d'alvéoles brisée au couteau, Simon s'appliqua ensuite à filtrer le miel dans un extracteur à main. Généralement, pour chaque cadre, il obtenait environ un kilogramme et demi de miel. Bien vidés, opercules et alvéoles seraient conservés et fondus un peu plus tard pour constituer une petite provision de cire. Mais le plus urgent était de replacer les cadres ; inlassables, les abeilles recommenceraient à fabriquer des alvéoles avant de les remplir à nouveau de miel.

Quelques jours après, Simon écumerait la surface du miel bien reposé avant de le conditionner en pots ; certains seraient vendus, mais la plupart étaient destinés à la consommation familiale.

Après une petite semaine où le beau temps s'était maintenu, chaque ruche avait été visitée. Satisfait, Simon estimait sa récolte, tout en rangeant le matériel bien nettoyé. Malgré la perte d'une ruche, il avait lieu de se réjouir, le travail d'une année entière n'avait pas été vain. Encore s'estimait-il heureux, les dégâts auraient pu être beaucoup plus importants encore. À la pensée de celui qui s'était acharné à fracasser la ruche à coups de pierre, le vieil homme sentait la colère l'envahir à nouveau. Et, bien plus que cet acte de vandalisme, il lui en voulait à jamais de son attitude passée, veule et criminelle, et du tourment indélébile infligé à la pauvre Alice.

## XXXII

## Au fil du temps

LORS DE SES DÉBUTS dans le journalisme, bien avant la déclaration de guerre de 1939, Tristan avait déjà parcouru le Québec. Deux collègues l'accompagnaient alors : Jean Fournier et Paul Delaigue. Ce dernier, photographe, avait rapporté de splendides images de la « belle Province ».

Ce voyage s'était effectué en hiver. Leur jeunesse et leur enthousiasme empêchaient les trois Français de trop souffrir de la température extrême ; cependant, malgré un équipement adapté au rude climat canadien, ils résistaient beaucoup moins bien au froid que les autochtones. Après un périple de quatre semaines le long des rivières gelées et des immenses étendues d'infinie blancheur, c'était avec une grande nostalgie qu'ils avaient vu arriver la date du retour.

Ils avaient accompli, Tristan s'en souvenait fort bien, une ultime promenade en calèche depuis la place Jacques-Cartier, à Montréal, pour visiter la vieille ville. Une épaisse couverture sur les genoux – une semblable protégeait le dos du cheval au poil d'hiver dru aussi blanc que la neige –, ils avaient été conduits par l'attelage au cœur d'une ville fantôme.

On longeait la rue Saint-Vallier, où des escaliers extérieurs métalliques conduisaient à la plupart des immeubles anciens, lorsqu'il avait recommencé à neiger. Une avalanche d'infimes flocons noyait à demi les branches déjà pelucheuses des grands arbres de bordure, étroitement entremêlées pour former une voûte blafarde tressée au-dessus de la calèche. Les larges sabots du cheval piétinaient sans bruit aucun l'épaisse couche de neige ; seul le tintement étouffé des clochettes du collier de l'animal animait ce décor de conte de Noël. C'était un monde irréel et flou, un peu comme un rêve imprécis d'où l'on aurait oublié d'émerger en s'éveillant soudain.

À présent, le soleil inondait la ville, frappant de lumière vive les façades de verre des immeubles modernes bâtis sur les bords du fleuve Saint-Laurent. Sur le trajet de l'aéroport à l'hôtel, Tristan retrouvait intacts quantité de souvenirs de son premier voyage.

En remontant beaucoup plus au nord, là où l'hiver ne désarme jamais, peut-être aurait-il pu côtoyer encore les pêcheurs creusant un trou dans la glace pour y plonger un simple fil muni d'un appât. En revanche, même en s'égarant sur les bords du lac Ontario dans la région des célèbres chutes du Niagara, il n'aurait aucune chance d'assister à des vendanges insolites. Sur des sarments desséchés, dressés, squelettiques, dans une épaisse couche de neige dure, on coupait des grappes de raisin noir. Gelés et racornis, les grains donneraient pourtant le rare et très apprécié « vin de glace » canadien.

Tristan, hélas ! avait perdu ses collègues d'alors. La guerre avait emporté Paul, le jeune photographe, tué sous un bombardement pendant la débâcle de 1940. Jean avait été plus chanceux. La guerre finie, il avait épousé une jeune Anglaise et vivait maintenant à Londres. Tristan ne désespérait pourtant pas de le revoir un jour, l'Angleterre après tout n'était pas si loin de Paris. Peut-être irait-il là-bas pour son travail, tôt ou tard.

Après une dizaine de jours passés à Montréal, le jeune homme entreprit d'explorer la ville de Québec. Là où il n'avait vu que des immeubles encapuchonnés de blanc, il fut agréablement surpris de découvrir les multiples couleurs de la cité. Le vert pâle des toitures de l'élégant château Frontenac, le rouge, le bleu vif, le rose, le violet ou le jaune acide des toits percés de chiens-assis, dans les rues Sainte-Anne, Saint-Louis et quelques autres. Grâce à ces couleurs vives, à de multiples parterres de fleurs aussi, la ville était gaie et accueillante. Bien plus supportable qu'à Paris, la douce chaleur de l'été canadien incitait à flâner dans les parcs, sur les places ombragées, les marchés colorés et bruyants ou dans les îles jalonnant le fleuve.

Les journées passaient vite. Tristan admirait, prenait des notes. Le soir, il dînait dans de petites auberges qui s'enorgueillissaient de servir de la cuisine française. Partout, on l'appelait familièrement « cousin ». Au fil des rencontres, il faisait provision de coutumes locales, d'anecdotes contées avec cet accent si chaleureux, émaillées de mots français désuets ou d'un langage typiquement québécois difficile à saisir.

Mais il s'agissait là de rencontres éphémères. Réticent à tout début d'amitié ou même de simple camaraderie, le jeune homme n'aspirait qu'à retrouver la solitude de sa chambre. Alors il se demandait s'il était bien sur terre. Ce n'était certes pas son premier reportage lointain, mais cette fois il avait l'impression de vivre la vie d'un autre. Étranger à lui-même, inconnu de celui qui, pendant plus de huit mois, s'était acharné à débusquer un monstre sans visage. Et, comble de la dérision, après tout ce temps et ces efforts déployés, ces semaines chargées d'espoir et d'incertitude, il avait abouti à un double échec. Douloureux, humiliant. Germain Souleyre échapperait à jamais à la justice et lui, Tristan, perdait Pauline sans retour.

Au prix de violents efforts, il chassait de ses pensées cet épisode de sa vie, reprenait ses notes, s'attachait à les rédiger sans se consacrer à rien d'autre et surtout sans accorder crédit à des regrets tellement inutiles. Pourtant, son sommeil était peuplé de mauvais rêves où se croisaient son frère, son cher Damien, et celui qui l'avait trahi, Marjorie et Pauline, les paysages auvergnats et les rives du fleuve Saint-Laurent.

* *
*

Le visiteur de l'Assistance publique en charge du dossier du jeune Rémy Novembre s'annonça pour le 28 août. Alice le reçut en présence de son père.

« Entrons tout de suite dans le vif du sujet, voulez-vous ? dit l'homme après les salutations d'usage. Le cas de votre pupille, madame Souleyre, doit être réglé absolument avant la rentrée des classes. Il nous reste donc un mois pour prendre les décisions qui s'imposent. »

Après un silence, il reprit en hésitant un peu :

« Vos nouvelles... disons, conditions de vie ne nous semblent pas permettre la poursuite de l'accord passé il y a un peu moins d'un an. Mes supérieurs ont examiné avec grand soin votre situation, il ne nous paraît pas possible de vous laisser la responsabilité de cet enfant en plus du vôtre. Qu'en pensez-vous ?

– J'y ai beaucoup réfléchi, monsieur. Ma maison et mon magasin sont en vente ; d'après le notaire, j'en retirerai une somme plus que suffisante pour payer un nouveau logement plus modeste. Le reste de l'argent sera placé et je bénéficierai d'un revenu mensuel assez conséquent. Par ailleurs, j'aurai bientôt un emploi de secrétaire de mairie. J'ai fait un calcul rapide, mes gains plus l'allocation versée par l'Assistance pour Rémy me permettront de l'élever décemment aux côtés de mon fils. Je vous demande donc, et j'insiste, de ne pas me retirer sa garde.

– Je vous comprends, madame, mais dans ce cas vous devrez chiffrer tout cela et en faire part au plus tôt au directeur de mon administration. Vous vous rendez bien compte que je ne puis prendre seul une telle décision. Pourtant, je voudrais éclaircir un point : si M. Souleyre avait bien voulu se charger de Rémy, c'était à condition que ce dernier l'aide quelque peu dans son commerce, n'est-ce pas ? Maintenant, les choses sont différentes…

– Pardonnez-moi, intervint alors Simon, mais ne croyez-vous pas que Rémy doit être consulté avant que ne se prenne une décision aussi importante pour son avenir ?

– Sans doute, oui. Qu'en pense-t-il ?

– Je vais le chercher, répondit Alice en se levant, il vous le dira lui-même. »

Simon reprit la parole :

« Au cas où votre administration ne ferait pas entièrement confiance à ma fille, je déclarerai me porter garant de son aptitude, de notre autorité pour éduquer le garçon. Il nous est très attaché et nous avons pour lui une grande affection. S'il est d'accord, et il le sera, laissez-le-nous, s'il vous plaît… »

Alice rentrait avec Rémy, et Simon se tut. L'enfant salua le visiteur et attendit, inquiet, que l'on décidât de son sort.

« Rémy, je vais aller droit au but. Désires-tu continuer à vivre chez Mme Souleyre ?

– Oui monsieur, répondit le gamin avec détermination.

– Tu es donc heureux dans cette famille ?

– Très heureux monsieur, c'est “ma” famille… enfin, si Mme Souleyre veut bien me garder. »

Il fixait intensément sa tutrice ; visiblement, il attendait son verdict avec anxiété. Alice lui sourit en lui prenant la main.

« Naturellement que je veux te garder, mon petit ! Tu es le grand frère de Pierrot, n'est-ce pas ?

– Oui, oh oui ! bredouilla le garçon avant de fondre en larmes.

– Vous voyez, monsieur, dit doucement Simon, nous sommes tous d'accord.

– Je vous en prie, ajouta précipitamment Alice en serrant les épaules de son pupille, expliquez à votre directeur, il est impossible que Rémy nous quitte, absolument impossible ! »

Sa voix vibrait d'émotion et le visiteur parut attendri par ce plaidoyer aux accents tellement sincères.

« Je vous promets de rapporter très exactement cette conversation à M. le directeur. De votre côté, ne tardez pas à lui écrire, dans le sens où je vous l'ai demandé.

– Je vais le faire très vite. Merci monsieur. »

Le visiteur de l'Assistance reparti, Rémy, pour la première fois, se jeta spontanément dans les bras d'Alice.

« Merci, merci ! »

Et se tournant vers Simon :

« À vous aussi, monsieur Varenne, merci de bien vouloir me garder...

– Allons ! allons ! fit le vieil homme très ému. Et si maintenant tu m'appelais grand-père ? Et ma fille, Alice ? Tu ne penses pas que ce serait bien ?

– Si, je le pense, je vais essayer, je... Merci encore. J'avais affreusement peur que l'Assistance me reprenne, je peux bien le dire maintenant. Si c'était arrivé, je me serai sauvé, je le jure !

– Ne dis pas de bêtises, voyons, gronda Alice. De toute manière, on t'aurait repris, tu le sais bien.

– Oh non ! ils ne m'auraient pas repris, plutôt que de retourner là-bas, je me serais tué, alors... »

Simon et sa fille échangèrent un regard alarmé : et si, malgré tout, le directeur de l'Assistance décidait de ne pas leur laisser l'enfant ?

« Chut ! chut ! fit Alice en le prenant contre elle. Tu resteras ici, je te le promets, ne pense plus à tout ça ! Je serai toujours là pour toi, toujours ! »

* *
*

Au cours de ses pérégrinations de la Gaspésie au bas Saint-Laurent, du cœur du Québec à l'Outaouais et aux cabanes à sucre perdues dans les immenses forêts d'érable, Tristan avait fait nombre de rencontres agréables.

Peu à peu, il reprenait pied dans la réalité, appréciait la compagnie de l'un ou de l'autre, les conversations et les échanges avec des personnages pittoresques ou, tout simplement, amicaux. Parfois même, il prenait plaisir à côtoyer une jeune femme, touriste ou autochtone, collègue aussi. Mais il ne se sentait pas prêt, pas encore, à nouer une relation d'une autre nature. Et puis, un beau jour, sa route vint à croiser celle d'Adeline.

C'était une jeune ethnologue, encore étudiante. Originaire des îles de la Madeleine, la jeune fille suivait des cours à Ottawa mais, pour quelques semaines, elle se consacrait à une énième étude des peuples amérindiens du Canada. Ses manières directes et son visible appétit de vivre avaient séduit Tristan sans même qu'il s'en doute.

Naturelle et gaie, vêtue sans aucune recherche, les cheveux blonds noués en queue de cheval, Adeline avait des yeux rieurs, gris nuancés de vert. Sa poignée de main était franche, un peu masculine, son rire communicatif, sa conversation enrichissante pour le jeune Français.

Ensemble, mêlés à un groupe de touristes anglais, ils entreprirent d'atteindre le lac Saint-Jean. Ils avaient pris place dans un petit avion de tourisme et lié des liens amicaux. À leur retour dans la ville de Québec, l'un et l'autre savaient que leur liaison serait éphémère, une simple rencontre de voyage. Bientôt, sans états d'âme, chacun reprendrait sa route, avec quelques regrets peut-être ; ils se seraient fabriqué de beaux souvenirs dans une nature encore un peu sauvage, peut-être hors du temps, et c'était tout. Après, chacun tournerait la page.

Plusieurs escales avaient jalonné le parcours jusqu'au lac Saint-Jean. Après le fjord de Saguenay, ce fut la ville de Chicoutimi et son musée de costumes et objets amérindiens. Plus loin, sur les rives du lac, les voyageurs avaient longuement observé les colonies d'oiseaux posés par milliers sur les pointes sablonneuses.

Puis Adeline avait tenu à emmener Tristan au jardin zoologique de Saint-Félicien ; là, on pouvait découvrir la faune canadienne, en liberté dans un immense espace protégé : loups, bisons, orignaux, ours… La dernière escale de ce long périple était Pointe-Bleue. Pour s'y rendre, les jeunes gens avaient traversé quelques villages indiens « modernes » , si décevants pour le touriste à l'imagination nourrie d'anciennes images de ce peuple.

« Sais-tu que nous sommes en territoire huron ? avait demandé Adeline. Gare à nos scalps si les habitants déterrent la hache de guerre ! »

Là-dessus, elle avait éclaté de rire avant de diriger son compagnon vers la réserve de Mashteuiatsh. Après l'incontournable visite au musée, le magasin d'artisanat ménageait quelques surprises. Le touriste plongeait brusquement dans le passé des Hurons, riche et coloré.

Devant des tipis dressés dans une clairière, certains paradaient, vêtus d'authentiques costumes traditionnels. Le plus typique, en grande tenue d'apparat, était impressionnant. Dans un anglais approximatif, il expliqua qu'il était Kosca, fils du chef Onéonti. Plus familièrement, au village on l'appelait Gros-Louis, du nom québécois de son père.

L'homme arborait l'imposante coiffure des grands chefs hurons, faite de très longues plumes blanches frangées de noir. Soutenue sur le front par un large bandeau rouge et jaune brodé de perles, elle se prolongeait par des pans de plumes plus courtes qui touchaient le sol, à droite comme à gauche.

Adeline connaissait bien l'endroit. Elle parla un moment au chef, dans un dialecte incompréhensible pour Tristan.

« Tu réalises que ces gens-là ont deux identités ? demanda-t-elle. Je trouve cela très triste. On les a dépossédés de leur passé, de leurs coutumes, et même de leurs croyances. Vois ce que ce peuple si fier est devenu, une attraction pour touristes ! »

Tristan partageait pleinement cette opinion. Il déplorait, lui aussi, la disparition de toute authenticité, et pas seulement chez les Amérindiens. Chaque fois qu'il avait visité des régions colonisées, il avait constaté avec amertume combien le « progrès », au fil des siècles, avait volé leur âme à ces peuples pour leur apporter un soi-disant confort...

Le magasin, dont Kosca était propriétaire, se tenait dans une très grande cabane construite en rondins de bois non écorcés. La femme et les filles de Gros-Louis, elles aussi en costume huron, vendaient toutes sortes d'articles fabriqués aux alentours. On pouvait aussi déguster des tranches de caribou fumé et de bison séché. Certains louaient un costume avant de se faire photographier ; de retour chez eux, ils prendraient plaisir à étonner leurs proches en exhibant fièrement ces images.

« Viens, dit Adeline, allons voir les danses maintenant. »

Des adolescents exécutaient entre autres la danse de l'Aigle. L'un des garçons, de l'avis de Tristan, ressemblait tout à fait au jeune Rémy, le pupille d'Alice Souleyre.

« Regarde bien, dit encore la jeune ethnologue. Celui-là, debout au sommet de la pyramide humaine, représente l'Aigle fétiche. Dans les croyances des Hurons, il est le messager fidèle entre le peuple indien et le bon Manitou, le Grand Esprit, si tu préfères. »

La tête couverte d'un casque de petites plumes blanches, le jeune garçon déployait ses bras, comme des ailes. Entièrement bordés de plumes semblables, ses vêtements le transformaient en oiseau qui plane au plus haut du ciel.

Pour terminer, trois jeunes femmes vêtues de peau souple, le front ceint d'un large bandeau bleu à plume noire, dansaient au son d'un tambour peint de signes étranges. L'une d'elles ressemblait étonnamment à Pauline, du moins Tristan se l'imaginait-il en la dévorant du regard.

« Attention ! chuchota Adeline, les hommes sont ombrageux ! Tu ferais mieux de regarder ailleurs... »

Tristan eut l'impression qu'elle ne plaisantait qu'à demi. Quand, la danse terminée, la jeune indienne fit la quête dans le public, il détourna les yeux ; elle le frôla sans le vouloir et un trouble intempestif lui sécha stupidement la bouche. Là-dessus, Adeline lui fit signe : on quittait la réserve.

La jeune étudiante déserta la ville de Québec une semaine avant son compagnon. Avant la reprise de ses cours, elle allait rendre visite à sa famille.

« Les meilleures choses ont une fin, dit-elle en l'embrassant. C'est bien ce que l'on dit chez toi ? Bon, j'ai vécu un moment agréable à tes côtés, toi aussi j'espère. Dans quelques années, je viendrai faire du tourisme à Paris et ce sera toi mon guide... si tu ne m'as pas oubliée. Remarque bien, je n'y crois pas vraiment. Il me faudra d'abord gagner puis économiser l'argent du voyage. Le Saint-Laurent aura roulé beaucoup d'eau quand je viendrai voir votre tour Eiffel, si jamais je viens ! »

La jeune fille plaisantait, sans chagrin apparent. Pour elle, sans doute, Tristan resterait seulement un beau souvenir. Et lui ?

Adeline partie, il s'interrogea. Oui, il la regrettait. Elle l'avait presque réconcilié avec l'existence. À présent, il lui tardait de rentrer chez lui. Oserait-il reprendre bientôt le chemin de Saint-Didier-les-Bois, au cœur de l'Auvergne ? S'expliquer davantage avec Pauline devenait une nécessité, un besoin impérieux. À cette pensée, son amour pour la jeune femme, volontairement mis en sommeil, jaillissait à nouveau, comme un délicieux tourment. Pourtant, le timide espoir qui se levait en lui était encore bien fragile, sa crainte d'être repoussé tellement vivace encore…

Lorsqu'il s'envola pour la France, le splendide automne canadien commençait à propager sur les immenses forêts, à perte de vue, des incendies de couleurs flamboyantes. Les plaines semées du bleu des grands lacs resplendissaient déjà de jaune et d'orangé, de rose intense et de rouge incandescent, de fauve safrané et de rouille fulgurante, jusqu'aux sapins sombres plus au nord.

Puis ce furent les étendues blanches de Terre-Neuve et enfin l'océan. L'avion avait pris de plus en plus d'altitude, des nuées gris pâle et bleuâtres, énormes et boursouflées noyaient maintenant le monde. Un instant, Tristan ferma les yeux ; il aurait pu se croire en route vers l'infini, jusqu'à la fin des temps.

# XXXIII

## Le soleil en hiver

Léna, son cousin et Rémy avaient tout lieu de se réjouir : depuis la mi-novembre, ils vivaient côte à côte définitivement. Alice, en effet, venait d'acheter la petite maison proche du Clos dont Tristan Pasquier avait été le locataire l'année précédente.

Maintenant, les trois enfants déploraient la fin imminente des vacances de Noël.

« Rien n'est parfait, mes petits ! affirmait Simon. Mais le temps passe vite, vous verrez, dans quelques semaines vous aurez congé pour le mardi gras ! »

Il venait d'avoir soixante-sept ans. Sa vie, son expérience lui avaient appris que rien n'est parfait, malheureusement. Certes, Alice avait un bon emploi, une maison tout près de celle de son père et de sa sœur. L'Assistance publique lui avait finalement laissé la garde de Rémy, pour leur plus grand bonheur à tous. Les pires moments s'éloignaient, le souvenir de Germain et des journées terribles vécues par sa faute s'estompaient au fil des semaines.

« Oui, pensait le grand-père, le temps efface tout, dit-on. » Mais, ainsi qu'il l'avait assuré aux enfants, il y a toujours une ombre au tableau…

Depuis plusieurs mois maintenant, l'inquiétude du vieil homme rejoignait celle de sa fille aînée : Pauline avait perdu le goût de vivre. Perpétuellement triste, amaigrie, malgré ses visibles efforts et l'existence de Léna, elle ne réussissait pas à surmonter l'absence de Tristan.

« Après ma pauvre Noëllie, après Alice des années durant, faudra-t-il que je voie ma plus jeune fille sombrer dans la dépression ? » se disait anxieusement Simon, accablé.

La mine pâle, les yeux cernés de Pauline, son manque d'entrain et d'appétit, tout dénonçait une désolation grandissante. Interrogée, elle se défendait mollement :

« Mais non, papa, tout va bien, je te l'assure ! Enfin, Alice, je n'ai aucune raison d'être triste, tu te fais des idées fausses ! »

En même temps, la jeune femme ne cessait pas de se blâmer, de se reprocher sa faiblesse coupable. Pour sa fille, elle aurait dû réussir à cacher son accablement et même en oublier la cause.

Au début de l'automne, de rares moments plus sereins succédaient aux jours de désespoir. Simon alors se réjouissait. Les yeux de Pauline retrouvaient leur éclat, ses gestes redevenaient vifs, elle riait même avec les enfants. Et puis, brusquement, son regard se ternissait à nouveau pour devenir lointain, inaccessible. Ses gestes lents, hésitants, trahissaient une confusion intérieure totale, incoercible.

En décembre, Alice décida qu'il était temps d'intervenir. Mais, dès qu'elle prononça le nom de Tristan Pasquier, Pauline s'insurgea :

« Ne me parle plus jamais de lui, jamais ! Tu te trompes, papa aussi. J'ai eu des sentiments pour lui, c'est vrai, mais il y a bien longtemps que je n'y pense plus. Je te demande une seule chose : cessez de vous inquiéter pour moi et laissez-moi en paix ! »

La véhémence de cette réponse, si peu en accord avec le tempérament de sa sœur, laissa Alice sans voix. Par la suite, elle n'aborda plus ce sujet, elle avait fort bien compris que c'était parfaitement inutile.

C'est avec une terrible appréhension que Pauline avait vu arriver la fête de Noël.

« Je ne pourrai pas faire semblant, c'est impossible ! Même pour les enfants, même pour Léna je serai incapable de simuler, de partager leur joie à tous, incapable ! »

Sans conviction, elle s'obligea à préparer des cadeaux pour toute la famille, à décorer la librairie. Un an, un an déjà qu'un inconnu, grand et blond, charmant, tellement aimable, était entré dans sa boutique. De ce jour, à son insu, sa vie avait changé.

Elle revoyait chacun de ses gestes, entendait chacun des mots qu'il avait prononcés alors. Bientôt, le repas de Noël serait un supplice, au dessert, elle allait s'effondrer devant tous… Mais non, il suffirait de ne pas évoquer Tristan, ses cadeaux, sa gentillesse, ni surtout les regards qu'il avait eus pour elle.

En aurait-elle la force ? Certainement pas. Elle avait beau tenter de se persuader que, depuis tout ce temps, il ne pensait plus à elle, un espoir têtu, infime mais tellement tenace, l'habitait encore.

* *
*

Le 1er janvier, jour des vœux, Alice tenait à réunir la famille chez elle.

« Maman, dit Pierrot, on ne devrait plus dire : la maison des Verdier, n'est-ce pas ? C'est chez nous, maintenant !

– Tu as raison, il faut perdre cette habitude. Et si nous lui donnions un nom, à notre nouvelle demeure ? »

Consulté, Rémy fut tout à fait de cet avis. Aussitôt, les deux garçons commencèrent à chercher. Pierrot proposa le Petit-Bois, en raison de la proximité de leur terrain de jeu favori. Sa mère préférait le nom de Maison-Haute, puisque la bâtisse s'élevait au sommet d'une petite colline. Rémy avança les Noisetiers, nom qui pouvait convenir à un endroit où poussaient quelques-uns de ces arbustes.

On demanda alors l'avis de Léna.

« J'aime bien ces trois noms, dit-elle en réfléchissant. Pourtant moi, quand je viens ici, je pense toujours à Tristan et à son chien puisqu'ils y ont habité. Et si on appelait votre maison : le Chalet de Cyrus ? »

Les garçons voulaient bien, mais Alice jugea inutile d'attiser les regrets de Pauline. Elle se rendait compte que sa sœur était toujours un peu réticente pour venir ici. Certes, elle avait aidé à l'aménagement de la maison mais, Alice en était certaine, un peu à contrecœur et seulement pour ne pas lui déplaire.

« Je ne suis pas contre ta proposition, dit-elle à sa nièce, mais cette maison est à nous dorénavant. Aussi, le nom de ses anciens habitants n'a plus lieu d'être, il me semble. »

Simon, consulté, fit la meilleure trouvaille.

« Cette maison est orientée plein est, dit-il, et vous profitez des premiers rayons du soleil. Et si vous l'appeliez : Soleil-Levant ? »

Ce nom fut retenu à l'unanimité.

« J'ai une très bonne idée, dit Pierrot. Si on baptisait la maison le jour du premier de l'An ?

– On pourrait faire comme pour les bateaux, ajouta Rémy. Du champagne versé contre le mur, pas une bouteille entière bien sûr, juste quelques gouttes.

– Voilà qui sera très bien, approuva Alice. Alors, il faudra une marraine pour notre maison. Ce pourrait être Léna ? »

On applaudit à cette suggestion et Léna, toute fière, s'écria aussitôt :

« Je vais prévenir maman. Ce que je suis contente ! »

Et, sans attendre son grand-père, elle partit en courant en direction du Clos. Le moment venu, les trois enfants se firent une joie d'aider Alice dans les préparatifs du « baptême » de la maison.

* *
*

L'épreuve de la période des fêtes enfin passée, Pauline se sentit un peu plus sereine. Une autre année commençait, le temps suivait son cours. Désormais, elle s'efforcerait de ne penser qu'à sa famille, à son travail et surtout à Léna.

Pour la petite, cette année 1949 verrait la fin de l'école primaire. En octobre, elle entrerait en classe de sixième, le travail scolaire deviendrait plus sérieux, plus exigeant ; malgré de bons résultats, Léna aurait sans doute encore bien besoin des conseils de sa mère, de son appui.

Oui, sa fille grandissait et, d'une manière assez indéfinissable, sans doute infondée, Pauline se sentait très vieille, très lasse. Bientôt, elle aurait trente-deux ans et n'attendait plus rien de la vie. Seul désormais devait lui importer l'avenir de sa fille.

Les derniers jours de décembre, la neige dont les enfants avaient bien profité durant les vacances se mit à fondre rapidement. L'air s'était radouci, le vent d'ouest ramenait pluie et brouillard. Puis, le 1er janvier, le temps avait à nouveau tourné au froid. Le soleil réapparu ne parvenait pas à réchauffer la campagne, figée sous une croûte de givre.

Ce dimanche 7 janvier – jamais Pauline n'oublierait cette date –, Simon et les enfants disputaient une partie de Monopoly acharnée. Après le déjeuner en famille – un dimanche au Clos, un au Soleil-Levant –, Alice était rentrée chez elle, sous prétexte de travaux ménagers à finir. Elle avait fait valoir qu'elle disposait de fort peu de temps libre ; or l'entretien du logement et du linge de trois personnes exigeait plusieurs heures de travail.

Pauline avait décidé d'aller marcher un moment ; en cette saison, le soleil disparaissait tôt et le froid devenait vite insupportable.

« Une promenade vous ferait du bien, les enfants. Vous aurez tout le temps de jouer après le goûter !

– Oh ! maman, on est restés dehors tout le matin ! Sans la neige, il n'y a rien d'intéressant à faire autour du Clos. »

Les deux garçons n'osaient pas protester, mais Pauline voyait fort bien dans leurs yeux qu'ils approuvaient Léna.

« Bon, dans ce cas je sortirai seule. À tout à l'heure. »

Chaudement vêtue, elle traversa le verger, évita de passer près des ruches, marcha au hasard dans la prairie désolée. Raidies par le gel, les herbes racornies craquaient un peu sous ses pas ; sur le muret de pierres sèches qui bordait le pacage, des ronces griffues jetaient la trame brune de leurs épines acérées.

Le regard de Pauline errait sur les arbres noirs dénudés, sur le ciel bleu dur où s'étiraient quelques filaments crayeux. Cette nature hivernale, pourtant si familière, lui paraissait hostile, presque inconnue ; tout, lui semblait-il, la rejetait.

Soudain, au fond de la prairie qui descendait en pente douce vers un chemin de terre, apparut une haute silhouette. Grand et blond, un homme s'avançait à la rencontre de la jeune femme.

Elle s'arrêta, incrédule, le cœur fou. Se pouvait-il que, là-bas, en face d'elle, cet inconnu ce soit Tristan ? C'était impossible, elle se trompait. Comment aurait-il pu être là tout à coup ?

Pauline ferma les yeux, les rouvrit aussitôt. Le ciel parut basculer par-delà les branches nues qui, soudain, ployaient jusqu'à terre. Elle se sentit sur le point de tomber, ne trouva aucun appui, se raidit pour ne pas glisser sur le sol.

Souriant, l'homme continuait à avancer et elle reconnut Tristan. Il venait à elle, c'était merveilleux. Dans sa tête, dans son être tout entier retentit alors un chant de grâces, un hymne triomphal, souverain, porteur d'une immense joie.

* *
*

Quelques jours plus tôt, sans se confier à personne pas même à son père, Alice avait pris une décision soudaine. Elle allait joindre Tristan, lui parler, le convaincre, dissiper un terrible malentendu. Non, personne, chez les Varenne, ne lui en voulait. Personne ne le jugeait coupable d'avoir détruit la famille, ni elle-même, ni Simon, ni Pauline qui se consumait de l'attendre.

Il avait accompli ce qu'il devait accomplir, il n'était en rien responsable ; Germain, seul coupable, avait eu le sort qu'il méritait. Si Tristan éprouvait quelque sentiment pour sa sœur, il devait revenir vers elle.

Au journal de Tristan, on lui avait répondu qu'il était absent ; mais si elle laissait ses coordonnées, il la rappellerait le lendemain. Alice ne pouvait donner le numéro de téléphone de son père, ni lui ni Pauline ne devaient parler à Tristan. Alors, exceptionnellement, elle se fit appeler à la mairie, pendant son travail.

Dans la matinée du lendemain, le journaliste demandait Mme Alice Souleyre. Celle-ci ne pouvait parler librement devant ses collègues ; elle annonça donc un courrier imminent concernant « des choses très importantes ».

Inquiet, Tristan demanda :

« Tout va bien, chez vous, au Clos ? »

Rassuré par la réponse d'Alice, il raccrocha, bouleversé de cet appel tellement inattendu. Au reçu de la lettre annoncée, le surlendemain, il déclara devoir s'absenter trois jours et partit aussitôt pour Saint-Didier.

* *
*

Et voilà que maintenant il marchait vers elle. Pauline n'avait pas bougé, éblouie elle le regardait venir. Lui s'imprégnait de la chère image enfin retrouvée. Elle lui paraissait plus fragile, plus attendrissante encore. Elle portait son épais manteau de lainage gris ceinturé à la taille ; une longue écharpe rouge vif couvrait sa tête, s'enroulait plusieurs fois autour de son cou et de ses épaules, des gants de la même couleur écarlate protégeaient ses mains du froid.

À deux pas d'elle, il s'arrêta, fixa intensément son cher visage un peu trop pâle où brillait le regard d'un brun profond plein de ferveur. Tendant les mains, il fit lentement glisser l'écharpe de laine pour mieux la contempler et dégager la chevelure brune, légère, si légère. Un instant, il dévora des yeux la jeune femme, la serra soudain contre lui avec emportement. Pour cacher ses larmes, il enfouit son visage dans le cou tiède.

« Je vous ai fait du mal, dit-il en relevant la tête, pardon, je croyais...

– Chut ! c'est oublié, maintenant vous êtes là, rien d'autre ne compte, rien ! »

Quand il l'embrassa, ses lèvres étaient douces comme dans son souvenir. Longtemps, ils restèrent ainsi, étroitement pressés l'un contre l'autre, à se reconnaître, à se retrouver. Le froid, enfin, les incita à rentrer au Clos.

À la vue de Tristan, Léna poussa un grand cri de joie, se jeta contre lui. Interdits, Rémy et Pierrot fixaient l'arrivant. Simon contemplait le visage radieux de Pauline, ses joues à nouveau teintées de rose, son regard étincelant de bonheur. Alors une immense gratitude envahit le vieil homme : le sort, enfin, se montrait favorable envers sa plus jeune fille, répondant à son vœu le plus cher.

« Vous revenez vraiment, je veux dire pour toujours ? demanda Léna qui n'avait pas lâché la main de Tristan.

– Si tu penses que je ferai un père convenable, alors oui, je reviens vraiment. »

Personne n'avait entendu entrer Alice ; debout sur le seuil, elle observait sa sœur. Jamais, pensait-elle, jamais elle ne se féliciterait assez de sa démarche auprès de Tristan. Pauline se tourna vers elle, et elles se sourirent ; la complicité et la tendresse des deux sœurs perdureraient toujours.

À cet instant, un rai de soleil, sur le point de disparaître, vint frapper les vitres de l'une des fenêtres ; il s'attarda sur tous les visages, comme pour magnifier la joie de chacun.

Las d'attendre son maître chez Alice, Cyrus s'était échappé, il grattait la porte en gémissant. Léna courut lui ouvrir et le setter bondit pour lui lécher affectueusement le visage.

XXIV Préparatifs ........ 217
XXV La fête patronale ........ 227
XXVI Le traître démasqué ........ 237
XXVII Le piège déjoué ........ 247
XXVIII Révélations ........ 257
XXIX La vengeance des abeilles ........ 265
XXX Départs ........ 277
XXXI Une vie nouvelle ........ 287
XXXII Au fil du temps ........ 297
XXXIII Le soleil en hiver ........ 309

## Table des matières


I La maison des bois .......... 9
II Vers l'inconnu .......... 19
III Loin des monts Dômes .......... 27
IV Pauline .......... 35
V Apprentissage .......... 45
VI Le nouveau commis .......... 55
VII Hésitations .......... 63
VIII Éclaircissements .......... 71
IX Période sombre .......... 79
X Une vie nouvelle .......... 87
XI L'étranger .......... 95
XII Un voisin apprécié .......... 103
XIII Invitation .......... 111
XIV Le plus beau Noël de Rémy .......... 121
XV Croque-Vipère .......... 129
XVI Expectative .......... 139
XVII Le réveil du rucher .......... 149
XVIII La fugue .......... 157
XIX Recherches .......... 167
XX Explications .......... 177
XXI Un écrivain .......... 187
XXII Le lac des prodiges .......... 197
XXIII Réminiscences .......... 209